# 독자의 1초를 아껴주는 정성!

세상이 아무리 바쁘게 돌아가더라도
책까지 아무렇게나 빨리 만들 수는 없습니다.
인스턴트 식품 같은 책보다는
오래 익힌 술이나 장맛이 밴 책을 만들고 싶습니다.

길벗이지톡은 독자여러분이
우리를 믿는다고 할 때 가장 행복합니다.
나를 아껴주는 어학도서,
길벗이지톡의 책을 만나보십시오.

독자의 1초를 아껴주는
정성을 만나보십시오.

미리 책을 읽고 따라해본 2만 베타테스터 여러분과
무따기 체험단, 길벗스쿨 엄마 2% 기획단,
시나공 평가단, 토익 배틀, 대학생 기자단까지!
믿을 수 있는 책을 함께 만들어주신 독자 여러분께 감사드립니다.

(주)도서출판 길벗 www.gilbut.co.kr
길벗 이지톡 www.gilbut.co.kr
길벗 스쿨 www.gilbutschool.co.kr

233개 패턴으로 미드를 자막 없이 즐긴다!

# 미드 영어회화

## 핵심패턴

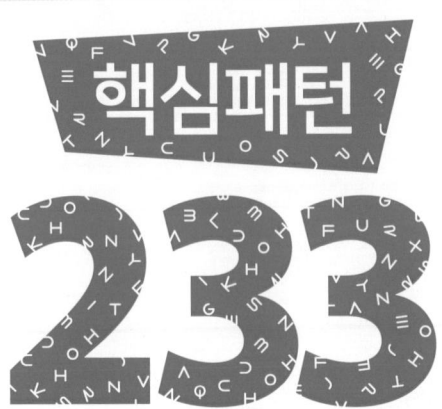

백선엽 지음

길벗
이지:톡

# 미드 영어회화 핵심패턴 233
Essential English Patterns 233 - American TV shows


**초판 1쇄 발행** | 2017년 5월 15일
**초판 6쇄 발행** | 2023년 12월 29일


**지은이** | 백선엽
**발행인** | 이종원
**발행처** | (주)도서출판 길벗
**브랜드** | 길벗이지톡
**출판사 등록일** | 1990년 12월 24일
**주소** | 서울시 마포구 월드컵로 10길 56(서교동)
**대표 전화** · 02)332-0931 | **팩스** · 02)323-0586
**홈페이지** · www.gilbut.co.kr | **이메일** · eztok@gilbut.co.kr


**기획 및 책임편집** · 신혜원 | **디자인** · 최주연 | **제작** · 이준호, 손일순, 이진혁, 김우식
**마케팅** · 이수미, 장봉석, 최소영 | **영업관리** · 김명자, 심선숙 | **독자지원** · 윤정아


**편집진행 및 교정** · 김효정 | **전산편집** · 연디자인 | **녹음 및 편집** · 와이알미디어
**CTP 출력** · 예림인쇄 | **인쇄** · 예림인쇄 | **제본** · 예림바인딩

ISBN 979-11-5924-109-3 03740
(길벗 도서번호 300869)

**정가 15,000원**

---

**독자의 1초를 아껴주는 정성 길벗출판사**

**(주)도서출판 길벗** | IT교육서, IT단행본, 경제경영서, 어학&실용서, 인문교양서, 자녀교육서
www.gilbut.co.kr

**길벗스쿨** | 국어학습, 수학학습, 어린이교양, 주니어 어학학습, 학습단행본
www.gilbutschool.co.kr

# 개정에 부쳐

· · · · · · ·

『'미드' 영어회화 핵심패턴 233』을 출간한지 벌써 10년이라는 시간이 흘렀습니다. 당시 금방 가라앉을 것 같았던 '미드' 열풍은 지금도 지속되고 있으며, 오히려 더 많은 마니아층을 형성하고 있습니다. 유명 미드를 통해 영어를 배우겠다는 사람들도 점점 늘고 있고요. 이 시점에서 2007년에 출간한 『'미드' 영어회화 핵심패턴 233』을 한 단계 업그레이드하여 개정판을 출간하게 되었습니다. 이번 개정판에서는 시기를 반영한 최신 미드를 추가했으며, 실용적이고 유용한 패턴을 다시 한 번 엄선했습니다. 각 패턴을 활용한 예문과 회화문 역시 새롭게 집필했습니다.

이 책에 변함없는 사랑을 주신 독자 여러분께 진심으로 감사드립니다. 미드를 활용해 재미있고 유익한 영어 학습을 하는 데 이 책이 도움이 되었으면 합니다.

2017년 개정판을 출간하며  백선엽

# 미드에 나온 패턴으로 살아 있는 영어를 익힌다!

영어를 재미있게 배우고 싶은 영어 학습자들이 택하는 방법은, 미국 드라마(이하 미드), 영화, 팝송 등을 활용하는 것입니다. 그중에서도 미드는 수많은 '올빼미 미드족', '미드 폐인'을 양산하며 오락성과 영어 학습을 동시에 잡을 수 있는 최적의 콘텐츠로 검증되었죠. 하지만 미드만 열심히 본다고 해서 영어가 습득되는 걸까요?

## 미드로 영어를 제대로 배우려면 어떻게 해야 할까요?

모든 언어에는 문장 '패턴'이라는 것이 있습니다. 예를 들어 〈프리즌 브레이크〉에서 나왔던 She didn't seem like she would betray us.(그녀는 우리를 배신할 것 같지는 않았는데.)나 〈섹스 앤 더 시티〉에서 나왔던 She didn't seem like someone he would date.(그녀는 그 남자가 데이트할 상대로는 보이지 않았는데.)라는 대사를 살펴보면 She didn't seem이라는 말이 공통으로 들어가 있는 걸 볼 수 있습니다. 이렇게 일정한 규칙을 가지고 문장의 기본적인 틀을 형성하는 것이 바로 '패턴'입니다.

## 미드에 자주 나오는 패턴을 익히면 미드 내용을 이해하기가 쉬워집니다.

미드에 자주 나오는 패턴 233개를 뽑고 의미와 쓰임새를 꼼꼼하게 정리했습니다. 핵심패턴 한 개만 익혀도 여러 드라마에서 그 패턴을 알아들을 수 있으니, 미드의 내용을 이해하기가 훨씬 수월할 것입니다.

**학창 시절에 배운 기본 동사부터 시작하니 부담이 없습니다.**

미드에 나오는 대사는 너무 빠르고 어렵다고요? 대화가 빠르게 진행되고 때로는 문장의 길이가 길어지기도 하여 어렵게 느껴지지만 사실 그 안에 들어 있는 패턴은 단순합니다. '원하다'라는 뜻의 want, '좋아하다'는 뜻의 like 등등 중학교 때 배웠던 기본 동사로 구성된 패턴이 많아 부담 없이 공부를 시작할 수 있죠.


**고전부터 최신 미드까지, 살아 있는 영어를 익힌다!**

〈프렌즈〉, 〈사인필드〉 같은 고전 미드부터 〈미해군범죄수사대〉, 〈크리미널 마인드〉, 〈모던 패밀리〉, 〈슈츠〉, 〈워킹 데드〉 등 매 시즌마다 변함없이 사랑받는 인기 미드와 〈디스 이즈 어스〉, 〈리썰 웨폰〉, 〈비욘드〉 등 최근에 방영된 신작 미드까지, 시대와 장르를 아우르는 미드의 대화문을 발췌하여 수록했습니다. 또한 드라마에 자주 나오는 문장으로 연습 문장을 구성했기 때문에 현재 미국인들이 사용하는 살아 있는 영어를 배울 수 있습니다.


여태까지 자막을 보느라 배우의 표정과 연기를 놓쳤다면, 이제 233개의 핵심패턴 학습을 통해 미드를 보는 새로운 재미를 느끼게 될 것입니다.

백선엽

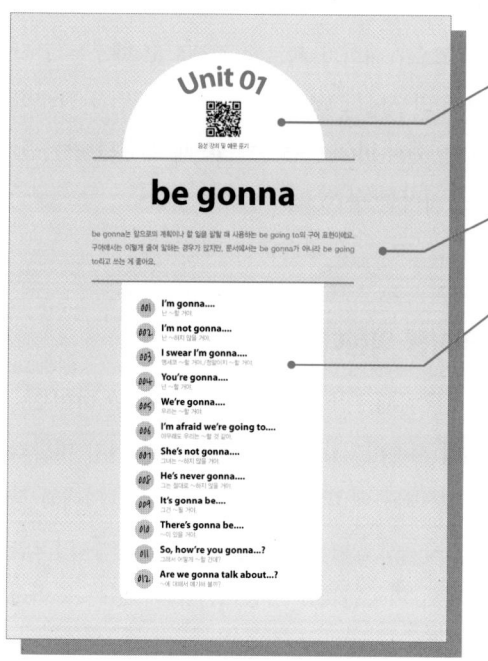

QR코드를 찍으면 음성 강의를 들을 수 있습니다. 본격적인 학습을 시작하기 전에 들으면 학습 효과가 더 높아집니다.

이번 유닛에서 배울 내용에 대한 소개입니다. 가벼운 마음으로 쭉 읽어 보세요.

이번 유닛에서 배울 패턴입니다.

오늘 배울 핵심패턴과 핵심패턴에 대한 소개입니다. 패턴이 어떤 상황에서 쓰이는지를 주의해야 할 문법과 함께 설명합니다.

회화문으로 먼저 패턴의 쓰임을 익힐 수 있습니다. 어떤 상황에서 패턴이 쓰이는지 확인해 보세요.

우리말 해석을 보고 위에서 배운 패턴을 이용해 영어로 빈칸을 채워 보세요. 빈칸을 채운 후에는 오디오를 들으며 따라 해 보세요.

**잠깐만요** | 어려운 어휘나 표현을 하단에 정리했습니다. 영작이 막힐 때 참고하세요.

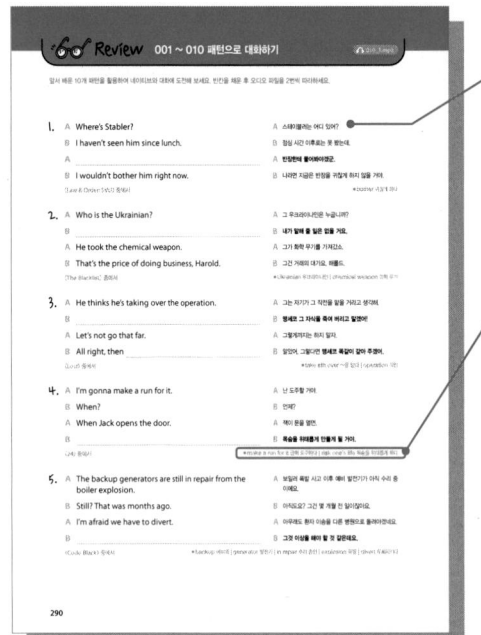

## 리뷰

패턴 10개를 학습할 때마다 복습할 수 있는 리뷰 코너입니다. 우리말 해석을 보고 앞서 배운 패턴을 이용해 빈칸을 채워 보세요. 오디오를 들으며 소리 내어 따라 하는 것도 잊지 마세요.

어려운 어휘나 표현을 각 대화문 아래쪽에 정리했습니다. 영작이 막힐 때 참고하세요.

## 훈련용 소책자

본책의 정답을 확인할 수 있는 소책자입니다. 따로 들고 다니며 패턴을 연습할 때도 활용할 수 있습니다.

---

🎧 mp3 파일 활용하기

이 책의 모든 예문을 네이티브의 음성으로 확인할 수 있습니다. mp3 파일은 각 유닛 시작 페이지의 QR코드를 찍어서 스마트폰으로 듣거나, 길벗이지톡 홈페이지(www.eztok.co.kr)에서 무료로 다운로드 받을 수 있습니다.

# 독학용으로 활용할 때

**STEP 1**

### 평소에 자주 쓰는 패턴 찾아보기

목차를 살펴보면서 내가 평소에 자주 쓰는 우리말을 찾아 패턴의 오디오를 들어 보세요.

**STEP 2**

### 패턴을 활용하여 우리말을 영어로 바꿔 보기

패턴명 아래에 있는 설명글을 읽고, 먼저 대화문 속에서 패턴의 쓰임을 파악하세요. 대화문을 통해 배운 패턴을 이용하여 우리말에 해당하는 영어 문장을 빈칸에 써 보세요. 손으로 쓰며 공부하면 뇌를 자극하여 훨씬 빠르고 확실하게 기억할 수 있습니다.

**STEP 3**

### 오디오를 들으며 따라 하기

책을 보며 오디오를 들어 보세요. 처음에는 귀에 익숙해질 때까지 듣기만 하고 어느 정도 들린다 싶으면 오디오를 들으며 소리 내어 따라 해 보세요. 완벽하게 발음할 수 있을 거라고 생각되는 문장들도 막상 소리 내어 말해 보면 발음이 잘 되지 않는 경우가 많거든요.

**STEP 4**

### 복습하기

앞서 배운 패턴들을 잊지 않도록 리뷰 페이지를 구성했습니다. 패턴 10개의 학습이 끝날 때마다 새로운 대화문을 통해 지금껏 학습한 패턴들을 복습하세요. 복습도 마찬가지로 손으로 써보고 오디오를 들으며 입으로 따라 해야 효과적입니다.

**STEP 5**

### 훈련용 소책자 활용하기

영어 실력을 단시간에 늘릴 수 있는 방법은 영어로 말하는 것을 생활화하는 것입니다. 훈련용 소책자를 들고 다니며 등하교, 출퇴근 시간에 패턴을 학습하면 언제 어디서나 영어 문장을 듣고 말하는 것을 훈련할 수 있습니다.

# 스터디용으로 활용할 때

**STEP 1**

### 스터디 전, 사전 학습하기

함께 스터디를 할 부분이 정해지면 빈칸 채우기 부분은 미리 영작하여 채워 넣고 입에 익숙해지도록 연습하세요. 우리말 해석을 보고 영어로 술술 말할 수 있을 정도까지 문장 패턴을 확실하게 외우는 겁니다.

**STEP 2**

### 스터디의 서막, 미드 주인공 되어 보기

대화문에 나온 배역을 할당한 다음, 미드의 주인공이 된 것처럼 감정을 살려 연기해 보세요. 그런 다음 대화문 아래에 있는 10개의 예문을 학습할 때는 순번을 정해 놓고 한 사람씩 돌아가면서 우리말 해석에 해당되는 영어 문장을 큰 소리로 말해 보세요. 가장 많이 틀린 사람에게 벌칙을 수행하게 한다면 학습 효과가 더 높아질 수도 있겠죠?

**STEP 3**

### 배운 패턴을 이용하여 영어로 대화하기

스터디의 최종 목표는 프리토킹일 텐데요. 먼저 외운 패턴을 이용하여 교재에 나와 있지 않은 새로운 문장을 만들어 말해 보세요. 그런 다음 이 문장을 활용하여 짧은 대화가 만들어지도록 프리토킹을 해 보는 겁니다. 어느 정도 자신이 붙었다면 점점 대화의 길이를 늘려 나가 보도록 하세요.

**STEP 4**

### 스터디가 끝나고, 다시 한 번 복습하기

집에 가는 길에 스터디 한 부분을 오디오로 다시 한 번 들으며 패턴 문장과 대화문을 내 것으로 만드세요.

## Unit 04 ▸ need

## Unit 05 ▸ like

## Unit 08 ▶ know

## Unit 09 ▶ tell

## Unit 10 ▶ **think / seem**

## Unit 11 ▶ **feel**

## Part 2 ‘미드’에 항상 나오는 감정 표현 핵심패턴

# Part 1

## '미드'에 정말 많이 나오는 기본 동사 핵심패턴

영어를 잘하는 사람일수록 어려운 단어와 표현을 많이 사용할 거라는 것은 가장 큰 오해인데요. Part 1에서는 기본 동사들을 활용한 필수 표현들로 영어의 기초를 쌓아 보세요.

# Unit 01

음성 강의 및 예문 듣기

# be gonna

be gonna는 앞으로의 계획이나 할 일을 말할 때 사용하는 be going to의 구어 표현이에요. 구어에서는 이렇게 줄여 말하는 경우가 많지만, 문서에서는 be gonna가 아니라 be going to라고 쓰는 게 좋아요.

**001** **I'm gonna....**
난 ~할 거야.

**002** **I'm not gonna....**
난 ~하지 않을 거야.

**003** **I swear I'm gonna....**
맹세코 ~할 거야./정말이지 ~할 거야.

**004** **You're gonna....**
넌 ~할 거야.

**005** **We're gonna....**
우리는 ~할 거야.

**006** **I'm afraid we're going to....**
아무래도 우리는 ~할 것 같아.

**007** **She's not gonna....**
그녀는 ~하지 않을 거야.

**008** **He's never gonna....**
그는 절대로 ~하지 않을 거야.

**009** **It's gonna be....**
그건 ~될 거야.

**010** **There's gonna be....**
~이 있을 거야.

**011** **So, how're you gonna...?**
그래서 어떻게 ~할 건데?

**012** **Are we gonna talk about...?**
~에 대해서 얘기해 볼까?

난 ~할 거야.

# I'm gonna....

🎧 001.mp3

미국 드라마를 보면 가장 흔히 들을 수 있는 동사 표현 중 하나가 바로 gonna인데요. 이것은 going to를 빨리 발음한 표현이에요. I'm gonna....
는 I'm going to....와 같은 말로 앞으로의 계획을 말할 때 사용합니다.

| | |
|---|---|
| A Everything okay? | A 다 괜찮은 거죠? |
| B Uh, Douglas Prescott is denying all wrongdoing. He played me. | B 어, 더글러스 프레스콧이 잘못한 일을 모두 부인하고 있어. 날 가지고 논 거야. |
| A I'm sorry, James. So, what are you gonna do? | A 유감이에요, 제임스. 그럼 어떻게 할 거예요? |
| B **I'm gonna** fight him. Gonna fight Douglas Prescott. | B **난** 그랑 싸울 **거야.** 더글러스 프레스콧이랑 싸워야지. |

〈Pure Genius〉 중에서　　　　　　　　　　　　　　　＊deny 부인하다 | wrongdoing 잘못한 일, 범법 행위

1. 난 내 일을 할 거야.　　　▶ **I'm gonna** do my job.

2. 난 가서 샤워를 할 거야.　　　▶ **I'm gonna** go take a shower.

3. 난 그녀에게 청혼할 거야.　　　▶ **I'm gonna** ask her to marry me.

4. 난 그만 말할 거야.　　　▶

5. 난 술이나 한 잔 가져올 거야.　　　▶

6. 난 여기서 나갈 거야.　　　▶

7. 난 그걸 확실하게 해 둘 거야.　　　▶

8. 난 그 남자를 단념할 거야.　　　▶

9. 난 가서 그의 아내와 말해 볼 거야.　　　▶

10. 난 그가 안전하다고 느끼게 해 줄 거야.　　　▶

✧ 정답은 소책자 2쪽에

참깐만요!

1 do one's job ~의 일을 하다　2 take a shower 샤워하다　3 ask sb to marry me ~에게 청혼하다　5 drink 술, 음료
6 get out of sth ~에서 나가다　7 make sure of sth ~을 확실히 하다　8 give up on sb ~을 단념하다

난 ~하지 않을 거야.

# 002 I'm not gonna....

 002.mp3

I'm not going to....의 구어 표현으로, 이것은 앞으로 어떤 일을 하지 않을 거라고 다짐할 때 씁니다. 단, 주의할 점은 gonna는 will과 같은 뜻인 be going to의 줄임말에서만 사용한다는 것. I'm going to school.은 I'm gonna school.이라고 말하지 않아요.

| | | | |
|---|---|---|---|
| A | Jesse, I can't breathe. | A | 제시, 숨을 못 쉬겠어요. |
| B | Renee, this is gonna stop your heart for a minute. It's just like a reboot. Don't worry. | B | 르네, 이게 당신의 심장을 잠깐 동안 멈출 거예요. 재시동하는 것과 아주 똑같아요. 걱정 마세요. |
| C | **I'm not gonna** let nothing happen to you, okay? Hold on. Ready? | C | **내가** 당신한테 아무 일도 일어나**지 않게 할게요.** 알았죠? 견뎌야 해요. 준비됐어요? |
| B | It worked. Renee, you're gonna be OK. | B | 효과가 있었어요. 르네, 이제 괜찮아질 거예요. |

〈Code Black〉 중에서

＊breathe 숨 쉬다 | reboot 재시동하다 | hold on 견디다 | work 효과가 있다

1. 난 그러지 않을 거야. ▶ I'm not gonna **do that.**

2. 난 그녀를 찾는 것을 그만두**지 않을 거야.** ▶ I'm not gonna **stop looking for her.**

3. 난 같은 실수는 하지 않을 거야. ▶ I'm not gonna **make the same mistake.**

4. 난 네 마음을 아프게 하지 않을 거야. ▶ _____

5. 난 너에게 다시 물어보**지 않을 거야.** ▶ _____

6. 난 돈을 그렇게 많이 내**지는 않을 거야.** ▶ _____

7. 난 겁먹지 않을 거야. ▶ _____

8. 난 너와 말다툼하지 않을 거야. ▶ _____

9. 난 어느 누구도 잃지 않을 거야. ▶ _____

10. 난 널 위해선 아무것도 하지 않을 거야. ▶ _____

✧ 정답은 소책자 2쪽에

잠깐만요!

2 look for sb/sth ~을 찾다  3 make the same mistake 같은 실수를 하다  4 hurt 마음을 아프게 하다, 다치게 하다
7 intimidated 겁먹은  8 argue with sb ~와 말다툼하다

**003**

맹세코 ~할 거야./정말이지 ~할 거야.

# I swear I'm gonna....

🎧 003.mp3

I swear는 맹세할 때 사용하는 표현인데요. 미드를 보면 상대방에게 내 계획에 대해 강한 확신을 주고자 할 때, 또는 너무 분한 감정 때문에 복수를 맹세하거나 주체할 수 없는 감정을 표현할 때 이 표현이 잘 나옵니다.

| | |
|---|---|
| A  I've never felt this way about a girl before. | A  전에는 여자에 대해서 이렇게 느낀 적이 한 번도 없었어. |
| B  What do you mean? | B  무슨 말이야? |
| A  **I swear I'm gonna** go crazy. | A  **정말이지** 미칠 **것 같아.** |
| B  Sounds like love to me. | B  내가 듣기엔 사랑인 것 같은데. |

〈Friends〉 중에서

＊go crazy 미쳐 가다 | sound like ~처럼 들리다

---

1. 맹세코 똑같이 갚아 줄 **거야.**
   ▶ I swear I'm gonna **get even.**

2. 맹세코 네게 그것을 보상**할게.**
   ▶ I swear I'm gonna **make it up to you.**

3. 맹세코 네가 도움을 좀 받게 **해 줄게.**
   ▶ I swear I'm gonna **get you some help.**

4. 맹세코 너를 꺼내 **줄게.**
   ▶

5. 맹세코 이 일은 그만둘 **거야.**
   ▶

6. 맹세코 네가 대가를 치르게 **할 거야.**
   ▶

7. 맹세코 너를 집에 데려다 **줄게.**
   ▶

8. 맹세코 네 돈은 돌려줄게.
   ▶

9. 맹세코 언젠가는 여기를 뜰 **거야.**
   ▶

10. 맹세코 그에게 무슨 일이 생겼던 건지 알아낼 **거야.**
    ▶

↔ 정답은 소책자 2쪽에

**잠깐만요!**

1 get even 똑같이 갚아 주다, 복수하다  2 make it up to sb ~에게 그것을 보상하다  5 quit 그만두다
6 pay sb back ~에게 대가를 치르게 하다  8 return 돌려주다, 갚다

넌 ~할 거야.

# You're gonna....

'전후 상황을 보니 너 앞으로 이렇게 되겠네.'라는 뜻으로 사용하는 표현인데요. 앞으로 일어날 일에 대해 상대방을 설득하거나 경고할 때, 또는 용기를 줄 때 두루 사용할 수 있어요.

| | |
|---|---|
| **A** Let her go. | **A** 그녀를 풀어 주세요. |
| **B** That's not gonna happen. | **B** 그런 일은 없을 겁니다. |
| **A** You really think **you're gonna** be able to prove anything against her? | **A** 정말로 **당신이** 그녀에게 불리한 증거를 찾아낼 수 있을 **거라고** 생각하는 건가요? |
| **B** We're not gonna let her get away. | **B** 우리는 그녀가 빠져나가게 두지 않을 거예요. |

〈The Blacklist〉 중에서

＊prove 증명하다 | get away 빠져나가다, 모면하다

1. 넌 아빠가 될 **거야.**　▶ **You're gonna** be a daddy.

2. 넌 이 일을 이겨낼 **거야.**　▶ **You're gonna** get through this.

3. 넌 나를 믿어야 **할 거야.**　▶ **You're gonna** have to trust me.

4. 넌 그것을 좋아할 **거야.**　▶ _____

5. 넌 용기를 내게 될 **거야.**　▶ _____

6. 넌 이 일을 후회할 **거야.**　▶ _____

7. 넌 잡힐 **거야.**　▶ _____

8. 넌 운전을 해야 **할 거야.**　▶ _____

9. 넌 네 몫의 보상을 받게 될 **거야.**　▶ _____

10. 넌 실망하게 될 **거야.**　▶ _____

✧ 정답은 소책자 2쪽에

잠깐만요!　**2** get through sth ~을 이겨내다, 극복하다　**6** regret 후회하다　**7** get caught 잡히다　**9** reward 보상
**10** disappointed 실망한

우리는 ~할 거야.

# We're gonna....

앞으로 일어날 일을 예측하거나 계획을 말할 때 사용하는 표현이에요. 미드를 보다 보면, 간혹 동사 are를 생략해서 We gonna....라고 말하는 경우도 종종 들을 수 있을 거예요.

| | |
|---|---|
| **A** I can't eat or sleep knowing he's still out there. | **A** 그 사람이 아직도 밖에서 돌아다닌다는 걸 아니까 밥도 못 먹겠고 잠도 못 자겠어요. |
| **B** We've got every officer hunting him down. | |
| **A** What if you don't find him? | **B** 그를 추적하는 데 모든 경찰을 투입했어요. |
| **B** Don't worry. **We're gonna** catch him. | **A** 그 사람을 못 찾으면 어떡하나요? |
| | **B** 걱정 마세요. **우리가 그자를 잡을 거예요.** |

〈Law & Order: SVU〉 중에서                                    *hunt sb down ~을 추적하여 잡다

---

**1.** 우리는 부자가 될 **거야.**   ▶ We're gonna **be rich.**

**2.** 우리가 널 찾아낼 **거야.**   ▶ We're gonna **find you.**

**3.** 우리가 널 잘 돌봐 줄 **거야.**   ▶ We're gonna **take good care of you.**

**4.** 우리는 이것을 할 **거야.**   ▶ _____

**5.** 우리는 헤어질 **거야.**   ▶ _____

**6.** 우리가 너를 고쳐 줄 **거야.**   ▶ _____

**7.** 우리는 그것을 바꿀 **거야.**   ▶ _____

**8.** 우리는 곤경에 처하게 될 **거야.**   ▶ _____

**9.** 우리가 그를 다시 데려올 **거야.**   ▶ _____

**10.** 우리는 아주 좋은 팀이 될 **거야.**   ▶ _____

✦ 정답은 소책자 2쪽에

 잠깐만요!

3 take good care of sb/sth ~을 잘 돌보다   5 split up 헤어지다   6 fix sb/sth up ~을 고치다
8 get in trouble 곤경에 처하다   9 bring sb back ~을 다시 데려오다

**027**

아무래도 우리는 ~할 것 같아.

# I'm afraid we're going to....

I'm afraid of/to....라고 하면 '난 ~가 무서워.'라는 뜻이지만, 이 표현에서 I'm afraid는 그런 뜻이 아니에요. 유감스러운 일을 말할 때 I'm afraid를 붙여 말하면 '아무래도 ~', '~일 것 같아'의 의미로 좀 더 공손하고 조심스러운 표현이 됩니다.

| | |
|---|---|
| A  Haven't you received a check from him? | A  그 사람한테 수표를 못 받은 거야? |
| B  Not yet. | B  아직 못 받았어. |
| A  **I'm afraid we're going to** have to write this one off. | A  **아무래도 우리는** 이 건을 단념해야 **할 것 같아.** |
| B  We can always take him to court. | B  우리는 언제든지 그를 고소하면 돼. |

〈Boston Legal〉 중에서

＊check 수표 | write sth off (실패한 것을) 단념하다 | take sb to court ~을 고소하다

---

1. 아무래도 우리는 그 위험을 무릅써야 할 것 같아. ▶ I'm afraid we're going to **take the risk.**

2. 아무래도 우리는 네 도움을 필요로 할 것 같아. ▶ I'm afraid we're going to **need your help.**

3. 아무래도 우리는 너를 놓아주어야 할 것 같아. ▶ I'm afraid we're going to **have to let you go.**

4. 아무래도 우리는 그걸 가져가야 할 것 같아. ▶

5. 아무래도 우리는 마감을 못 맞출 것 같아. ▶

6. 아무래도 우리는 밤새 여기에 있어야 할 것 같아. ▶

7. 아무래도 우리는 돈을 모두 잃을 것 같아. ▶

8. 아무래도 우리는 열차 시간에 늦을 것 같아. ▶

9. 아무래도 우리가 모든 일을 악화시킬 것 같아. ▶

10. 아무래도 우리는 예약을 취소해야 할 것 같아. ▶

✦ 정답은 소책자 3쪽에

잠깐만요!

1 take a risk 위험을 무릅쓰다   5 miss the deadline 마감을 못 맞추다   6 overnight 밤새
10 cancel one's reservation 예약을 취소하다

그녀는 ~하지 않을 거야.

# 007

## She's not gonna....

007.mp3

제3자가 앞으로 할 행동을 예측하여 말할 때는 He나 She를 주어로 하는 이런 표현을 씁니다. 이때도 역시 be going to는 be gonna로 말할 수 있어요. 물론 '그녀는 ~을 할 거야.'라고 할 때는 She's gonna....라고 하면 되겠죠.

| | |
|---|---|
| A  Let's hope you find something. If you don't, Dr. Brennan will fire both of us.<br>B  **She's not gonna** fire anyone.<br>A  I wouldn't be so sure. She heard the Jeffersonian has taken a hit since she's been gone.<br>B  Oh. Never mind what she said. | A  당신이 뭐라도 찾기를 바랍시다. 안 그랬다가는 브래넌 박사가 우리 둘 다 해고할 거예요.<br>B  **그녀는** 아무도 **해고하지 않을 거예요.**<br>A  난 그렇게 확신하지는 못하겠어요. 자신이 떠난 후로 제퍼소니안이 타격을 입었다는 소식을 들었다던데요.<br>B  아. 그녀가 한 말은 신경 쓰지 마세요. |

〈Bones〉 중에서

＊fire 해고하다 | take a hit 타격을 입다

1. 그녀는 나타나지 않을 거야. ▶ She's not gonna **show up.**

2. 그녀는 자신의 결정을 뒤집지 않을 거야. ▶ She's not gonna **reverse her decision.**

3. 그녀는 그 남자와 결혼하지 않을 거야. ▶ She's not gonna **get married with him.**

4. 그녀는 굴복하지 않을 거야. ▶ _____

5. 그녀는 여기 오지 않을 거야. ▶ _____

6. 그녀는 더 이상은 시도하지 않을 거야. ▶ _____

7. 그녀는 자기 지위를 포기하지 않을 거야. ▶ _____

8. 그녀는 내일이나 돼야 도착할 거야. ▶ _____

9. 그녀는 그 남자와 말도 섞으려고 하지 않을 거야. ▶ _____

10. 그녀는 다시는 부모님을 실망시켜 드리지 않을 거야. ▶ _____

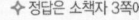 ✥ 정답은 소책자 3쪽에

잠깐만요!  1 show up (모습을) 보이다, 나타나다  2 reverse 뒤집다  3 get married with sb ~와 결혼하다  4 give in 굴복하다
7 give sb/sth up ~을 포기하다, position 지위, 직  9 not give sb the time of day ~와 말도 섞지 않다

**008**

그는 절대로 ~하지 않을 거야.

# He's never gonna....

not 대신 never를 쓰면 '절대로 ~하지 않을 거야', '결코 ~하지 않을 거야'라는 뜻으로 훨씬 더 강한 부정의 표현이 됩니다. He's not gonna....와 He's never gonna....를 상황에 맞게 잘 사용해 보세요.

| | |
|---|---|
| A Now she's dead because I made a choice. | A 내가 한 선택 때문에 그녀가 목숨을 잃었어. |
| B That wasn't your fault. Hey, you're being too hard on yourself. | B 그건 당신 잘못이 아니었어. 이봐, 당신은 너무 심하게 자책하고 있어. |
| A Oh, whose fault was it? | A 아, 그럼 누구 잘못이었는데? |
| B The unsub. And now because of you, **he's never gonna** be able to do that to anyone again. | B 용의자 탓이지. 그리고 이제 당신 덕분에 **그가 절대로** 다시는 다른 사람에게 그런 짓을 **못 하게 됐잖아.** |

〈Criminal Minds〉 중에서　　　　　　　　　　　　　　　＊be hard on oneself 자책하다 | unsub 미확인범, 용의자

---

1. 그는 절대로 그 일을 그냥 넘어가**지 않을 거야.** ▸ He's never gonna **let it slide.**

2. 그는 절대로 나를 용서하**지 않을 거야.** ▸ He's never gonna **forgive me.**

3. 그는 절대로 그것을 심각하게 받아들이**지 않을 거야.** ▸ He's never gonna **take it seriously.**

4. 그는 절대로 그 시험에 합격하**지 못할 거야.** ▸ _____

5. 그는 절대로 그런 헛소리를 받아들이**지 않을 거야.** ▸ _____

6. 그는 절대로 나를 이해**하지 못할 거야.** ▸ _____

7. 그는 절대로 자발적으로 물러나**지 않을 거야.** ▸ _____

8. 그는 절대로 그의 전부인과 재결합**하지 않을 거야.** ▸ _____

9. 그는 절대로 너에게 명확한 답변을 해 주**지 않을 거야.** ▸ _____

10. 그는 절대로 그녀의 전화를 받**지 않을 거야.** ▸ _____

✧ 정답은 소책자 3쪽에

잠깐만요!

1 let sth slide (실수, 문제 등을) 눈감아 주다, 넘어가다　2 forgive 용서하다　3 seriously 심각하게
5 crap 헛소리, 거짓말　7 resign 사임하다, voluntarily 자발적으로　8 reunite 재결합시키다, ex 전부인, 전남편, 전 애인
9 straight answer 명확한 답변

**009**

그건 ~될 거야.

# It's gonna be....

🎧 009.mp3

이 패턴은 앞으로의 상황이 어떻게 전개될지 예상하여 말할 때 씁니다. 이 표현에서 It은 앞서 언급되었거나 현재 이야기가 진행 중인 상황이나 상태를 가리킵니다.

| | | | |
|---|---|---|---|
| A | Where is Job? | A | 조브는 어디에 있나? |
| B | In New York. He's gonna look up some old friends. | B | 뉴욕에요. 옛 친구를 몇 명 찾아볼 거예요. |
| A | **It's gonna be** strange without him here. Then again, it's strange when he is here. | A | 그가 이곳에 없으면 이상**하겠군.** 또 한편으로는 그가 여기 있는 것도 이상하지만. |
| B | You miss him already? | B | 벌써 그가 보고 싶으세요? |

〈Banshee〉 중에서

＊look sb/sth up ~을 찾다 | then again 또 한편으로는 | miss 보고 싶다

1. 그건 쉬울 거야.
   ▶ It's gonna be **easy.**

2. 그러면 이야기가 길어질 거야.
   ▶ It's gonna be **a long story.**

3. 그건 큰 문제가 될 거야.
   ▶ It's gonna be **a big problem.**

4. 그건 완벽할 거야.
   ▶ _____

5. 그건 유명해질 거야.
   ▶ _____

6. 긴 하루가 될 거야.
   ▶ _____

7. 그건 정말 어려울 거야.
   ▶ _____

8. 그건 장거리 운전이 될 거야.
   ▶ _____

9. 그건 피비린내 나는 싸움이 될 거야.
   ▶ _____

10. 그건 큰 도전거리가 될 거야.
    ▶ _____

✧ 정답은 소책자 3쪽에

**잠깐만요!** 　4 perfect 완벽한　5 famous 유명한　9 bloody 피투성이의, 피 튀기는　10 challenge 도전거리

~이 있을 거야.

# There's gonna be....

🎧 010.mp3

There's는 '~이 있다'라는 뜻의 표현인데, 여기에도 미래를 나타내는 표현 be going to를 붙여 쓸 수 있어요. 미래에 어떤 일이 있을 거라고 적을 때는 There's going to be....., 말할 때는 There's gonna be....를 사용해 보세요.

| | |
|---|---|
| A Help you guys? | A 도와드릴까요? |
| B No, no. We're okay. | B 아닙니다, 안 그러셔도 돼요. 우린 괜찮아요. |
| A Broke the fence. **There's gonna be** trouble. | A 울타리를 부쉈군요. 말썽**이 있을 겁니다.** |
| B Yeah, but who cares? | B 네, 하지만 누가 신경이나 쓰겠어요? |

〈Aftermath〉 중에서

＊break 부수다 | fence 울타리 | care 신경 쓰다

---

1. 큰 파티가 있을 거야.
   ▶ There's gonna be **a big party.**

2. 나중에 그걸 할 시간이 있을 거야.
   ▶ There's gonna be **time for that later.**

3. 추가 조사에 대한 필요는 없을 거야.
   ▶ There's gonna be **no need for more research.**

4. 재판이 있을 거야.
   ▶ _____

5. 법정 심리가 있을 거야.
   ▶ _____

6. 그것들을 위한 공간은 없을 거야.
   ▶ _____

7. 또 다른 기회가 있을 거야.
   ▶ _____

8. 2주간의 정직 처분이 있을 거야.
   ▶ _____

9. 날씨에 변화가 있을 거야.
   ▶ _____

10. 짜증 나는 일은 일어나지 않을 거야.
    ▶ _____

◆ 정답은 소책자 4쪽에

잠깐만요!

2 later 나중에　3 research 조사　4 trial 재판　5 court hearing 법정 심리　6 room 공간　7 opportunity 기회
8 suspension 정직, 정학　9 change 변화　10 irritating 짜증 나는

그래서 어떻게 ~할 건데?

# So, how're you gonna...?

011.mp3

이 패턴은 문제가 발생하거나 곤란한 상황에 처한 상대방에게 어떻게 그 상황을 해결할 건지 물을 때 씁니다. So는 구어에서 자주 사용되는 표현으로, 이를 덧붙이면 상대방이 방금 한 말에 대해 '그래서 어떻게 ~할 건데?'라는 의미가 됩니다.

| | |
|---|---|
| **A** I wrecked Jerry's car. | **A** 내가 제리의 차를 망가뜨렸어. |
| **B** He's gonna kill you. | **B** 널 죽이려고 들 걸. |
| **A** Not if I can get it fixed before he finds out. | **A** 제리가 알아내기 전에 고쳐 놓기만 한다면 안 그러겠지. |
| **B** So, how're you gonna pay for it? | **B** 그래서 수리비는 **어떻게 감당할 건데?** |

〈Seinfeld〉 중에서

＊wreck 망가뜨리다 | fix 고치다 | pay for sth ~에 대한 대금을 지불하다

---

1. 그래서 어떻게 몰래 들어갈 건데? ▶ So, how're you gonna **sneak in**?

2. 그래서 어떻게 혼란을 수습할 건데? ▶ So, how're you gonna **clean up the mess**?

3. 그래서 어떻게 집에서 빠져나올 건데? ▶ So, how're you gonna **get out of the house**?

4. 그래서 어떻게 그곳에 갈 건데? ▶

5. 그래서 어떻게 그녀한테 연락할 건데? ▶

6. 그래서 어떻게 그를 처벌할 건데? ▶

7. 그래서 어떻게 이것을 처리할 건데? ▶

8. 그래서 어떻게 이것을 바로잡을 건데? ▶

9. 그래서 어떻게 그 돈을 마련할 건데? ▶

10. 그래서 어떻게 살아갈 건데? ▶

✧ 정답은 소책자 4쪽에

잠깐만요!

1 sneak in 몰래 들어가다  2 mess 혼란인 상태, 엉망진창인 상황  5 reach ~에게 연락하다  6 punish 처벌하다
7 handle 처리하다  9 raise money 돈을 벌다

~에 대해서 얘기해 볼까?

# 012

# Are we gonna talk about...?

상대방에게 못마땅한 게 있거나 함께 풀어 가야 할 문제가 있을 때, 그러니까 날 잡아서 대화를 나누어야 될 때 이 표현을 쓰는데요. 어떤 일에 대해 시간을 들여 구체적으로 이야기해 보자는 의미입니다.

| | | | | |
|---|---|---|---|---|
| A | I want you out of here today. | | A | 당신은 오늘 여기서 나가 줘. |
| B | Fine. **Are we gonna talk about** the kids? | | B | 좋아. 그럼 애들은 어쩔 건지 **얘기해 볼까?** |
| A | There's nothing to talk about. They stay with me. | | A | 얘기하고 말고 할 것도 없어. 애들은 나랑 같이 지내는 거야. |
| B | Oh, no, they don't. I'm calling my lawyer. | | B | 아, 그렇게는 안 되지. 내 변호사에게 전화하겠어. |

〈Boston Legal〉 중에서

＊lawyer 변호사

1. 우리의 미래에 대해서 얘기해 볼까? ▶ Are we gonna talk about **our future**?

2. 우리 관계에 대해서 얘기해 볼까? ▶ Are we gonna talk about **our relationship**?

3. 오늘 있었던 일에 대해서 얘기해 볼까? ▶ Are we gonna talk about **what happened today**?

4. 우리 여행에 대해서 얘기해 볼까? ▶

5. 그가 누군지에 대해서 얘기해 볼까? ▶

6. 당신 가족에 대해서 얘기해 볼까? ▶

7. 평결에 대해서 얘기해 볼까? ▶

8. 그 여자에 대해서 얘기해 볼까? ▶

9. 우리 동업 관계에 대해서 얘기해 볼까? ▶

10. 우리에게 정말로 필요한 것이 무엇인지에 대해서 얘기해 볼까? ▶

◆ 정답은 소책자 4쪽에

 잠깐만요! **1** future 미래 **2** relationship 관계 **6** folks 가족, 부모 **7** verdict 평결 **9** partnership 동업 관계

# Unit 02

음성 강의 및 예문 듣기

# get

get 동사를 사전에서 한번 찾아보면, 그 의미가 몇 페이지에 걸쳐 설명되어 있을 정도로 다양하게 사용되는데요. 이번 unit에서는 그중에서도 가장 많이 사용되는 뜻을 포함한 표현만을 선별해 봤어요.

~해지고 있어.

# I'm getting....

🎧 013.mp3

기분이나 감정, 몸 상태가 점차 어떤 상태로 바뀌어 간다고 말할 때 사용되는 패턴인데요. getting 뒤에는 주로 형용사나 명사가 오고요. 어떤 상태에 익숙해지는 경우에는 get used to라는 관용 표현을 이용해서 표현하기도 해요.

| | | |
|---|---|---|
| A | Hello? Anybody read? **I'm getting** sick and tired of hearing my voice. | A 여보세요? 제 말 듣고 있는 분? 내 목소리 듣는 것도 **신물 나는군.** |
| B | Why don't you knock that crap off? | B 쓸데없는 짓 좀 그만두는 게 어때? |
| A | Try to be positive. | A 긍정적으로 생각하려고 해 봐. |
| B | You remove these cuffs and I'll be all "Sammy Sunshine" positive for you. | B 이 수갑만 풀어주면 아주 긍정적인 사람이 돼 줄게. |

〈The Walking Dead〉 중에서      * sick and tired of sb/sth ~에(게) 신물 난 | remove 제거하다 | Sammy Sunshine 아주 긍정적이고 밝은 사람

1. 따분해지고 있어.                 ▶ I'm getting **bored.**

2. 머리가 아파지고 있어.             ▶ I'm getting **a headache.**

3. 심한 죄책감이 들고 있어.          ▶ I'm getting **a terrible feeling of guilt.**

4. 초조해지고 있어.                 ▶ _____

5. 짜증이 나고 있어.                 ▶ _____

6. 겁이 나고 있어.                   ▶ _____

7. 오한이 들고 있어.                 ▶ _____

8. 부모 노릇에 익숙해지고 있어.       ▶ _____

9. 불편한 기분이 들고 있어.          ▶ _____

10. 가슴 속에서 따뜻한 느낌이 들고 있어.  ▶ _____

✧ 정답은 소책자 4쪽에

잠깐만요!

1 bored 따분한   2 headache 두통   3 guilt 죄, 죄책감   4 nervous 초조한   5 annoyed 짜증 난   6 cold feet 겁먹은
7 chill 오한   8 parent 부모 노릇하다   9 uncomfortable 불편한   10 chest 가슴

~해지지 않고 있어.

# I'm not getting....

전에 느끼던 감정이나 상태가 더 이상 느껴지지도 않을 만큼 실망하거나 자포자기한 심정이 되었을 때 사용할 수 있는 패턴입니다. getting 뒤에 상태나 감정을 나타내는 형용사를 단독으로 쓰기도 하지만, '기분, 느낌'이라는 뜻의 feeling을 사용하여 I'm not getting a...feeling.이나 I'm not getting a feeling of....라고 하기도 해요.

| | |
|---|---|
| A What do you think of the new boss? | A 새로 온 상사가 어떤 것 같아? |
| B **I'm not getting** a warm fuzzy feeling. | B 따뜻하고 포근한 느낌은 들**지 않고 있어.** |
| A I know, she's pretty intense. | A 그러게, 상당히 강한 스타일이야. |
| B We might do well to stay out of her way. | B 눈에 띄지 않는 게 좋겠어. |

〈The Office〉 중에서

*fuzzy 포근한 | intense 강한, 열정적인

---

1. 더 나아지**지 않고 있어.** ▶ **I'm not getting any better.**

2. 더 이상은 속도 상하지 않고 있어. ▶ **I'm not getting upset anymore.**

3. 서류 작업에는 익숙**해지지가 않아.** ▶ **I'm not getting used to paperwork.**

4. 깊이 관여하게 되는 것 같지가 않아. ▶

5. 더 기분이 좋아**지지는 않고 있어.** ▶

6. 그에게 화가 나**지도 않고 있어.** ▶

7. 더 진전되**지 않고 있어.** ▶

8. 새 직장에 익숙해지지가 않아. ▶

9. 슬픈 감정이 들**지 않고 있어.** ▶

10. 편안하다는 느낌이 들**지 않고 있어.** ▶

✧ 정답은 소책자 5쪽에

2 upset 속상한  3 paperwork 서류 작업  4 involved 깊이 관여된  7 get forward 진전되다, further 더
9 sadness 슬픔  10 comfortable 편안한

가서 ~을 가져올게/데려올게.

# I'll go get....

go get은 '가서 ~'라는 의미예요. 이때 get은 '가져오다, 데려오다, 사 오다, 취하다, 구해 오다' 등등 다양한 의미로 쓰입니다.

| | |
|---|---|
| A You need to see this. | A 이것 좀 보세요. |
| B **I'll go get** Agent Miller. The woman wants to be in on everything. | B **내가 가서** 밀러 요원을 **데려오지**. 그 여자는 뭐든 끼어들고 싶어 하니까. |
| A Not this. These are photos Angela retrieved from Agent Bannerman's cloud account. | A 이번은 아니에요. 이건 안젤라가 배너맨 요원의 클라우드 계정에서 검색한 사진들이에요. |
| B Looks to me like Agent Miller wasn't just Bannerman's partner. | B 내가 보기엔 밀러 요원과 배너맨 요원이 파트너 관계 이상이었던 것 같군. |

〈Bones〉 중에서

*retrieve 검색하다 | account 계정

1. 가서 다른 사람을 데려올게. ▶ **I'll go get** someone else.

2. 가서 바람 좀 쐬고 올게. ▶ **I'll go get** some fresh air.

3. 가서 커피 한 잔 더 가져올게. ▶ **I'll go get** another cup of coffee.

4. 가서 카트를 가져올게. ▶ _____

5. 가서 내 개를 데려올게. ▶ _____

6. 가서 의사를 데려올게. ▶ _____

7. 가서 좀 쉬고 올게. ▶ _____

8. 가서 사다리를 가져올게. ▶ _____

9. 가서 증인을 데려올게. ▶ _____

10. 가서 비품을 좀 가져올게. ▶ _____

✦ 정답은 소책자 5쪽에

잠깐만요! 　**4** cart 카트, 수레 　**8** ladder 사다리 　**9** witness 증인, 목격자 　**10** supplies 비품

~에 갔다 방금 전에 돌아왔어.

# I just got back from....

🎧 016.mp3

get back from은 '~에서 돌아오다'라는 표현이에요. I just got back from....이라고 하면 '~에서 방금 돌아왔다.'라는 의미가 되니까 이를 우리말로 자연스럽게 표현하면 '~에 갔다 방금 전에 돌아왔다.'라는 의미가 되는 거죠.

| | |
|---|---|
| A Why do you look so disappointed? | A 왜 그렇게 실망스러운 표정을 짓고 있어? |
| B **I just got back from** Dr. House's office. | B 하우스 선생님의 진찰실에 **갔다 방금 전에 돌아왔거든.** |
| A Wouldn't he let you take the case? | A 너한테 그 환자를 안 맡길 거래? |
| B No, he's still mad that I told Wilson about his leg. | B 그래, 내가 윌슨 선생님한테 자기 다리에 대한 얘기를 했다고 아직도 화가 나 있거든. |

〈House〉 중에서

＊case 사례, 사건; 환자

1. 연구실에 갔다 방금 전에 돌아왔어.　▶ I just got back from **the lab.**

2. 휴가 갔다 방금 전에 돌아왔어.　▶ I just got back from **my holidays.**

3. 자선 행사에 갔다 방금 전에 돌아왔어.　▶ I just got back from **the charity event.**

4. 이라크에 갔다 방금 전에 돌아왔어.　▶ _____

5. 학교에 갔다 방금 전에 돌아왔어.　▶ _____

6. 여행 갔다 방금 전에 돌아왔어.　▶ _____

7. 캠프에 갔다 방금 전에 돌아왔어.　▶ _____

8. 병원에 갔다 방금 전에 돌아왔어.　▶ _____

9. 부모님 댁에 갔다 방금 전에 돌아왔어.　▶ _____

10. 알렉스의 결혼식에 갔다 방금 전에 돌아왔어.　▶ _____

✑ 정답은 소책자 5쪽에

 잠깐만요! 　**1** lab 연구실, 실험실　**3** charity event 자선 행사　**10** wedding 결혼식

**039**

# Unit 03

음성 강의 및 예문 듣기

# want

하고 싶은 일이나 원하는 것을 말할 때는 want 동사를 사용하는데요. 원하는 사물을 말할 때는 want, 하고 싶은 일을 말할 때는 want to, 줄여서 wanna라고 합니다.

~하고 싶어.

# 017

# I wanna....

wanna도 gonna만큼 많이 사용되는 구어 표현인데요. want to를 줄여 말할 때 발음되는 대로 표기한 것이 바로 wanna입니다. 하고 싶은 일을 말할 때 쓰면 됩니다.

| | |
|---|---|
| A **I wanna** show you something. This way. | A 보여 주고 **싶은** 게 있어. 이쪽으로 와 봐. |
| B You play dirty, Clarke. | B 반칙이야, 클락. |
| A I always have. Look, it's slim odds you're a match, but let me draw a blood sample from you. | A 나야 항상 그랬잖아. 저기, 너희들이 일치할 거라는 가능성은 희박하지만, 네 혈액 샘플을 채취하게 해 줘. |
| B OK. | B 알았어. |

〈Chicago Fire〉 중에서          *play dirty 비열한 수를 쓰다 | slim 빈약한 | odds 가능성 | match 일치하는 것, 어울리는 사람

1. 미안하다고 말하고 **싶어**.  ▶ I wanna **say I'm sorry.**

2. 그가 어디에 있는지 알고 **싶어**.  ▶ I wanna **know where he is.**

3. 무사히 여행하라고 빌어 주고 **싶어**.  ▶ I wanna **wish you safe travels.**

4. 그녀를 구해 주고 **싶어**.  ▶

5. 네게 알려 주고 **싶어**.  ▶

6. 네게 행운을 빌어 주고 **싶어**.  ▶

7. 너한테 주먹을 몇 방 먹여 주고 **싶어**.  ▶

8. 제이크에 대해서 너랑 얘기**하고 싶어**.  ▶

9. 그가 여기서 뭘 하고 있었는지 알고 **싶어**.  ▶

10. 그것을 사용하게 해 줘서 고맙다고 말하고 **싶어**.  ▶

✦ 정답은 소책자 5쪽에

⭐ 잠깐만요!     4 save 구하다   6 luck 행운   7 take a swing at sb ~에게 주먹을 한 방 먹이다   10 allow sb to do ~가 …하게 해 주다

~하고 싶지 않아.

# I don't wanna....

🎧 018.mp3

하고 싶은 일이 있으면 하고 싶지 않은 일도 있기 마련인데요. 하고 싶지 않은 일을 말할 때 사용하는 패턴이 I don't wanna....입니다. wanna 는 want to와 같은 의미이므로 wanna 뒤에는 꼭 동사를 써야 한다는 점에 유의하세요.

| | |
|---|---|
| A We have a lot to talk about, though. | A 그런데 우리도 할 얘기가 많잖아요. |
| B Like what? | B 어떤 거요? |
| A Your future. Your next moves. | A 당신의 미래요. 당신의 다음 행보도요. |
| B Well, **I don't wanna** talk about that right now. It's been a long day. | B 음, 지금 당장은 그 얘기를 **하고 싶지 않아요**. 힘든 하루였잖아요. |

〈Marvel's Luke Cage〉 중에서

＊move 행보, 움직임

1. 캠프 가는 것을 놓치고 **싶지 않아.**
   ▶ I don't wanna **miss my camp.**

2. 너 없이는 살고 **싶지 않아.**
   ▶ I don't wanna **live without you.**

3. 하루 종일 애나 보고 있고 **싶지는 않아.**
   ▶ I don't wanna **have to babysit all day.**

4. 그것을 보고 **싶지 않아.**
   ▶ _____

5. 밀고자가 되고 **싶지 않아.**
   ▶ _____

6. 아빠에게 거짓말하고 **싶지 않아.**
   ▶ _____

7. 수술을 받고 **싶지 않아.**
   ▶ _____

8. 네 남자 친구를 가로채고 **싶지 않아.**
   ▶ _____

9. 너를 불편하게 만들고 **싶지 않아.**
   ▶ _____

10. 그에게 두 번 다시 기회를 주고 **싶지 않아.**
    ▶ _____

✛ 정답은 소책자 5쪽에

잠깐만요!

1 miss 놓치다  3 babysit 아이를 돌보다, all day 하루 종일  5 snitch 밀고자  6 lie 거짓말하다  7 surgery 수술
8 steal 훔치다  10 chance 기회

**019**

절대 ~하고 싶지는 않았어./~하고 싶었던 것은 절대 아니야.

# I never wanted to....

019.mp3

하고 싶지 않았지만 할 수 밖에 없었던 일에 대한 후회를 말하거나 선택의 여지가 없었다고 변명할 때 사용되는 표현입니다. not 대신 강한 부정의 표현인 never를 쓰게 되면 좀 더 구구한 변명처럼 들립니다.

| | |
|---|---|
| A Why did you take that job in Seattle? | A 왜 시애틀의 일자리를 받아들인 거야? |
| B It was the chance of a lifetime. | B 평생에 한 번 올까 말까 한 기회였으니까. |
| A Didn't you think about how it would affect me? | A 그 결정이 나에게 미칠 영향에 대해서는 생각해 보지 않았어? |
| B Look, **I never wanted to** upset you. | B 이봐, 내가 당신을 속상하게 **하고 싶었던 것은 절대 아니야.** |

〈Grey's Anatomy〉 중에서

*lifetime 일생, 평생 | affect 영향을 미치다

---

**1.** 절대 당신을 배신**하고 싶지는 않았어.** ▶ I never wanted to **betray you.**

**2.** 이렇게 살고 **싶었던 것은 절대 아니야.** ▶ I never wanted to **live like this.**

**3.** 그녀의 목소리를 절대 다시 듣고 싶지는 않았어. ▶ I never wanted to **hear her voice again.**

**4.** 절대 당신을 잃고 **싶지는 않았어.** ▶

**5.** 네 일을 차지**하고 싶었던 것은 절대 아니야.** ▶

**6.** 절대 그녀를 멀리 보내고 **싶지는 않았어.** ▶

**7.** 이곳을 떠나고 **싶었던 것은 절대 아니야.** ▶

**8.** 절대 너희 기분을 상하게 **하고 싶지는 않았어.** ▶

**9.** 약속을 어기고 **싶었던 것은 절대 아니야.** ▶

**10.** 범죄를 은폐**하고 싶었던 것은 절대 아니야.** ▶

✦ 정답은 소책자 6쪽에

잠깐만요!

**1** betray 배신하다  **6** send sb away ~을 멀리 보내다  **8** hurt one's feeling ~의 기분을 상하게 하다
**9** break one's promise ~의 약속을 어기다  **10** cover sth up ~을 은폐하다, crime 범죄

그냥 ~하고 싶었을 뿐이야.

# I just wanted to....

🎧 020.mp3

지난 일에 대한 나의 진심을 이야기할 때 나오는 패턴이에요. '그냥, 그저'라는 뜻의 just를 넣어 말함으로써 상대방에게 부담을 덜 주는, 가벼운 어감으로 받아들여질 수 있습니다.

| | |
|---|---|
| A What! You're following me? | A 뭐야, 날 따라다니는 건가? |
| B Yeah, kind of. **I just wanted to** say there is a "we" here, you and I, whether you like it or not. | B 네, 그런 거죠. **그냥** '우리'가 여기 있다고 말하고 **싶었을 뿐이에요.** 선배님이랑 저요. 선배님이 좋아하시든 말든지요. |
| A Let me guess. Frost put you up to this. | A 내가 맞혀 보지. 프로스트가 자네를 이 일에 투입했군. |
| B No, I put myself up to this, not just for your sake, but for Clare's. | B 아니요, 제가 이 일에 뛰어든 거예요. 선배님 때문이 아니라 클레어를 위해서요. |

〈Berlin Station〉 중에서

*follow 따라다니다 | whether ~ or not ~이든 아니든 | for one's sake ~을 위해서

---

1. 그냥 내 방식대로 그것을 **하고 싶었을 뿐이야.**
   ▶ I just wanted to **do it my way.**

2. 그냥 집에 가서 좀 씻고 **싶었을 뿐이야.**
   ▶ I just wanted to **go home and freshen up.**

3. 그냥 너랑 좀 더 오래 함께 있고 **싶었을 뿐이야.**
   ▶ I just wanted to **be with you a little longer.**

4. 그냥 그와 대화**하고 싶었을 뿐이야.**
   ▶ _____

5. 그냥 너를 안심시키고 **싶었을 뿐이야.**
   ▶ _____

6. 그냥 마음을 가라앉히고 **싶었을 뿐이야.**
   ▶ _____

7. 그냥 고맙다고 말하고 **싶었을 뿐이야.**
   ▶ _____

8. 그냥 그곳에서 빠져나오고 **싶었을 뿐이야.** ▶ _____

9. 그냥 그녀를 마지막으로 한 번 보고 **싶었을 뿐이야.**
   ▶ _____

10. 그냥 너를 좀 당황하게 **하고 싶었을 뿐이야.**
    ▶ _____

✧ 정답은 소책자 6쪽에

잠깐만요!

2 freshen up 씻다, 몸단장하다　5 reassure 안심시키다　6 collect oneself 마음을 가라앉히다
10 embarrass 당황하게 하다

**021**

너한테 ~을 물어보고 싶었어.

# I wanted to ask you....

 021.mp3

영어에서는 단도직입적으로 용건을 말하기보다는 상대방의 입장을 배려해서 에둘러 말하는 경우가 많은데요. 예전부터 궁금했던 것을 직접적으로 묻기보다는 '너한테 물어보고 싶은 것이 있었는데, 그게 뭐였냐면 ~.'의 어감으로 사용할 수 있는 것이 바로 이 패턴입니다.

| | |
|---|---|
| A **I wanted to ask you** about the pet deposit. My kids want a dog. | A 애완동물 보증금에 대해 **물어보고 싶었는데요.** 우리 아이들이 개를 갖고 싶어 하거든요. |
| B I'm sorry. We have a strict no-pet policy. | B 죄송합니다. 우리 건물에는 엄격한 애완동물 금지 정책이 있어요. |
| A What are you talking about? What about the old lady? | A 무슨 소리예요? 저 나이 드신 분은 어떻게 된 건데요? |
| B What old lady? | B 어떤 여자분 말씀이신가요? |

〈Hawaii Five-O〉 중에서　　　　　　　　　　　　　　　　　　　*pet deposit 애완동물 보증금 | strict 엄격한 | policy 정책

1. 너한테 그 사건에 대해 **물어보고 싶었어.**　▶ I wanted to ask you **about the case.**

2. 너한테 애들을 봐 줄 수 있는지 **물어보고 싶었어.**　▶ I wanted to ask you **if you could babysit.**

3. 너한테 그것을 어떻게 알았는지 **물어보고 싶었어.**　▶ I wanted to ask you **how you knew about it.**

4. 너한테 네 이름을 **물어보고 싶었어.**　▶ _____

5. 너한테 네 계획에 대해 **물어보고 싶었어.**　▶ _____

6. 너한테 그녀가 어디에 사는지 **물어보고 싶었어.**　▶ _____

7. 너한테 그 돈에 대해 **물어보고 싶었어.**　▶ _____

8. 너한테 언제면 준비가 되는 건지 **물어보고 싶었어.**　▶ _____

9. 너한테 오늘 저녁에 시간 좀 있는지 **물어보고 싶었어.**　▶ _____

10. 너한테 차 좀 빌릴 수 있는지 **물어보고 싶었어.**　▶ _____

✧ 정답은 소책자 6쪽에

⭐ **잠깐만요!**　　1 case 사건　8 ready 준비된　9 free 한가한　10 borrow 빌리다

~에 대해 사과하고 싶었어.

# I wanted to apologize for....

 022.mp3

사과할 때를 놓쳐서 결국 사과도 못하고 서로 불편한 감정으로 지내다가 한참 후에야 사과할 기회를 얻게 되는 경우가 종종 있는데요. 바로 이렇게 묵은 일에 대해 사과하는 경우에 이 패턴을 사용할 수 있어요.

| | |
|---|---|
| A Nobody told me Locke couldn't speak. | A 로크가 말을 할 수 없었다는 걸 아무도 내게 말해 주지 않았어. |
| B Me neither. I stopped by to see him this morning. | B 나한테도 그랬어. 오늘 아침에 잠깐 들러서 그를 만났어. |
| A Oh yeah, why? | A 아, 그래, 왜? |
| B **I wanted to apologize for** my insensitivity. | B 나의 무신경함에 대해 사과하고 싶었거든. |

〈Lost〉 중에서

＊stop by 잠깐 들르다 | insensitivity 무신경, 둔감함

1. 성질을 부린 것에 대해 사과하고 싶었어. ▶ I wanted to apologize for **losing my temper.**

2. 내가 자주 자리를 비운 것에 대해 사과하고 싶었어. ▶ I wanted to apologize for **my frequent absences.**

3. 너한테 좀 더 일찍 말해 주지 못한 것에 대해 사과하고 싶었어. ▶ I wanted to apologize for **not telling you any earlier.**

4. 지연된 것에 대해 사과하고 싶었어. ▶

5. 머저리같이 군 것에 대해 사과하고 싶었어. ▶

6. 내 아들의 행동에 대해 사과하고 싶었어. ▶

7. 그걸 비밀로 해 둔 것에 대해 사과하고 싶었어. ▶

8. 나의 실언에 대해 사과하고 싶었어. ▶

9. 그런 소문을 퍼뜨린 것에 대해 사과하고 싶었어. ▶

10. 네 전화에 다시 전화 못해 준 것에 대해 사과하고 싶었어. ▶

✦ 정답은 소책자 6쪽에

 잠깐만요! 1 lose one's temper ~의 성질을 부리다  2 frequent 잦은, absence 부재  4 delay 지연  5 jerk 머저리
6 behavior 행동  7 keep sth a secret ~을 비밀로 해 두다  8 one's slip of the tongue ~의 실언, 말실수
9 spread 퍼뜨리다, rumor 소문  10 return one's call ~의 전화에 다시 전화해 주다

046

네가 ~하면 좋겠어.

# I want you to....

023.mp3

이 패턴은 상대방에게 바라거나 요구하고 싶은 것이 있을 때 사용해요. 명령을 할 때도 '~해라.'와 같이 단도직입적으로 말할 수도 있지만, 이 패턴을 사용하여 '네가 ~해 주면 좋겠어.'의 의미로 좀 더 가벼운 느낌으로 자신이 원하는 바를 전달할 수 있습니다.

| | |
|---|---|
| A Jesse, **I want you to** come back. | A 제시, **당신이** 돌아와 **주면 좋겠어.** |
| B I love Angels, but I can't. | B 앤젤스를 사랑하기는 하지만, 그럴 수는 없어. |
| A Why are you being so stubborn? | A 왜 그렇게 고집을 피우고 있는 거야? |
| B You convince Guthrie to come back, and I'll be right there behind him. | B 거스리가 복귀하도록 설득해 준다면 나도 뒤따라 바로 돌아갈게. |

〈Code Black〉 중에서

＊stubborn 고집 센 | convince 설득하다

---

**1.** 네가 신중하게 행동**하면 좋겠어.**　▶ I want you to **be discreet.**

**2.** 네가 내 말을 끝까지 들어주**면 좋겠어.**　▶ I want you to **hear me out.**

**3.** 네가 나 대신 그에게 안부를 전해 주**면 좋겠어.**　▶ I want you to **say hello to him for me.**

**4.** 네가 그것을 취소**하면 좋겠어.**　▶ _____

**5.** 네가 느긋해지**면 좋겠어.**　▶ _____

**6.** 네가 술을 끊으**면 좋겠어.**　▶ _____

**7.** 네가 눈을 감으**면 좋겠어.**　▶ _____

**8.** 네가 그것에 대해 전부 말해 주**면 좋겠어.**　▶ _____

**9.** 네가 후퍼 선생에게 진찰을 받으**면 좋겠어.**　▶ _____

**10.** 네가 내가 한 말 하나하나에 대해 생각해 보**면 좋겠어.**　▶ _____

✧ 정답은 소책자 7쪽에

잠깐만요!
1 discreet 신중한　2 hear sb out ~의 말을 끝까지 듣다　4 call sth off ~을 취소하다
5 slow down 느긋해지다; (속도를) 줄이다　9 examine 진찰하다

**024**

🎧 024.mp3

# I didn't want you to....

상대방에게 말해 주고 싶었지만 그때의 상황이나 분위기 때문에 말을 못한 경우도 있고, 숨겨 두었던 비밀이나 잘못한 일이 상대방에게 들통나서 어쩔 수 없이 진실을 말해야 할 때도 있는데요. 이렇게 상대방이 모르기를 바랐거나 하지 않았으면 하고 바랐던 일을 어느 정도 시간이 지난 후에 고백하듯이 말할 때 이 패턴을 사용하면 됩니다.

| | |
|---|---|
| A Why didn't you tell me about your cocktail party, Bree? | A 왜 나한테 칵테일파티에 대해 얘기 안 한 거야, 브리? |
| B **I didn't want you to** feel left out. | B 네가 소외감을 느끼**지 않기를 바랐거든.** |
| A Is there some reason you didn't invite me? | A 나를 초대하지 않은 것에 무슨 이유가 있니? |
| B It was a business affair. | B 사업 관계 일이었거든. |

〈Desperate Housewives〉 중에서                    *feel left out 소외감을 느끼다 | invite 초대하다 | affair 일

---

1. 네가 혼자 그곳에 가지 않기를 바랐어. ▶ I didn't want you to **go there alone.**

2. 네가 그것을 개인적인 것으로 받아들이지 않기를 바랐어. ▶ I didn't want you to **take it personally.**

3. 너희들이 더 이상 그곳에서 어울려 다니지 않기를 바랐어. ▶ I didn't want you to **hang out there anymore.**

4. 네가 그것을 보지 않기를 바랐어. ▶

5. 네가 죄책감을 느끼지 않기를 바랐어. ▶

6. 네가 나를 따라오지 않기를 바랐어. ▶

7. 네가 상사에게 가지 않기를 바랐어. ▶

8. 네가 우리의 규칙을 어기지 않기를 바랐어. ▶

9. 네가 지미를 그곳에 데려가지 않기를 바랐어. ▶

10. 네가 그와 더 이상 얘기하지 않기를 바랐어. ▶

✦ 정답은 소책자 7쪽에

잠깐만요!

2 take sth personally ~을 개인적인 것으로 받아들이다   3 hang out 어울려 다니다   5 guilty 죄책감을 느끼는
8 break one's rule ~의 규칙을 어기다

048

나더러 ~하라고?

# You want me to...?

이 패턴은 상대방의 요구나 제안이 도저히 납득되지 않을 때 '나더러 ~하라는 거예요?'라고 반문할 때 사용합니다. 이런 경우에는 Do you want me to...?라고 하기보다는 You want me to...?라고 말하는 것이 더 일반적이에요.

| | |
|---|---|
| A  I'd like you to go to the press and tell our people to come forward. | A  시장님께서 기자 회견을 열어 우리 시민들에게 앞으로 나서 달라고 말해 주셨으면 합니다. |
| B  Frank, **you want me to** ask the people of our city to be on the lookout for crime? | B  프랭크, **나더러** 우리 시민들한테 범죄를 감시해 달라고 **말하라는 겁니까?** |
| A  Mr. Mayor, we'd like some help. | A  시장님, 우리는 도움이 필요해요. |
| B  Let me think about it. | B  생각해 보겠습니다. |

〈Blue Bloods〉 중에서 　　　　　*the press 언론 | come forward 앞으로 나서다 | be on the lookout for sb/sth ~을 감시하다

1. 나더러 네 부탁을 들어달라고?　▶ You want me to **do you a favor**?

2. 나더러 아이들을 학교에 데려다주라고?　▶ You want me to **take the kids to school**?

3. 나더러 여기서 무슨 일이 일어나는 건지 알아내라고?　▶ You want me to **find out what's going on here**?

4. 나더러 그녀에게 전화하라고?　▶ _____

5. 나더러 일을 그만두라고?　▶ _____

6. 나더러 책임을 지라고?　▶ _____

7. 나더러 사과하라고?　▶ _____

8. 나더러 그를 잘 지켜보라고?　▶ _____

9. 나더러 그 개를 돌보라고?　▶ _____

10. 나더러 내 파트너를 버리라고?　▶ _____

✧ 정답은 소책자 7쪽에

잠깐만요!

1 do sb a favor ~의 부탁을 들어주다　5 quit 그만두다　6 take charge 책임을 지다
8 keep an eye on sb/sth ~을 잘 지켜보다　9 take care of sb/sth ~을 돌보다　10 abandon 버리다

그는 내가 ~하기를 원했어.

# 026

# He wanted me to....

🎧 026.mp3

제3자가 나한테 원했던 일을 다른 사람에게 전할 때 사용하는 패턴입니다. 나한테 무언가를 원한 사람이 여자라면 He 대신 She를 쓰면 돼요.

| | |
|---|---|
| A  I'd already disappointed Dad enough. | A  전 벌써 아버지를 충분히 실망시켜 드렸어요. |
| B  Your dad said he was disappointed? | B  아버지가 실망하셨다고 그러셨어? |
| A  He didn't have to. He wanted me in the military, and I chose college, then he wanted me to study business, and I switched to architecture. But I didn't get a job in my chosen field. | A  그럴 필요도 없었죠. 제가 입대하기를 원하셨는데 전 대학을 선택했고, 경영학을 공부하기를 원하셨는데 전 건축학으로 전공을 바꿨어요. 하지만 제가 선택한 전공 분야에서 직장도 못 구했죠. |
| B  It's not easy to have one you want. | B  원하는 직업을 갖는 것은 쉽지 않아. |

〈NCIS〉 중에서

＊military 군대 | switch 바꾸다 | architecture 건축학 | field 분야

1. 그는 내가 마음을 굳게 먹고 있기를 원했어. ▶ He wanted me to **stay strong.**

2. 그는 내가 무사히 집에 가기를 원했어. ▶ He wanted me to **go home safe.**

3. 그는 내가 내 힘으로 홀로 서기를 원했어. ▶ He wanted me to **stand on my own feet.**

4. 그는 내가 그것을 인정하기를 원했어. ▶

5. 그는 내가 너랑 상담하기를 원했어. ▶

6. 그는 내가 자신과 계속 연락하며 지내기를 원했어. ▶

7. 그는 내가 그를 위해 무언가를 해 주기를 원했어. ▶

8. 그는 내가 그 일에 대해 털어놓기를 원했어. ▶

9. 그는 내가 그의 아들과 친구가 돼 주기를 원했어. ▶

10. 그는 내가 9시 전에 집에 돌아오기를 원했어. ▶

✧ 정답은 소책자 7쪽에

☆ 잠깐만요!

3 stand on one's own feet 홀로 서다, 자립하다   4 admit 인정하다   5 consult 상담하다
6 keep up with sb ~와 계속 연락하며 지내다   8 spill the beans about sb/sth ~에 대해 털어놓다
9 make friends with sb ~와 사귀다, 친구가 되다

050

**027**

그녀는 정말 ~하고 싶어 했어.

# She wanted so much to....

어떤 일을 간절히 원했지만 결국 이루어지지 않았을 때 이 표현을 사용해요. wanted 뒤에 사용된 so much는 강조의 의미를 나타내죠. '그녀는 정말로 원했지만 잘 안 됐어.'라는 의미로 이 패턴을 쓸 수 있습니다.

| | | | |
|---|---|---|---|
| A | Novak was disappointed in the cab driver's testimony. | A | 노박은 택시 운전자의 증언에 실망했어. |
| B | Why? He identified the killer. | B | 왜? 그 사람이 살인범의 신원을 확인해 줬잖아. |
| A | Yes, the husband. **She wanted so much to** hear that it wasn't true. | A | 그래, 남편이라고 했지. **노박은** 그것이 사실이 아니라는 말을 **정말** 듣고 **싶어 했거든.** |
| B | I think we all suspected him from the start. | B | 우리 모두 처음부터 그 남자를 의심한 거 아니었어? |

〈Law & Order: SVU〉 중에서

＊testimony 증언 | identify 신원을 확인하다 | suspect 의심하다 | from the start 처음부터

1. 그녀는 정말 우승하고 싶어 했어.
▶ She wanted so much to **win.**

2. 그녀는 정말 그렉을 잊고 새 출발하고 싶어 했어.
▶ She wanted so much to **get over Greg.**

3. 그녀는 정말 이 일을 끝까지 파헤쳐 보고 싶어 했어.
▶ She wanted so much to **get to the bottom of this.**

4. 그녀는 정말 성공하고 싶어 했어.
▶ _____

5. 그녀는 정말 그를 만나고 싶어 했어.
▶ _____

6. 그녀는 정말 새로 시작하고 싶어 했어.
▶ _____

7. 그녀는 정말 내 경력을 망쳐 놓고 싶어 했어.
▶ _____

8. 그녀는 정말 그 퍼즐을 풀고 싶어 했어.
▶ _____

9. 그녀는 정말 루크와 데이트하고 싶어 했어.
▶ _____

10. 그녀는 정말 자립하고 싶어 했어.
▶ _____

✦ 정답은 소책자 7쪽에

잠깐만요!

2 get over sb ~을 잊고 새 출발하다   3 get to the bottom of sth ~의 진상을 규명하다, ~을 끝까지 파헤치다
6 start over 새로 시작하다   7 ruin one's career ~의 경력을 망치다   8 solve 풀다, 해결하다
9 go out with sb ~와 데이트하다   10 stand up for oneself 자립하다

051

~을 원해?

# 028 You want a...?

이 패턴은 상대방에게 특정한 사물이나 사람, 조건 등을 원하는지 물을 때 사용합니다. Do you want a...?를 약식으로 간단하게 말할 때 쓰는 패턴으로 이처럼 조동사 do는 구어에서 종종 생략되기도 합니다.

| | |
|---|---|
| A We're prepared to offer one-degree manslaughter for your testimony. | A 증언해 주면 1급 과실치사를 제안할 용의가 있어요. |
| B One-degree manslaughter? No way! | B 1급 과실치사라고요? 어림도 없어요. |
| A **You want a** better deal? You won't get one. | A 더 나은 거래를 **원하는 거예요?** 그렇게는 안 될 거예요. |
| B Let me talk to my lawyer. | B 변호사랑 얘기하게 해 주세요. |

〈Law & Order: SVU〉 중에서                    *one-degree manslaughter 1급 과실치사

1. 모닝콜을 해 줄까?         ▶ You want a **wake-up call**?

2. 평화로운 해결책을 원해?    ▶ You want a **peaceful solution**?

3. 자부심을 느낄 수 있는 직업을 원해?  ▶ You want a **job that you can feel proud of**?

4. 환불을 원해?            ▶ _____

5. 새 차를 원해?           ▶ _____

6. 소울 메이트를 원해?       ▶ _____

7. 커피 한 잔 줄까?         ▶ _____

8. 기회를 한 번 더 줄까?     ▶ _____

9. 등을 두드려 줄까?        ▶ _____

10. 파티에 입고 갈 새 드레스를 원해?  ▶ _____

✦ 정답은 소책자 8쪽에

잠깐만요!

1 wake-up call 모닝콜  2 peaceful 평화로운, solution 해결책  3 feel proud of sb/sth ~에 대해 자부심을 느끼다
4 refund 환불  9 pat 가볍게 두드리기

052

~할래?/~하고 싶어?

# You wanna...?

🎧 029.mp3

상대방에게 특정 행동을 하기를 원하는지 물을 때 사용하는 패턴이에요. 앞에서 배운 You want a 뒤에는 명사가 오지만, You wanna 뒤에는 동사가 온다는 점이 다르죠. 말할 때는 want a라고 할 때보다 더 빠르고 자연스럽게 붙이되 /t/ 소리 없이 wanna라고 발음하면 됩니다.

| | |
|---|---|
| A **You wanna** call your fiancée? | A 약혼녀와 전화**하겠나**? |
| B What are you talking about? I thought we weren't allowed to have phones in here. | B 무슨 소리예요? 이 안에서는 전화 소유가 허용되지 않는 줄 알았는데요. |
| A In principle yes, but I made a trade. Whenever you want, phone's right here. | A 원칙적으로는 그렇지만, 내가 거래를 좀 했지. 원할 때 언제든지 쓰게. |
| B Thanks, but I just can't right now. | B 고맙습니다만, 지금은 못 하겠어요. |

〈Suits〉 중에서

*fiancée 약혼녀

1. 비밀을 알고 싶어? ▶ You wanna **know a secret**?

2. 나를 도와**줄래**? ▶ You wanna **give me a hand**?

3. 네가 뭘 가져갔는지 우리에게 말해 줄래? ▶ You wanna **tell us what you took**?

4. 앉을래? ▶ _____

5. 술 한잔할래? ▶ _____

6. 우리한테 하고 싶은 말이 있는 **거야**? ▶ _____

7. 에드거처럼 끝장나고 싶은 거야? ▶ _____

8. 오늘 저녁에 들를래? ▶ _____

9. 센트럴파크에서 만날래? ▶ _____

10. 나한테 솔직하게 말할래? ▶ _____

✧정답은 소책자 8쪽에

잠깐만요!

1 secret 비밀  2 give sb a hand ~을 도와주다  7 end up 끝장나다  8 come over 들르다
10 give it to sb straight ~에게 솔직하게 말하다

053

# Where do you wanna...?

 030.mp3

무언가를 하고 싶은 장소가 어디인지를 물어볼 때 쓰는 패턴이에요. Do you wanna...?라는 표현에 장소를 나타내는 의문사 where를 넣으면 원하는 장소를 묻는 표현이 되는데요. 마찬가지로 where 대신 when을 넣으면 원하는 시간을 묻는 표현이 되죠.

| | | | |
|---|---|---|---|
| A | Thanks for taking me out. | A | 데리고 나와 줘서 고마워. |
| B | Well, you're spending your birthday with Sheldon. **Where do you wanna** go? | B | 음, 생일은 쉘던이랑 보낼 거잖아. **어디로 갈래?** |
| A | I hear that new Mexican place on Green Street is good. | A | 그린 가에 새로 생긴 멕시코 식당이 괜찮다던데. |
| B | Perfect. I like Mexican food. | B | 아주 좋아. 나 멕시코 음식 좋아하거든. |

〈The Big Bang Theory〉 중에서

**1.** 어디로 커피 마시러 갈래? ▶ Where do you wanna **go for coffee**?

**2.** 어디에서 쇼핑할래? ▶ Where do you wanna **do your shopping**?

**3.** 은퇴하고 어디에서 살래? ▶ Where do you wanna **live after you retire**?

**4.** 어디에서 지낼래? ▶ _____

**5.** 어디로 이사 갈래? ▶ _____

**6.** 오늘 어디에서 저녁 먹을래? ▶ _____

**7.** 어디에서 그들을 기다릴래? ▶ _____

**8.** 어디에서 사진 찍을래? ▶ _____

**9.** 어디로 휴가를 갈래? ▶ _____

**10.** 어디에 이 그림을 걸래? ▶ _____

✧ 정답은 소책자 8쪽에

**2** do one's shopping 쇼핑하다 **3** retire 은퇴하다 **5** move to sth ~로 이사하다 **9** go on vacation 휴가 가다
**10** hang 걸다, painting 그림

**031**

~하고 싶은 이유가 뭐야?

# Why do you want to...?

🎧 031.mp3

이 패턴은 상대방이 하려는 행동이 도무지 이해되지 않을 때 '왜 그러고 싶은 건데?'라는 의미로 사용해요. 때로는 상대방의 행동을 이해해 보려는 이유로, 때로는 비난의 의미를 담아 쓸 수 있습니다.

| | |
|---|---|
| A **Why do you want to** change the tactics? | A 전술을 바꾸고 **싶은 이유가 뭐야?** |
| B Do you want to win, Bjorn? | B 이기고 싶어, 비욘? |
| A We fight in the shield-wall. That's how we fight. | A 우리는 방패로 만든 벽 안에서 싸워. 그게 우리의 싸움 방식이지. |
| B They know how we fight. Why don't we plan to fight in a different way, and surprise them? | B 저들은 우리의 싸움 방식을 알아. 다른 방식으로 싸울 계획을 짜서 저들을 놀래는 건 어때? |

〈Vikings〉 중에서

＊tactic 전술 | shield-wall 방패로 만든 벽 | in a different way 다른 방식으로

1. 그를 몰래 감시하고 **싶은 이유가 뭐야?** ▶ Why do you want to **spy on him**?

2. 그녀를 놀림감으로 삼고 **싶은 이유가 뭐야?** ▶ Why do you want to **make fun of her**?

3. 그런 것들을 포스팅 하고 **싶은 이유가 뭐야?** ▶ Why do you want to **post such things**?

4. 그 목록을 입수하고 **싶은 이유가 뭐야?** ▶

5. 안 자고 깨어 있고 **싶은 이유가 뭐야?** ▶

6. 이제 와서 포기하고 **싶은 이유가 뭐야?** ▶

7. 오늘 멋지게 보이고 **싶은 이유가 뭐야?** ▶

8. 내가 짐 푸는 걸 도와주고 **싶은 이유가 뭐야?** ▶

9. 내 물건들을 망가뜨리고 **싶은 이유가 뭐야?** ▶

10. 그와 연락하며 지내고 **싶은 이유가 뭐야?** ▶

✧ 정답은 소책자 8쪽에

잠깐만요! **1** spy on sb ~을 몰래 감시하다 **2** make fun of sb/sth ~을 놀리다 **3** post 포스팅 하다 **5** stay awake 안 자고 깨어 있다 **8** unpack 짐을 풀다 **9** destroy 파괴하다, 망가뜨리다 **10** stay in touch with sb ~와 연락하며 지내다

055

무엇을 ~하고 싶니?

# What do you want...?

상대방에게 무엇을 원하는지 물을 때 사용하는 패턴이에요. 무엇을 알고 싶은지 묻는 What do you want to know?는 미드를 볼 때 아주 흔하게 들을 수 있는 표현 중 하나이죠.

| | |
|---|---|
| A **What do you want** to know? | A 무엇을 알고 싶은 거예요? |
| B Tell us about 1983. It might help us figure out who took those kids last night. | B 1983년에 대해 말해 주세요. 어젯밤에 누가 그 아이들을 데려갔는지 알아내는 데 도움이 될지도 몰라요. |
| A It wasn't me. Everyone in this town thought I killed Johnny and Allie, but I swear I didn't. | A 내가 안 그랬소. 이 마을 사람들 모두가 내가 조니와 앨리를 죽였다고 생각했지만, 맹세코 난 그러지 않았소. |
| B We're not saying you did it. | B 우린 당신이 그런 일을 했다고 말하는 게 아닌데요. |

〈Criminal Minds〉 중에서　　　　　　　　　　　　　　　　*figure out ~을 알아내다

1. 저녁으로 **무엇을** 먹고 싶니?　　▶ What do you want **for dinner**?

2. 내가 **무슨 말을** 하기를 원하니?　　▶ What do you want **me to say**?

3. **무엇 때문에** 날 만나고 **싶은 거니?**　　▶ What do you want **to see me about**?

4. 내가 **무엇을** 하기를 **원하니?**　　▶

5. 그에게 **무슨 말을** 하고 **싶은 거니?**　　▶

6. 오늘 저녁에 **무엇을** 하고 **싶니?**　　▶

7. 생일 선물로 **무엇을** 받고 **싶니?**　　▶

8. 쇼핑몰에서 **무엇을** 사고 **싶니?**　　▶

9. 대학에서 **무엇을** 공부하고 **싶니?**　　▶

10. 장래에 **무엇이** 되고 **싶니?**　　▶

✦ 정답은 소책자 9쪽에

잠깐만요!　　8 mall 쇼핑몰　9 college 대학　10 in the future 장래에, 미래에

# 033

네가 원한다면 내가 ~할 수도 있어.

# If you want, I could....

 033.mp3

상대방에게 무언가를 해 주고 싶을 때 '내가 ~해 줄게.'라고 일방적으로 이야기할 수도 있지만, 이렇게 If you want를 붙여 말하면 내 의견보다는 상대방의 의향을 존중해 주겠다는 의도를 전할 수 있어요.

| | |
|---|---|
| A  Where did you find the gun? | A  총을 어디에서 찾았어? |
| B  Down at the wharf. | B  저 아래 부두에서. |
| A  Was it an open area or hidden? | A  눈에 띄는 곳에 있었어, 숨겨져 있었어? |
| B  It was behind the bait shop. **If you want, I could** show you myself. | B  미끼 파는 가게 뒤에 있었어. **네가 원한다면 내가** 직접 보여 줄 **수도 있어.** |

〈CSI: Miami〉 중에서

＊wharf 부두 | open 훤히 트인 | hidden 숨겨진 | bait 미끼

1. 네가 원한다면 내가 그 사람같이 될 **수도 있어.** ▶ If you want, I could **be like him.**

2. 네가 원한다면 내가 근무를 대신 서 줄 **수도 있어.** ▶ If you want, I could **cover your shift.**

3. 네가 원한다면 나는 어디든 너와 함께 갈 **수도 있어.** ▶ If you want, I could **go anywhere with you.**

4. 네가 원한다면 내가 널 위해 그것을 고쳐 줄 **수도 있어.** ▶

5. 네가 원한다면 내가 주연을 맡을 **수도 있어.** ▶

6. 네가 원한다면 나는 널 위해 무엇이든 해 줄 **수도 있어.** ▶

7. 네가 원한다면 내가 오늘 퇴원시켜 줄 **수도 있어.** ▶

8. 네가 원한다면 내가 내 검은색 드레스를 빌려 줄 **수도 있어.** ▶

9. 네가 원한다면 내가 영화를 고르게 해 줄 **수도 있어.** ▶

10. 네가 원한다면 내가 네 이야기를 좋게 해 줄 **수도 있어.** ▶

✧ 정답은 소책자 9쪽에

잠깐만요!

5 play the lead 주연을 맡다   7 discharge 퇴원시키다   8 loan 빌려 주다   9 choose 고르다
10 put in a good word for sb ~을 좋게 말하다

~하고 싶다면 넌 …할 거야.

🎧 034.mp3

# If you wanna ~, you're gonna....

'원하는 게 있다면 먼저 해야 할 일이 있는데 그건 ~야.'라는 의미로 조언을 할 때 쓸 수 있는 패턴이에요. 충분한 준비나 노력 없이 좋은 결과만을 원하는 사람에게 이 패턴 표현을 사용해 보세요.

| | |
|---|---|
| A Why won't you confide in me? | A 왜 나한테 털어놓지 않으려고 하는 거야? |
| B I can't tell you anything yet. | B 아직은 너한테 아무 말도 할 수 없어. |
| A I thought we were friends, Fin. | A 난 우리가 친구인 줄 알았는데, 핀. |
| B **If you wanna** be my friend, **you're gonna** need patience. | B 내 친구가 되고 **싶다면 넌** 인내심이 있어야 **할 거야.** |

〈Law & Order: SVU〉 중에서

＊confide in sb ~에게 비밀을 털어놓다 | patience 인내심

1. 그를 저지하고 **싶다면 넌** 내 뒤를 봐 줘야 **할 거야.**
   ▶ If you wanna **stop him**, you're gonna **have to back me up.**

2. 기운을 되찾고 **싶다면 넌** 잠을 좀 자야 **할 거야.**
   ▶ If you wanna **refresh yourself**, you're gonna **need some sleep.**

3. 저 금고에 접근하고 **싶다면 넌** 그의 지문이 필요할 **거야.**
   ▶ If you wanna **access that safe**, you're gonna **need his fingerprint.**

4. 탈출하고 **싶다면 넌** 좋은 계획이 필요할 **거야.**
   ▶ _____

5. 큰돈을 벌고 **싶다면 넌** 그 일을 맡아야 **할 거야.**
   ▶ _____

6. 그를 잡고 **싶다면 넌** 더 많은 증거가 필요할 **거야.**
   ▶ _____

7. 그를 쏘고 **싶다면 넌** 나를 거쳐 가야 **할 거야.**
   ▶ _____

8. 내게 사과하고 **싶다면 넌** 내가 가방 싸는 걸 도와줘야 **할 거야.**
   ▶ _____

9. 마감을 맞추고 **싶다면 넌** 밤새 일해야 **할 거야.**
   ▶ _____

10. 그를 살려 두고 **싶다면 넌** 지금 바로 삽관해야 **할 거야.**
    ▶ _____

✦ 정답은 소책자 9쪽에

잠깐만요!

1 back sb up ~의 뒤를 봐 주다, ~을 지원하다   2 refresh oneself 기운을 되찾다   3 safe 금고, fingerprint 지문
4 escape 탈출하다   6 evidence 증거   7 shoot 총으로 쏘다, go through sb/sth ~을 통과하다   8 pack (짐을) 싸다
9 meet the deadline 마감을 맞추다   10 intubate 삽관하다

내가 ~하기를 원한다면, …하는 게 좋을 거야.

🎧 035.mp3

# If you want me to ~, you'd better....

상대방이 나에게 바라는 것이 있을 때, 그 점을 이용하여 내가 원하는 것을 먼저 얻어 낼 수도 있는데요. 즉, 이 패턴은 '나한테 바라는 게 있다면 너부터 ~하는 게 좋을 거야.'라는 의미로 사용해요.

| | |
|---|---|
| A  Will, you're losing the game. | A  윌, 너 게임을 지고 있잖아. |
| B  Maybe your clues are weak. | B  네가 준 힌트가 신통치 않았나 보지. |
| A  Maybe you're a little too dense to understand them. | A  네 머리로는 그 힌트를 이해할 수 없나 보지. |
| B  If you want me to win, you'd better stop criticizing me. | B  내가 이기기를 원한다면 나를 비난하는 건 그만두는 게 좋을 거야. |

〈Will and Grace〉 중에서

*clue 힌트 | dense 멍청한 | criticize 비난하다

1. **내가 네게 이야기를 읽어 주기를 원한다면** 침대로 돌아가**는 게 좋을 거야.**
▶ If you want me to **read you a story**, you'd better **go back to bed.**

2. **내가 그 일의 일원이 되기를 원한다면** 나에게 솔직해지**는 게 좋을 거야.**
▶ If you want me to **be part of it**, you'd better **be honest with me.**

3. **내가 너의 사과를 받아 주기를 원한다면** 내 말을 잘 듣**는 게 좋을 거야.**
▶ If you want me to **accept your apology**, you'd better **listen to me hard.**

4. **내가 더 열심히 노력하기를 원한다면** 나에게 돈을 더 지불하**는 게 좋을 거야.**
▶ _____

5. **내가 너희와 합류하기를 원한다면** 내 에이전트와 얘기해 보**는 게 좋을 거야.**
▶ _____

6. **내가 그것에 답해 주기를 원한다면** 내 변호사에게 전화하**는 게 좋을 거야.**
▶ _____

7. **내가 너한테 스페인어를 가르쳐 주기를 원한다면** 집중하**는 게 좋을 거야.**
▶ _____

8. **내가 행복하기를 원한다면** 내가 파티에 가는 것을 허락해 주**는 게 좋을 거야.**
▶ _____

9. **내가 사임하기를 원한다면** 더 좋은 전략을 짜**는 게 좋을 거야.**
▶ _____

10. **내가 이 사건을 조사하기를 원한다면** 아낌없이 지원해 주**는 게 좋을 거야.**
▶ _____

⇨ 정답은 소책자 9쪽에

**잠깐만요!** 2 honest 솔직한  3 accept one's apology ~의 사과를 받아들이다  5 agent 에이전트, 대리인  7 concentrate 집중하다
9 resign 사임하다, work out a strategy 전략을 짜다  10 provide full support 아낌없이 지원하다

내가 제일 하고 싶지 않은 게 ~야.

036.mp3

# The last thing I want to do is....

직역하면 '내가 하고 싶은 마지막 일은 ~야.'인데요. 의미가 팍 와 닿지 않죠? 이것은 '내가 제일 하고 싶지 않은 게 ~야.'로 바꾸어 표현할 수 있어요. 문법적으로는 is 뒤에 to부정사가 와야 하지만, 이 패턴에서는 구어나 문어 모두 동사원형을 쓰는 게 더 일반적이에요.

| | |
|---|---|
| A  Sorry to disturb you, Lieutenant. | A  방해해서 미안하네, 경위. |
| B  No, not at all, Captain. | B  아닙니다, 전혀 그렇지 않습니다, 청장님. |
| A  **The last thing I want to do is** tread on your turf. | A  **내가 제일 하고 싶지 않은 게** 자네 영역을 침범하는 거라네. |
| B  I'm fine with the joint investigation. Don't mind. | B  합동 수사를 해도 전 괜찮습니다. 신경 쓰지 마십시오. |

〈Bosch〉 중에서　　　　　　　　　　　　　　*disturb 방해하다 | lieutenant 경위 | tread on sth ~을 짓밟다 | turf 영역 | joint investigation 합동 수사

---

1. 내가 제일 하고 싶지 않은 게 그걸 망치는 거야. ▶ The last thing I want to do is **mess that up.**

2. 내가 제일 하고 싶지 않은 게 그들을 열 받게 하는 거야. ▶ The last thing I want to do is **piss them off.**

3. 내가 제일 하고 싶지 않은 게 널 위해 연줄을 대는 거야. ▶ The last thing I want to do is **pull strings for you.**

4. 내가 제일 하고 싶지 않은 게 참견하는 거야. ▶ _____

5. 내가 제일 하고 싶지 않은 게 그를 풀어 주는 거야. ▶ _____

6. 내가 제일 하고 싶지 않은 게 감염을 무릅쓰는 거야. ▶ _____

7. 내가 제일 하고 싶지 않은 게 치과에 가는 거야. ▶ _____

8. 내가 제일 하고 싶지 않은 게 모든 것을 다시 시작하는 거야. ▶ _____

9. 내가 제일 하고 싶지 않은 게 수사를 공유하는 거야. ▶ _____

10. 내가 제일 하고 싶지 않은 게 죽을 때까지 도망다니는 거야. ▶ _____

✧ 정답은 소책자 10쪽에

잠깐만요!

1 mess sth up ~을 망치다　2 piss sb off ~을 열 받게 하다　3 pull strings 연줄을 대다　4 butt in 참견하다
5 release 풀어 주다　6 infection 감염　7 go to the dentist 치과에 가다　8 start over 다시 시작하다　9 share 공유하다
10 run 도망하다

# Unit 04

음성 강의 및 예문 듣기

# need

need는 필요한 사물을 말할 때, 또는 할 필요가 있거나 할 필요가 없는 일을 말할 때 사용하는 동사예요. need 동사를 이용하여 필요한 것을 말해 보세요.

**037** **I need to....**
~해야 해.

**038** **I just need to....**
다만 ~해야 해.

**039** **I don't need to....**
난 ~할 필요가 없어.

**040** **You don't need to....**
넌 ~할 필요가 없어.

**041** **We still need to....**
우리는 아직 ~해야 해.

**042** **All I need is....**
내게 필요한 건 ~뿐이야.

**037**

~해야 해.

# I need to....

need to는 need의 의미를 정확히 살려 '~할 필요가 있다'라고 해석하기도 하지만, '~해야 한다'라는 의미로 해석하는 경우가 많아요. 다만 have to처럼 '의무'를 나타낸다기보다는 '필요'의 의미를 갖고 있으므로 강제성은 덜한 표현입니다.

| | |
|---|---|
| A Hey, I'm glad you are here. **I need to** talk to you. | A 안녕, 네가 여기 있는 걸 보니 반갑네. 너랑 얘기 좀 **해야겠어.** |
| B Things were bad at home? | B 집에서 안 좋은 일 있었어? |
| A The kids are lying. We know they're lying. They know we know they're lying. | A 애들이 거짓말을 하고 있어. 애들이 거짓말하고 있는 걸 우리도 알거든. 애들이 우리가 알고 있다는 걸 아는데도 그래. |
| B It's tough to control kids these days. They can be very sly. | B 요즘 애들은 통제하기가 힘들어. 아주 교활해지기도 한다니까. |

〈Man with a Plan〉 중에서

＊lie 거짓말하다 | tough 힘든 | control 통제하다 | sly 교활한

**1.** 그들의 관심을 얻어**야 해.**　▶ I need to **get their attention.**

**2.** 다음에 무슨 일이 생길지 알아봐**야 해.**　▶ I need to **see what happens next.**

**3.** 이제 카페인을 다량으로 섭취해**야 해.**　▶ I need to **start stacking up caffeine.**

**4.** 그것을 조사해 봐**야 해.**　▶ _____

**5.** 그녀를 안전하게 지켜 줘**야 해.**　▶ _____

**6.** 직장으로 복귀해**야 해.**　▶ _____

**7.** 바람 좀 쐐**야 해.**　▶ _____

**8.** 네게 뭐 좀 물어봐**야 해.**　▶ _____

**9.** 일을 좀 쉬어**야 해.**　▶ _____

**10.** 내 미래에 대해 생각해 봐**야 해.**　▶ _____

✧ 정답은 소책자 10쪽에

잠깐만요!

1 get one's attention ~의 관심을 얻다　3 stack sth up ~을 차곡차곡 쌓아 올리다　4 look into sth ~을 조사하다
6 get back to sth ~으로 돌아가다　9 take some time off 일을 좀 쉬다

038

다만 ~해야 해.

# I just need to....

I need to....에 just를 더하면 지금 바로 꼭 해야 할 필요가 있는 일을 언급하는 표현이 돼요. 즉, I need to eat something.이라고 하면 지금 바로는 아니더라도 뭘 먹어야 한다는 뜻이지만, just를 더하면 다른 일을 하기 전에 먼저 좀 먹어야 한다는 의미가 되는 거죠.

| | |
|---|---|
| **A** Sharon, I want to take over Kate Windham's care. | **A** 샤론, 케이트 윈드햄을 돌보는 일을 인계받고 싶어요. |
| **B** Come on, Maggie. We've been through this. | **B** 제발, 매기. 이 문제는 얘기 끝났잖아. |
| **A** I know your concerns, but **I just need to** do this. | **A** 뭘 걱정하시는 줄은 알지만 **전 다만** 이 일을 **해야 해요.** |
| **B** All right. Promise me to make sure her husband feels comfortable. | **B** 알았어. 책임지고 남편분 맘을 편안하게 해 드리겠다고 약속하는 거야. |

⟨Chicago Med⟩ 중에서   　*take sth over ~을 인계받다 | be through sth ~을 끝마치다 | concern 걱정

---

1. 다만 그들을 설득시켜야 해.   ▶ I just need to **convince them.**

2. 다만 그녀가 있는 곳을 알아야 해.   ▶ I just need to **know where she is.**

3. 다만 질문을 제대로 해야 해.   ▶ I just need to **ask the right question.**

4. 다만 널 만나야 해.   ▶

5. 다만 뭘 좀 먹어야 해.   ▶

6. 다만 네 목소리를 들어야 해.   ▶

7. 다만 흉부 엑스레이를 찍어야 해.   ▶

8. 다만 돈을 좀 빌려야 해.   ▶

9. 다만 이 임무에서 성공해야 해.   ▶

10. 다만 그것이 계속 작동하도록 확실히 해 둬야 해.   ▶

✧ 정답은 소책자 10쪽에

잠깐만요!   7 take a chest X-ray 흉부 엑스레이를 찍다   9 succeed in sth ~에서 성공하다, mission 임무
10 keep -ing 계속 ~하다, work 작동하다

난 ~할 필요가 없어.

# I don't need to....

🎧 039.mp3

다른 사람의 요구나 조언 등에 대한 반감을 나타낼 때 쓸 수 있는 패턴이에요. '내가 왜 ~해야 해?'라는 의미를 담아 단호하게 거부감을 표현할 때 사용할 수 있죠.

| | | | |
|---|---|---|---|
| A | That list is a bucket of bullshit, and Donna Paulsen doesn't know her ass from her elbow. | A | 그 목록은 거짓투성이인데다 도나 폴슨은 쥐뿔도 모르고 있어. |
| B | Watch yourself, Louis. | B | 말 조심해, 루이스. |
| A | **I don't need to** watch myself, Harvey. The partners are gone, and we can't stop them. | A | **난 조심할 필요가 없어,** 하비. 파트너들은 떠났고 우리는 그들을 막지 못했어. |
| B | Maybe it's time to start over. | B | 어쩌면 다시 시작할 때가 됐는지도 몰라. |

〈Suits〉 중에서

＊a bucket of 한 양동이의 | bullshit 헛소리 | know one's ass from one's elbow 쥐뿔도 모르다

1. 난 병원에 갈 **필요가 없어.**
   ▶ I don't need to **see a doctor.**

2. 난 너한테서 조언을 받을 **필요가 없어.**
   ▶ I don't need to **get advice from you.**

3. 난 너한테 내 속마음을 털어놓을 **필요가 없어.**
   ▶ I don't need to **explain myself to you.**

4. 난 그 차를 가져갈 **필요가 없어.**
   ▶

5. 난 네 말을 들을 **필요가 없어.**
   ▶

6. 난 그에게 전화를 걸어 줄 **필요가 없어.**
   ▶

7. 난 이 마을을 떠날 **필요가 없어.**
   ▶

8. 난 너에게 사과할 **필요가 없어.**
   ▶

9. 난 경찰과 말할 **필요가 없어.**
   ▶

10. 난 수술적인 선택 사항들을 고려할 **필요가 없어.**
    ▶

✧ 정답은 소책자 10쪽에

1 see a doctor 병원에 가다　2 get advice 조언을 받다　3 explain oneself 속마음을 털어놓다
6 call sb back ~에게 회답 전화를 걸다　10 consider 고려하다, surgical 수술적인, option 선택 사항

넌 ~할 필요가 없어.

# You don't need to....

040.mp3

어떤 일을 해야 할지 말아야 할지 고민하거나, 다른 사람들의 부당한 처사나 요구 사항에 자신의 의견을 말하지 못하고 답답하게 구는 상대방을 대신해 그들의 입장이나 행동의 경계를 확실한 어조로 조언할 때 사용할 수 있는 패턴이에요. '넌 ~할 필요 없어, 넌 안 그래도 돼.'라는 의미입니다.

| A | Norman, say something. | A | 노만, 뭐라고 말 좀 해 봐. |
|---|---|---|---|
| B | What would you like me to say, Mother? You put me in this place against my will. | B | 제가 무슨 말을 하길 원하시는데요, 엄마? 절 억지로 이곳에 처넣으셨잖아요. |
| A | I just want you to get better. | A | 난 그저 네가 더 나아지기를 원할 뿐이야. |
| B | **You don't need to** whisper. No secrets here at Pineview. | B | 속삭이실 **필요 없어요**. 이곳 파인뷰에서는 비밀은 없으니까요. |

〈Bates Motel〉 중에서

＊against one's will ~의 의사에 반하여, 억지로 | whisper 속삭이다

1. 넌 여기 있을 **필요가 없어.** ▶ You don't need to **be here.**

2. 넌 어떤 약속도 **할 필요가 없어.** ▶ You don't need to **make any promises.**

3. 넌 그의 모욕적인 말을 참을 **필요가 없어.** ▶ You don't need to **put up with his insults.**

4. 넌 내게 돈을 갚을 **필요가 없어.** ▶

5. 넌 그를 깨울 **필요가 없어.** ▶

6. 넌 화장을 **할 필요가 없어.** ▶

7. 넌 날 칭찬할 **필요가 없어.** ▶

8. 넌 그 일에 대해 내게 고마워할 **필요가 없어.** ▶

9. 넌 성명을 발표할 **필요가 없어.** ▶

10. 넌 밖으로 돌아갈 **필요가 없어.** ▶

✦ 정답은 소책자 11쪽에

잠깐만요!

2 make a promise 약속을 하다   3 put up with sb/sth ~을 참다, insult 모욕, 모욕적인 말
4 pay sb back ~에게 돈을 갚다   5 wake sb up ~을 깨우다   6 wear makeup 화장하다   7 compliment 칭찬하다
9 make a statement 성명을 발표하다   10 get back 돌아가다

우리는 아직 ~해야 해.

# We still need to....

 041.mp3

still은 '아직, 여전히'라는 뜻이에요. 따라서 We still need to....라고 하면 '예전에도 그랬지만, 아직도 계속 ~해야 해.'라는 의미가 포함돼 있는 거예요.

| | |
|---|---|
| A You ready? | A 준비됐니? |
| B Oh, my God. I think I forgot what my actual skin looked like. | B 오, 세상에. 제 피부가 원래 어땠는지도 잊어버리고 있었나 봐요. |
| A The color looks good, but **we still need to** monitor your progress over the next 24 hours. | A 색깔은 괜찮아 보이지만 **아직** 앞으로 24시간 동안은 진행 상태를 관찰**해 봐야 해.** |
| B Thank you. This whole thing is like a dream. | B 고맙습니다. 이 모든 게 꿈만 같아요. |

〈Pure Genius〉 중에서      *actual 실제의 | monitor 추적 관찰하다 | progress 진행 | whole 전부의

1. 우리는 아직 조심**해야 해.** ▶ We still need to **be cautious.**

2. 우리는 아직 그를 감시**해야 해.** ▶ We still need to **keep tabs on him.**

3. 우리는 아직 밝은 면을 봐**야 해.** ▶ We still need to **look on the bright side.**

4. 우리는 아직 방심하지 말아**야 해.** ▶

5. 우리는 아직 그를 멀리**해야 해.** ▶

6. 우리는 아직 더 많은 표를 얻어**야 해.** ▶

7. 우리는 아직 이 약을 먹어**야 해.** ▶

8. 우리는 아직 서로를 잘 알아 가**야 해.** ▶

9. 우리는 아직 그 편지가 도착하기를 기다려**야 해.** ▶

10. 우리는 아직 먹는 것에 주의**해야 해.** ▶

✧ 정답은 소책자 11쪽에

 1 cautious 조심하는  2 keep tabs on sb ~을 감시하다  3 look on the bright side 밝은 면을 보다
4 stay alert 방심하지 않다  5 keep sb away ~을 멀리하다  6 vote 표, 투표  7 medicine 약  9 arrive 도착하다
10 be careful about ~에 대해 주의하다

내게 필요한 건 ~뿐이야.

🎧 042.mp3

# 042

# All I need is....

All I need is....는 I just need....를 강조한 표현이에요. '내게 필요한 건 ~가 전부야, 다른 건 필요 없어.'라는 의미로 사용하는 패턴입니다.

| | |
|---|---|
| A | This is my show, and I don't appreciate your interference. |
| B | Listen to me. Jordan would put our ratings through the roof. |
| A | I can't deal with this right now. I'm on in 10 minutes. |
| B | **All I need is** your attention for five minutes. |

A 이건 내 공연이야. 그러니 네 간섭은 달갑지 않아.
B 내 말 들어 봐. 조단이라면 우리 평가 점수를 치솟게 해 줄 거야.
A 지금 당장은 이 문제를 처리하기 힘들어. 난 10분 후에 무대에 서야 해.
B **내게 필요한 건** 5분만 네가 집중해 주는 것**뿐이야.**

〈30 Rock〉 중에서

＊appreciate 감사하다 | put sth through the roof ~을 치솟게 하다 | ratings 평가 점수 | deal with sth ~을 처리하다 | attention 주의 집중

1. 내게 필요한 건 남자답게 구는 것**뿐이야.** ▶ All I need is **to man up.**

2. 내게 필요한 건 완전히 회복하는 것**뿐이야.** ▶ All I need is **to make a full recovery.**

3. 내게 필요한 건 아이들과 일에서 해방된 밤 시간**이면 돼.** ▶ All I need is **a kid-free, work-free night.**

4. 내게 필요한 건 약간의 수면**이 다야.** ▶

5. 내게 필요한 건 충분한 연료**가 다야.** ▶

6. 내게 필요한 건 그의 진짜 이름**뿐이야.** ▶

7. 내게 필요한 건 그 거래를 받아들이는 것**뿐이야.** ▶

8. 내게 필요한 건 그녀의 집 주소**가 다야.** ▶

9. 내게 필요한 건 뭔가 다른 것을 하는 것**뿐이야.** ▶

10. 내게 필요한 건 너와 이 대화를 나누는 것**뿐이야.** ▶

✑ 정답은 소책자 11쪽에

잠깐만요!

1 man up 남자답게 굴다  2 make a full recovery 완전히 회복하다  3 -free ~이 없는  5 enough 충분한, fuel 연료
7 take a deal 거래를 받아들이다  10 have a conversation with sb ~와 대화를 나누다

# Unit 05

음성 강의 및 예문 듣기

# like

like는 '좋아하다'라는 뜻의 동사인데요. would와 같이 would like나 would like to의 형태로 사용하면 원하는 것을 말하는 표현으로도 쓸 수 있어요.

 **I (just) like to get to....**
난 (그냥) ~에 가는/오는 걸 좋아해.

 **I'd like to....**
난 ~하고 싶어.

 **Would you like to...?**
~할래?

 **How would you like...?**
~라면 어떻겠니?/넌 ~을 어떻게 생각하니?

난 (그냥) ~에 가는/오는 걸 좋아해.

# I (just) like to get to....

🎧 043.mp3

get to 뒤에 장소나 위치를 나타내는 말이 오면 '~에 도착하다'라는 의미가 돼요. 여기에 '~하는 것을 좋아하다'라는 의미의 I like to가 더해진 패턴이니까 '난 ~에 가는/오는 걸 좋아해.'라는 뜻이 되는 거죠.

| | |
|---|---|
| **A** He could have flushed the weapon down a toilet. | **A** 그가 무기를 변기에 버리고 물을 내렸을 수도 있어. |
| **B** You want me to process the toilets? | **B** 나더러 변기 쪽 일을 처리하라는 건가요? |
| **A** You asked for more field work, Adam. | **A** 아담. 네가 현장 일을 더 많이 시켜 달라고 했잖아. |
| **B** Are you serious? **I just like to get to** a crime scene. | **B** 정말로요? **난 그냥 범죄 현장에 오는 게 좋은 거라고요.** |

⟨CSI: New York⟩ 중에서

\*flush 변기의 물을 내리다 | toilet 변기 | process 처리하다

---

1. 난 본론으로 들어가는 걸 좋아해. ▶ I like to get to **the point.**

2. 난 도서 전시회에 가는 걸 좋아해. ▶ I like to get to **the book fair.**

3. 난 시간이 있을 때 벼룩시장에 가는 걸 좋아해. ▶ I like to get to **the flea market when I'm free.**

4. 난 오페라에 가는 걸 좋아해. ▶

5. 난 책의 결말 부분에 다다르는 걸 좋아해. ▶

6. 난 일요일마다 공원에 가는 걸 좋아해. ▶

7. 난 제시간에 버스 정류장에 도착하는 걸 좋아해. ▶

8. 난 사건의 원인을 밝히는 걸 좋아해. ▶

9. 난 문제의 핵심을 찌르는 걸 좋아해. ▶

10. 난 예금하러 은행에 가는 걸 좋아해. ▶

✧ 정답은 소책자 11쪽에

잠깐만요!

1 get to the point 본론으로 들어가다  **2** book fair 도서 전시회  **3** flea market 벼룩시장
5 get to the end of sth ~의 끝에 도달하다  **7** on time 제시간에  **8** get to the bottom of sth ~의 원인을 밝히다
9 get to the heart of sth ~의 핵심을 찌르다  **10** bank 은행, make a deposit 예금하다

난 ~하고 싶어.

# I'd like to....

044.mp3

I'd like to....는 I want to....와 유사한 의미의 표현이에요. 둘 다 원하는 것을 말할 때 사용하는데, I want to....보다는 I'd like to....가 좀 더 부드러운 어감을 가지고 있어요.

| | |
|---|---|
| A Okay Cam, what's your game? | A 자 캠. 무슨 꿍꿍이야? |
| B What? | B 뭐라고? |
| A Why are you so understanding about giving your favorite costume away? | A 네가 가장 좋아하는 의상을 기부한 것에 대해 왜 그렇게 너그럽게 이해해 주는 건데? |
| B Shame on you. It's Thanksgiving. **I'd like to** celebrate with my family. | B 부끄러운 줄 아셔. 오늘은 추수감사절이잖아. 난 가족들이랑 잘 보내고 **싶어**. |

〈Modern Family〉 중에서　　＊understanding 이해심 있는 | give sth away ~을 기부하다 | costume 의상 | celebrate 기념하다, 축하하다

**1.** 난 내 귀로 직접 그 얘기를 듣고 **싶어**.　▶ **I'd like to** hear it for myself.

**2.** 난 그것에 대해 더 알고 **싶어**.　▶ **I'd like to** know more about it.

**3.** 난 좋은 사람들에게는 좋은 일이 일어난다고 믿고 **싶어**.　▶ **I'd like to** believe good things happen to good people.

**4.** 난 그를 풀어 주고 **싶어**.　▶ _____

**5.** 난 절도 사건을 신고하고 **싶어**.　▶ _____

**6.** 난 널 다시 보고 **싶어**.　▶ _____

**7.** 난 네게 할 말이 **있어**.　▶ _____

**8.** 난 그의 치료 방법을 알고 **싶어**.　▶ _____

**9.** 난 그건 내가 아니었다고 고백하고 **싶어**.　▶ _____

**10.** 난 구두 광택제를 좀 사고 **싶어**.　▶ _____

✧ 정답은 소책자 12쪽에

잠깐만요!　**4** let sb out ~을 풀어 주다　**5** report 신고하다, theft 절도 (사건)　**8** treat 치료하다　**10** purchase 사다, shoe polish 구두 광택제

~할래?

# Would you like to...?

이 패턴은 상대방에게 무언가를 부드럽게 제안하거나 권할 때 사용해요. '~할래?', '~하고 싶니?'라는 뜻으로 상대방의 의향을 존중하면서 제안을 하거나 권유하는 거죠.

| | |
|---|---|
| A  Oh, hi. You must be Martin Riggs. | A  아, 안녕하세요. 마틴 릭스 씨 맞죠? |
| B  The guy that almost got your husband killed. | B  당신 남편을 거의 저세상으로 가게 할 뻔한 남자지. |
| C  I'm sure you've heard a lot about me. | C  저에 대한 얘기는 틀림없이 많이 들으셨겠네요. |
| A  We're about to have dinner. **Would you like to** come in? | A  막 저녁 먹으려던 참인데요. 들어오실**래요?** |

〈Lethal Weapon〉 중에서

＊almost 거의 ~할 뻔한 | be about to 막 ~하려고 하다

1. 자고 갈래?　　　　　　▶ Would you like to **stay over**?

2. 집을 구경할래?　　　　 ▶ Would you like to **look around the house**?

3. 이번 주말을 우리와 보낼래?　▶ Would you like to **spend this weekend with us**?

4. 그것에 대해 논의할래?　▶

5. 수프 맛 좀 볼래?　　　▶

6. 우리와 함께 갈래?　　　▶

7. 술 한잔 사 줄래?　　　▶

8. 메시지를 남길래?　　　▶

9. 외투를 벗을래?　　　　▶

10. 나한테 조언을 좀 해 줄래?　▶

 ✦ 정답은 소책자 12쪽에

잠깐만요!
1 stay over 자고 가다　2 look around sth ~을 구경하다　4 discuss ~에 대해 논의하다　5 try 맛보다
8 leave a message 메시지를 남기다　9 take sth off ~을 벗다

네가 ~라면 어떻겠니?/넌 ~을 어떻게 생각하니?

# How would you like...?

🎧 046.mp3

다른 사람의 행동이나 상황, 성향이 도무지 이해되지 않을 때 이 패턴을 쓸 수 있는데요. 이해가 안 되는 것을 설명하면서 '너라면 어떻겠니?'라는 뜻으로 상대방의 의견을 물을 때 사용합니다.

| | |
|---|---|
| A Mrs. Mendelsson refuses to let Dr. House treat her. | A 멘델슨 부인이 하우스 선생님의 치료를 거부하고 있어. |
| B I hear she thinks he's unclean. | B 그가 지저분하다고 생각한다며? |
| A **How would you like** a doctor who doesn't shave? | A 넌 면도하지 않는 의사를 어떻게 생각하는데? |
| B If he happens to be the best doctor on earth, I wouldn't care. | B 혹시 그 사람이 세계에서 가장 뛰어난 의사라면 난 상관 하지 않을 거야. |

〈House〉 중에서

*unclean 깨끗하지 않은 | shave 면도하다 | on earth 세계에서, 지구에

1. 네가 그 남자의 입장이라면 어떻겠니? ▶ How would you like **to be in his shoes?**

2. 넌 불을 무서워하는 소방관을 어떻게 생각하니? ▶ How would you like **a firefighter who is afraid of fire?**

3. 넌 다리털을 면도하지 않는 여자를 어떻게 생각하니? ▶ How would you like **a woman who doesn't shave her legs?**

4. 네가 모든 것을 잃는다면 어떻겠니? ▶

5. 네가 평생 수감된다면 어떻겠니? ▶

6. 네가 숲에서 길을 잃는다면 어떻겠니? ▶

7. 네가 세상에 홀로 남겨진다면 어떻겠니? ▶

8. 넌 동물을 좋아하지 않는 수의사를 어떻게 생각하니? ▶

9. 넌 모든 여자에게 너무 친절한 남자를 어떻게 생각하니? ▶

10. 넌 아이들 숙제를 해 주는 부모를 어떻게 생각하니? ▶

✧ 정답은 소책자 12쪽에

1 in one's shoes ~의 입장이 되어  2 firefighter 소방관, be afraid of sb/sth ~을 무서워하다  5 go to prison 수감되다
7 alone 홀로  8 vet 수의사

# Unit 06

음성 강의 및 예문 듣기

# let

이번 unit에서는 「Let's+동사원형 ~.」의 형태로 제안할 때 사용하거나 「let+목적어+동사원
형」의 형태로 '~이 …하게 해 주다'라는 뜻으로 사용하는 let 동사에 대해 알아볼 건데요. 특히
Let me…. 패턴은 우리의 사고방식에는 낯설지만 아주 흔하게 사용되는 것이니 눈여겨보세요.

**Let's….**
~하자.

**Let's get….**
~해지자.

**Let me….**
내가 ~할게.

**Did you let anyone else…?**
다른 사람도 ~하게 해 준 거야?

# 047

~하자.

# Let's....

상대방에게 어떤 행동을 같이 하자고 제안할 때 사용하는 패턴이에요. 승낙할 때는 Sure.나 Okay.라고 하고, 거절할 때는 Sorry, I can't.라고 하세요.

| | |
|---|---|
| A | **Let's** talk a little bit about Santa Claus. |
| B | Okay. |
| A | He knows when you've been naughty and he knows when you've been nice. So, is there something you want to tell me before he comes? |
| B | I'm okay. I'm comfortable with my relationship with Santa. |

| | |
|---|---|
| A | 산타클로스에 대해 얘기 좀 **하자**. |
| B | 좋아요. |
| A | 그분은 네가 버릇없게 굴었을 때도 아시고 네가 착하게 굴었을 때도 아신단다. 그래서 말인데, 그분이 오시기 전에 나한테 말해 주고 싶은 게 있니? |
| B | 전 괜찮아요. 저랑 산타의 관계는 괜찮거든요. |

〈Man with a Plan〉 중에서

*naughty 버릇없는, 말을 안 듣는 | relationship 관계

1. 마무리**하자**. ▶ Let's **wrap it up.**

2. 흩어져서 그녀를 찾**자**. ▶ Let's **split up and find her.**

3. 한숨 자려고 해 보**자**. ▶ Let's **try to get some shut-eye.**

4. 이 안으로 들어가**자**. ▶

5. 무승부로 **하자**. ▶

6. 계속 움직이**자**. ▶

7. 지원 요청을 **하자**. ▶

8. 가서 그 남자에게 물어보**자**. ▶

9. 안을 들여다보**자**. ▶

10. 이곳을 샅샅이 뒤지**자**. ▶

✦ 정답은 소책자 12쪽에

잠깐만요!

**1** wrap sth up ~을 마무리하다  **3** get some shut-eye 한숨 자다  **5** call it quits 무승부로 하다
**7** call for backup 지원 요청을 하다  **9** take a look 보다  **10** turn sth upside down ~을 (찾느라고) 샅샅이 뒤지다

# 048

~해지자.

# Let's get....

get은 '~해지다'라는 뜻으로 serious, drunk같이 상태를 나타내는 말과 함께 쓰기도 하고요. 「get+목적어+형용사/부사」의 형태로 '~을 …한 상태가 되게 하다'라는 뜻으로도 사용해요. 여기에 제안할 때 사용하는 Let's를 넣으면 '~해지자', '~을 …하게 하자'라는 뜻이 됩니다.

| | | | |
|---|---|---|---|
| **A** | You're telling me there are people with superpowers on earth? | **A** | 지구에 초능력을 가진 사람들이 있다고 말하는 거야? |
| **B** | I swear, I saw them with my own eyes. | **B** | 맹세해, 내 눈으로 똑똑히 봤어. |
| **A** | **Let's get** real. You've been reading too many comics. | **A** | 좀 현실적이 되자. 넌 만화책을 너무 많이 본다니까. |
| **B** | I'll prove it to you, just wait. | **B** | 내가 그걸 증명해 보일 테니까 기다려 봐. |

〈Heroes〉 중에서

\*superpower 초능력 | real 현실의 | comic 만화책

1. 시작하자.  ▶ Let's get **started.**

2. 그들을 여기서 쫓아내자.  ▶ Let's get **them out of here.**

3. 한 가지는 분명히 **하자.**  ▶ Let's get **one thing straight.**

4. 취해 보자.  ▶

5. 옷을 입자.  ▶

6. 그것을 해결**되게 하자.**  ▶

7. 정신을 차리자.  ▶

8. 그를 이 아래로 내려오게 **하자.**  ▶

9. 잠깐이라도 진지**해지자.**  ▶

10. 경보기를 꺼 **두자.**  ▶

✧ 정답은 소책자 13쪽에

잠깐만요!

**3** get sth straight ~을 분명히 하다   **5** get dressed 옷을 입다   **7** get it together 정신을 차리다   **10** alarm 경보기, turn sth off ~의 전원을 끄다

049

내가 ~할게.

# Let me....

 049.mp3

직역하면 '내가 ~하게 해 줘.'라는 의미이지만, '내가 ~해 줄게.'의 의미로 이해하면 돼요. Let me....는 I will....처럼 '내가 ~을 하겠다.'라고 일방적으로 내 의사를 말하는 게 아니라 상대방에게 허락을 구한다는 뉘앙스가 포함된 것으로 영어식 사고방식을 잘 알 수 있는 표현이기도 해요.

| | | | |
|---|---|---|---|
| A | We're in the red again. | A | 우리, 또 적자야. |
| B | You know, these things are cyclical. | B | 아시잖아요, 이런 일에는 주기란 게 있다는 거. |
| A | Yeah? Well, **let me** know when the wheels are gonna turn again so I can tell my kids they can go to college. | A | 그런 거야? 그럼 언제쯤 가게가 제대로 굴러갈지 알려 **줄래**. 그래야 우리 애들한테 대학에 보내 줄 수 있다고 말해 줄 수 있을 거 아냐? |
| B | Would you mind if I take a look at that? | B | 그거, 제가 한 번 봐도 돼요? |

〈Chicago Fire〉 중에서          *in the red 적자 상태로 | cyclical 주기적인 | wheel 바퀴 | mind 상관하다

1. 내가 운전할게.
   ▶ Let me **drive.**

2. 내가 도와줄게.
   ▶ Let me **give you a hand.**

3. 내가 너한테 뭘 좀 설명해 줄게.
   ▶ Let me **explain something to you.**

4. 내가 해 볼게.
   ▶ _____

5. 이 일에 대해서는 **내가** 생각해 볼게.
   ▶ _____

6. **내게** 손을 보여 **줘.**
   ▶ _____

7. **내가** 널 돌볼게.
   ▶ _____

8. **내가** 빨리 살펴볼게.
   ▶ _____

9. **내가** 너한테 그 일을 보상할게.
   ▶ _____

10. 뭔가 발견하면 **내게** 알려 **줘.**
    ▶ _____

✛정답은 소책자 13쪽에

잠깐만요!     **3** explain 설명하다   **4** try 시도하다   **9** make it up to sb ~에게 그것을 보상하다

076

050

다른 사람도 ~하게 해 준 거야?

# Did you let anyone else...?

 050.mp3

이 패턴은 범죄 수사물 미드에서 가장 많이 들을 수 있는 패턴인데요. 범행을 계획하거나 수사를 하는 장면에서 다른 사람에게 우리 정보나 비밀을 알려 주었냐고 확인할 때 흔히 들을 수 있는 표현입니다.

| | |
|---|---|
| A  I stashed the money in a locker at the airport. | A  공항 사물함에 돈을 숨겨 놨어. |
| B  I hope you secured it with a strong lock. | B  튼튼한 자물쇠로 꽉 잠가 놓은 거지? |
| A  Yeah, I bought a new one just to be sure. | A  그래, 혹시 몰라서 자물쇠를 하나 새로 샀어. |
| B  **Did you let anyone else** have the combination? | B  **다른 사람한테도** 번호 조합을 알려 줬어? |

〈CSI: Las Vegas〉 중에서      * stash (안전한 곳에) 숨기다 | locker 사물함 | secure 단단히 보안 장치를 하다 | combination 조합

---

1.  다른 사람도 우리 계획에 끼워 준 거야?  ▶ Did you let anyone else **in on our plan?**

2.  다른 사람도 그 계정에 접속하게 해 준 거야?  ▶ Did you let anyone else **access the account?**

3.  다른 사람한테도 트렁크 안에 뭐가 있는지 보여 준 거야?  ▶ Did you let anyone else **see what's in the trunk?**

4.  다른 사람도 그것을 확인하게 해 준 거야?  ▶ _____

5.  다른 사람도 이 일을 작업하게 해 준 거야?  ▶ _____

6.  다른 사람도 이 쪽지를 만지게 해 준 거야?  ▶ _____

7.  다른 사람도 그 전화를 사용하게 해 준 거야?  ▶ _____

8.  다른 사람도 범죄 현장에 접근하게 해 준 거야?  ▶ _____

9.  다른 사람한테도 네가 여기 있다고 알려 준 거야?  ▶ _____

10.  다른 사람도 부검 보고서를 읽게 해 준 거야?  ▶ _____

✧ 정답은 소책자 13쪽에

 잠깐만요!    **4** check sb/sth out ~을 확인하다  **6** touch 만지다  **8** crime scene 범죄 현장  **10** autopsy report 부검 보고서

# Unit 07

음성 강의 및 예문 듣기

# have

have는 '가지고 있다', '먹다', '~가 …하게 시키다'라는 뜻 외에 시제를 나타내는 조동사로도 사용할 수 있는데요. 이번 unit에서는 have 동사의 다양한 쓰임을 살펴보겠습니다.

051 **I have a/an....**
난 ~이 있어.

052 **I don't have....**
난 ~이 없어.

053 **I had no....**
나한테는 ~이 전혀 없었어.

054 **Do you have any...?**
~이 있니?

055 **Do you have any reason to...?**
~해야 할 이유라도 있어?

056 **I gotta....**
난 ~해야 해.

057 **You gotta....**
넌 ~해야 해.

058 **You don't have to....**
~할 필요는 없어.

059 **I have to decide....**
난 ~을 결정해야 해.

060 **All you have to do is....**
넌 ~하기만 하면 돼.

061 **I'm gonna have someone....**
누굴 시켜 ~할 거야.

062 **I've been -ing.**
계속 ~하고 있어/~하고 있는 중이야.

063 **I've got enough....**
~은 충분히 있어.

064 **I say I've heard....**
~을 들었다니까.

065 **I've never heard....**
~을 들어 본 적이 없어.

066 **You've been....**
넌 계속 ~였어.

067 **Have you been able to...?**
~할 수 있었어?

068 **Have you had...?**
(계속) ~가 있었어?/~을 먹었어?

069 **What have you done...?**
그간 뭘 ~했어?

070 **It's been ~ since....**
… 후로 ~였어.

071 **How long has it been since...?**
~한 지 얼마나 됐어?

072 **You must've done....**
네가 ~했던 게 분명해.

073 **I could've done....**
내가 ~했을 수도 있었는데.

074 **I should've done....**
내가 ~했어야 했는데.

075 **You shouldn't have done....**
넌 ~하지 말았어야 했어.

**051**

난 ~이 있어.

# I have a/an....

이 패턴은 굳이 설명하지 않아도 모두 알고 있는 표현일 텐데요. 내가 가지고 있거나 소유한 사물, 사람, 상황, 감정 등등을 말할 때 두루 쓸 수 있는 패턴입니다.

| | |
|---|---|
| A So, are you saying you'd rather watch football by yourself than watch with me? | A 그러니까 나랑 같이 풋볼 게임을 보는 것보다는 차라리 혼자 보겠다는 말이야? |
| B Yeah. It's my thing. **I have a** little ritual. | B 응. 그게 내 일이야. **나한테는** 의례적인 작은 행사가 **있거든.** |
| A Well, your thing is sad. | A 음, 재미없는 일을 하는구나. |
| B Not to me. | B 나한테는 안 그래. |

〈This Is Us〉 중에서

＊ritual 의례적인 행사 | sad 재미없는, 지루한

1. 난 집에 타고 갈 게 **있어.**
   ▶ **I have a** ride home.

2. 나한테는 입양된 남자 형제가 **있어.**
   ▶ **I have an** adopted brother.

3. 나한테는 보호해야 할 명성이 **있어.**
   ▶ **I have a** reputation to protect.

4. 나한테는 알 권리가 **있어.**
   ▶

5. 나한테 공지 사항이 **있어.**
   ▶

6. 난 네게 질문이 **있어.**
   ▶

7. 나한테 그 연극에 대한 아이디어가 **있어.**
   ▶

8. 난 내일 큰 경기가 **있어.**
   ▶

9. 나한테 매우 심각한 상황이 **생겼어.**
   ▶

10. 난 이 일에 매우 안 좋은 기분이 **들어.**
    ▶

⬥ 정답은 소책자 13쪽에

잠깐만요!

1 ride 탈것  2 adopted 입양된  3 reputation 명성, protect 보호하다  5 announcement 공지 사항  7 play 연극
9 serious 심각한, situation 상황

난 ~이 없어.

# 052

# I don't have....

🎧 052.mp3

I have....의 부정문인 이 패턴은 내가 가지고 있지 않은 것을 말할 때 씁니다. I don't have....는 some이 아니라 any와 같이 쓴다는 것도 알아 두세요.

| | |
|---|---|
| A | Seeley, what are you doing? You know I can't let you leave. |
| B | I'm not going anywhere. I just need to stop bleeding. |
| A | **I don't have** any more gauze. We can't risk going out for more. |
| B | Don't mind. I'll find something. |

| | |
|---|---|
| A | 실리, 뭐 하는 거야? 여기서 나가게 할 수 없는 거 알지? |
| B | 아무 데도 안 갈 거야. 출혈을 막아야 해서 그래. |
| A | 거즈는 더 **없어**. 그거 더 구하려고 밖에 나가는 위험을 감수할 수는 없어. |
| B | 신경 쓰지 마. 내가 뭔가 찾아볼 테니까. |

〈Bones〉 중에서

\* bleed 피를 흘리다 | gauze 거즈

1. 난 배짱이 **없어**. ▶ I don't have **the guts.**

2. 난 참을성이 많지 **않아**. ▶ I don't have **a lot of patience.**

3. 난 의지할 사람이 달리 아무도 **없어**. ▶ I don't have **anyone else to turn to.**

4. 난 최종 결정권이 **없어**. ▶

5. 난 자세가 나쁘지는 **않아**. ▶

6. 난 가까운 친구가 많지 **않아**. ▶

7. 난 갈 데가 달리 아무 데도 **없어**. ▶

8. 난 널 위해 해 준 것이 아무것도 **없어**. ▶

9. 난 널 비난할 권리가 **없어**. ▶

10. 난 권력 있는 자리에 있는 친구들이 **없어**. ▶

✛ 정답은 소책자 14쪽에

잠깐만요!

1 gut 배짱  3 turn to sb ~에게 의지하다  4 have the final say 최종 결정권이 있다  5 attitude 태도, 자세
9 right 권리, criticize 비난하다  10 powerful 권력 있는

**053**

나한테는 ~이 전혀 없었어.

# I had no....

 053.mp3

이 패턴은 '나한테는 ~이 전혀 없었어.'라는 의미로 과거에 필요한 것을 가지고 있지 않았다고 사정을 설명할 때 사용합니다. I didn't have any....로 표현해도 같은 의미예요.

| | |
|---|---|
| A Why are we taking the bus? I thought you had a car.<br>B I do, but I don't have any gasoline in it.<br>A You could have filled it at the gas station.<br>B **I had no** money, and **no** time. | A 우리가 왜 버스를 타는 거야? 너한테 차가 있는 줄 알았는데.<br>B 차는 있지. 그런데 휘발유가 하나도 없어.<br>A 주유소에서 채우면 됐잖아.<br>B **나한테는 돈도 없고 시간도 없었어.** |

〈Seinfeld〉 중에서　　　　　　　　　　　　　　　　*gasoline 휘발유 | fill 채우다 | gas station 주유소

---

1. 나한테는 허송세월할 시간**이 전혀 없었어.** ▶ I had no **time to kill.**

2. 나한테는 죄책감을 느낄 이유**가 전혀 없었어.** ▶ I had no **reason to feel guilty.**

3. 난 그녀가 날 차 버린 이유를 **전혀** 알지 못했어. ▶ I had no **clue about why she'd dumped me.**

4. 난 식욕이 전혀 없었어. ▶ _____

5. 나한테는 고를 수 있는 선택 사항**이 전혀 없었어.** ▶ _____

6. 이 문제에서는 **나한테 전혀** 선택권이 없었어. ▶ _____

7. **나한테는** 너를 해칠 의도**가 전혀 없었어.** ▶ _____

8. 난 직장을 찾는 데 운**이 전혀 없었어.** ▶ _____

9. 난 그녀를 구하는 데 망설임**이 전혀 없었어.** ▶ _____

10. 난 학력도 직장도 **없었어.** ▶ _____

✦ 정답은 소책자 14쪽에

 잠깐만요!　**1** have time to kill 허송세월할 시간이 있다　**2** reason 이유　**3** have no clue 전혀 알지 못하다. dump (이성을) 차다
**4** appetite 식욕　**6** choice 선택, 선택권　**9** hesitation 망설임. rescue 구하다　**10** education 교육, 학력 employment 고용

# 054

# Do you have any...?

이번에는 상대방에게 무엇이 있는지 물을 때 사용하는 패턴인데요. 이 패턴에서는 have 뒤에 some이 아니라 any를 사용하는 것에 주의하세요. 이때 any는 '조금의, 무슨'의 의미입니다.

| | | | |
|---|---|---|---|
| A | I had to lie a little, but I got some key information out of her. | A | 거짓말을 좀 해야 했지만 그 여자한테서 중요한 정보를 몇 가지 얻었어. |
| B | **Do you have any** morals, Coho? | B | 도덕관념이 있긴 해, 코호? |
| A | Sure, I have morals. But I'm trying to save an innocent man. | A | 물론, 도덕관념이야 있고 말고. 하지만 난 무고한 사람을 구하려고 애쓰는 중이잖아. |
| B | Just make sure you're legal. | B | 합법적으로 해야 한다는 것만 확실히 해 둬. |

〈Boston Legal〉 중에서

＊key 중요한 | morals 도덕관념 | innocent 무고한 | legal 합법적인

1. 증인이 있니?
   ▶ Do you have any **witnesses**?

2. 딸 사진이 있니?
   ▶ Do you have any **photos of your daughter**?

3. 이 숫자가 뭔지 아니?
   ▶ Do you have any **idea what this number is**?

4. 마지막으로 남길 말이 있니?
   ▶

5. 제안할 게 있니?
   ▶

6. 동전이 있니?
   ▶

7. 건강에 **무슨** 문제가 있니?
   ▶

8. 네 장비 상자에 강력 접착테이프가 있니?
   ▶

9. 주말에 **무슨** 계획 있니?
   ▶

10. 그 죄수에 대해 **무슨** 걱정이 있니?
   ▶

↔ 정답은 소책자 14쪽에

잠깐만요!

**1** witness 증인 **5** suggestion 제안 **6** loose change 동전 **8** duct tape 강력 접착테이프, kit 장비 상자
**10** prisoner 죄수

~해야 할 이유라도 있어?

# Do you have any reason to...?

상대방의 행동이나 의견이 이해되지 않을 때 그에 합당한 이유가 있는지 물어보게 되는데요. 이렇게 이유를 물을 때 사용하는 패턴입니다.

---

A He swears he left an hour before she was murdered.
B **Do you have any reason to** believe him?
A Yes, the building camera recorded him leaving at that time.
B And there's no way he could have returned unseen?

A 그는 맹세코 그 여자가 살해당하기 한 시간 전에 떠났다고 증언하네요.
B 그를 믿어**야 할 이유라도 있어?**
A 네, 건물에 설치된 카메라에 그 시간에 그 남자가 떠난 것이 찍혀 있어요.
B 그럼 카메라에 찍히지 않고 다시 돌아올 수 있었던 방법은 없는 거야?

---

〈CSI: Las Vegas〉 중에서

＊murder 살해하다 | record 녹화하다 | unseen 목격되지 않은

---

1. 그녀를 외출 금지시켜**야 할 이유라도 있어?**
   ▶ Do you have any reason to **ground her**?

2. 죽은 사람을 험담해**야 할 이유라도 있어?**
   ▶ Do you have any reason to **speak ill of the dead person**?

3. 이렇게 엉망인 상황에 개입해**야 할 이유라도 있어?**
   ▶ Do you have any reason to **involve yourself in this mess**?

4. 그것을 취소해**야 할 이유라도 있어?**
   ▶

5. 그를 체포해**야 할 이유라도 있어?**
   ▶

6. 그녀에게 일자리를 제안해**야 할 이유라도 있어?**
   ▶

7. 가족을 떠나**야 할 이유라도 있어?**
   ▶

8. 그녀가 한 말을 의심해**야 할 이유라도 있어?**
   ▶

9. 예약을 취소해**야 할 이유라도 있어?**
   ▶

10. 시상식에 참석하지 않는 **이유라도 있어?**
    ▶

✧ 정답은 소책자 14쪽에

잠깐만요!

**1** ground (자녀를) 외출 금지시키다  **2** speak ill of sb ~을 험담하다  **4** call sth off ~을 취소하다  **8** doubt 의심하다
**10** attend 참석하다

난 ~해야 해.

# 056
# I gotta....

이 패턴은 I have to....와 같은 의미인데요. 영국 영어에서는 I have to....를 I have got to....로 표현하는데, 이를 줄여 말한 것이 바로 I gotta....예요. 이 표현은 미드에서도 흔하게 들을 수 있습니다.

| | |
|---|---|
| **A** Sarah, what's wrong? | **A** 사라, 무슨 일이야? |
| **B** I'm sorry. I didn't get any sleep last night. Dr. Abrams had me pull a second shift. | **B** 미안해. 어젯밤에 잠을 한숨도 못 잤어. 에이브람스 선생님이 2교대 연속 근무를 서게 했거든. |
| **A** Tell him that residents aren't supposed to work more than a 12-hour shift. | **A** 그 사람한테 레지던트들은 12시간 이상 교대 근무를 서지 않기로 되어 있다고 얘기해. |
| **B** You tell him. **I gotta** go. | **B** 네가 좀 말해 주라. **난** 가 봐**야 해**. |

〈Chicago Med〉 중에서

＊pull a shift 근무를 서다 | resident 레지던트, 전공의

1. **난** 안으로 들어갈 방법을 찾아**야 해.** ▶ **I gotta** find a way in.

2. **난** 지질한 인간들이랑 데이트를 그만 **해야 해.** ▶ **I gotta** stop dating losers.

3. **난** 숫자 13에 대한 징크스를 깨**야 해.** ▶ **I gotta** break the number 13 jinx.

4. **난** 그 단서들을 이용**해야 해.** ▶ _____

5. **난** 말조심을 **해야 해.** ▶ _____

6. **난** 내 자신을 추슬러**야 해.** ▶ _____

7. **난** 얼음을 좀 더 달라고 **해야 해.** ▶ _____

8. **난** 잠깐 그와 얘기를 **해야 해.** ▶ _____

9. **난** 그녀를 주시**해야 해.** ▶ _____

10. **난** 사건 때문에 가서 누구를 좀 만나**야 해.** ▶ _____

✦ 정답은 소책자 14쪽에

잠깐만요!

2 loser 패배자, 지질한 인간  3 break a jinx 징크스를 깨다  4 lead 단서  5 watch one's tongue 말조심을 하다
6 get one's act together 자신을 추스르다  7 ask for sth ~을 요청하다, ice 얼음  8 for a minute 잠깐 동안
9 keep a sharp eye on sb ~을 주시하다

057

넌 ~해야 해.

# You gotta....

You gotta....가 You have got to....의 줄임말이고 You have to....와 같은 의미라는 건 이제 아시겠죠? 따라서 You gotta....는 상대방에게 해야 할 일을 언급할 때 사용하는 패턴입니다.

A What's the matter with you?
B Catherine thing. I'm sure she's keeping something back from me.
A **You gotta** ask her about it, Steve. **You gotta** confront her and see what's going on.
B I just want her not to leave again.

A 무슨 문제야?
B 캐서린 일이야. 분명히 나한테 숨기고 있는 게 있어.
A 스티브, 캐서린한테 그것을 물어봐**야 해**. 그녀를 똑바로 보고 무슨 일이 일어나고 있는 건지 알아봐**야 한다고**.
B 난 그녀가 다시 떠나지 않기만 하면 좋겠어.

〈Hawaii Five-O〉 중에서                              *confront 맞서다

1. 넌 나를 믿어야 해.        ▶ You gotta **believe me.**

2. 넌 그녀를 마음속에서 지워야 해.   ▶ You gotta **get her out of your mind.**

3. 넌 나한테 몇 가지를 약속해 줘야 해.  ▶ You gotta **promise me some things.**

4. 넌 그를 잡은 손을 놓아줘야 해.    ▶

5. 넌 그녀의 공로를 인정해 줘야 해.   ▶

6. 넌 날 위해 그것을 알아내 줘야 해.  ▶

7. 넌 수색 영장을 발부받아야 해.    ▶

8. 넌 그 일에 최선을 다해야 해.     ▶

9. 넌 그 가족에게 희망을 줘야 해.    ▶

10. 넌 이 일에 책임을 져야 해.      ▶

✛ 정답은 소책자 15쪽에

잠깐만요!

2 get sb out of one's mind ~을 마음속에서 지우다   4 let go of sb/sth ~을 잡은 손을 놓다
7 search warrant 수색 영장   10 take responsibility for sb/sth ~에 대해 책임을 지다

085

**058**

~할 필요는 없어.

# You don't have to....

 058.mp3

이 패턴은 '넌 ~할 필요 없어.'라는 뜻으로 You don't need to....와 같은 의미입니다. You must not....처럼 '넌 ~하면 안 돼.'라는 뜻으로 금지할 때 쓰는 표현이 아니라는 것을 꼭 기억해 두세요.

---

A  Hey! **You don't have to** cover your face. You're way too pretty.
B  You're such a brown-noser. You know you are in high school and I'm....
A  Very beautiful.
B  Well, I was going to say, "in college," but thanks.

A  저기요! 얼굴 가릴 **필요 없어요.** 누난 너무 예쁘잖아요.
B  넌 아부쟁이로구나. 알지, 넌 고등학생이고 난⋯⋯.
A  매우 아름답죠.
B  저기, 난 '대학생'이라고 말하려던 거지만, 고마워.

〈Modern Family〉 중에서

＊way too 너무 | brown-noser 아부쟁이, 아첨꾼

---

1. 머저리같이 굴 **필요는 없어.**
   ▶ You don't have to **be a jerk.**

2. 통행금지 시간을 어길 **필요는 없어.**
   ▶ You don't have to **break curfew.**

3. 나한테 강한 척할 **필요는 없어.**
   ▶ You don't have to **be strong for me.**

4. 이럴 **필요는 없어.**
   ▶ _____

5. 돌아갈 **필요는 없어.**
   ▶ _____

6. 두려워할 **필요는 없어.**
   ▶ _____

7. 아무 말도 할 **필요 없어.**
   ▶ _____

8. 손을 들 **필요는 없어.**
   ▶ _____

9. 그것을 혼자 간직할 **필요는 없어.**
   ▶ _____

10. 더 이상 여기 있을 **필요는 없어.**
    ▶ _____

✦ 정답은 소책자 15쪽에

잠깐만요!  **2** curfew 통행금지 (시간)  **8** raise one's hand 손을 들다

086

난 ~을 결정해야 해.

# I have to decide....

이것은 꼭 결정해야 하는 일이 있을 때 사용하는 패턴입니다. 결정해야 할 것이 방법일 때는 how to를, 장소일 때는 where를, 시간일 때는 when을, 몇 가지 사항 중에 무언가를 선택해야 할 때는 which를 뒤에 넣어 말하면 됩니다.

| | | | |
|---|---|---|---|
| A | So Phoebe, will you be coming with us or working late? | A | 그래서 피비, 우리랑 같이 갈 거야, 야근할 거야? |
| B | I want to, but **I have to decide** what's more important. | B | 같이 가고 싶지만, **난** 뭐가 더 중요한지 **결정해야 해.** |
| A | If it helps, it's two-for-one night at the bar. | A | 도움이 될까 해서 하는 말인데, 오늘 밤은 바에서 한 잔 가격에 두 잔 준대. |
| B | I'll get my coat. | B | 외투 가져올게. |

〈Friends〉 중에서

---

1. 난 다음에 무엇을 할지 **결정해야 해.** ▶ I have to decide **what to do next.**

2. 난 누가 그녀를 돌볼지 **결정해야 해.** ▶ I have to decide **who'll care for her.**

3. 난 그들에게 어떤 게 최선일지 **결정해야 해.** ▶ I have to decide **which is best for them.**

4. 난 어디에서 묵을지 **결정해야 해.** ▶

5. 난 어떤 넥타이를 맬지 **결정해야 해.** ▶

6. 난 누가 그 연설을 할지 **결정해야 해.** ▶

7. 난 닭고기를 어떻게 요리할지 **결정해야 해.** ▶

8. 난 언제 방사선 치료를 시작할지 **결정해야 해.** ▶

9. 난 사업을 누구에게 넘겨줄지 **결정해야 해.** ▶

10. 난 지금의 상황을 얼마나 더 참을지 **결정해야 해.** ▶

↔ 정답은 소책자 15쪽에

2 care for sb/sth ~을 돌보다  5 tie 넥타이  6 make a speech 연설하다  8 radiation therapy 방사선 치료
9 hand sth over to sb ~을 …에게 넘겨주다

**060**

넌 ~하기만 하면 돼.

# All you have to do is....

 060.mp3

어떤 일을 하기를 망설이거나 누군가를 돕는 일을 꺼리는 사람에게 '넌 ~만 하면 돼, 다른 것은 할 필요 없어.'라는 의미로 사용하는 것이 이 패턴 표현이에요. 이때도 is 뒤에는 to부정사가 아니라 동사원형을 사용하여 말하는 것이 더 일반적입니다.

| | |
|---|---|
| A  When did you talk to him lately? | A  최근에 언제 그랑 대화했어요? |
| B  This morning. He wanted me to bring him 50 grand from the safe. | B  오늘 아침이에요. 금고에서 5만 달러를 가져와 달라더군요. |
| A  Wanna help us catch him? **All you have to do is** call him, tell him you'll bring the money. | A  우리가 그 인간 잡는 걸 도와줄래요? **당신은** 그에게 전화 걸어서 돈을 가져올 거라고 얘기**하기만 하면 돼요.** |
| B  Yeah. | B  그럴게요. |

〈NCIS Los Angeles〉 중에서

*lately 최근에 | grand 천 달러

---

1. 넌 그녀의 신뢰를 얻**기만 하면 돼.**
   ▶ All you have to do is **gain her trust.**

2. 넌 아들을 위해 마음을 굳게 먹**기만 하면 돼.**
   ▶ All you have to do is **to be strong for your son.**

3. 넌 그녀의 전화 통화를 엿듣**기만 하면 돼.**
   ▶ All you have to do is **overhear her on the phone.**

4. 넌 여기에 서명**하기만 하면 돼.**
   ▶

5. 넌 '보내기' 버튼을 누르**기만 하면 돼.**
   ▶

6. 넌 입을 다물고 있**기만 하면 돼.**
   ▶

7. 넌 그가 안전하다고 느끼게 해 주**기만 하면 돼.**
   ▶

8. 넌 집에서 기다리**기만 하면 돼.**
   ▶

9. 넌 그 질문에 답하**기만 하면 돼.**
   ▶

10. 넌 내게 앤더슨 거래처를 넘겨주**기만 하면 돼.**
    ▶

✧ 정답은 소책자 15쪽에

잠깐만요!

1 gain 얻다, trust 신뢰  3 overhear 엿듣다  4 sign 서명하다  5 press 누르다  6 shut one's mouth 입을 다물다
10 account 거래처

088

# 061

누굴 시켜 ~할 거야.

## I'm gonna have someone....

🎧 061.mp3

이 표현에서 have는 '~을 가지고 있다'라는 뜻이 아니라 '~에게 …하도록 시키다'라는 의미예요. 미래의 계획을 나타낼 때 사용하는 I'm gonna 와 함께 사용하면 '누구한테 ~을 하도록 시킬 거야.'라는 의미가 됩니다.

| | |
|---|---|
| **A** Tomorrow night **I'm gonna have someone** come with me. | **A** 내일 저녁에 **누구를** 데려올 **거예요.** |
| **B** Would it be your new girlfriend? | **B** 새로 사귀는 여자 친구겠구나? |
| **A** I thought it was time you all met. | **A** 다 함께 만나 볼 때가 된 것 같아서요. |
| **B** We should probably have something special for dinner, then. | **B** 그렇다면 저녁으로 특별한 걸 먹어야겠구나. |

〈Everybody Loves Raymond〉 중에서

*probably 아마 | special 특별한

---

**1.** 누굴 시켜 내 이 이야기를 쓸 **거야.**　▶ I'm gonna have someone **write my story.**

**2.** 누굴 시켜 다른 곳을 찾아볼 **거야.**　▶ I'm gonna have someone **look somewhere else.**

**3.** 누굴 시켜 언론에 정보를 흘릴 **거야.**　▶ I'm gonna have someone **leak information to the press.**

**4.** 누굴 시켜 이곳을 정리할 **거야.**　▶

**5.** 누굴 시켜 팀 사기를 높일 **거야.**　▶

**6.** 누굴 시켜 예약을 할 **거야.**　▶

**7.** 결혼식 때는 **누구한테** 노래를 부르게 할 **거야.**　▶

**8.** 누굴 시켜 폭탄을 해체할 **거야.**　▶

**9.** 누굴 시켜 이곳의 일을 처리할 **거야.**　▶

**10.** 누굴 시켜 회의 준비를 할 **거야.**　▶

✧ 정답은 소책자 16쪽에

잠깐만요!

3 leak 흘리다, 누출시키다　4 pick sth up ~을 정리하다, 청소하다　5 boost morale 사기를 높이다
8 dismantle 해체하다, bomb 폭탄　10 get ready for sth ~을 준비하다

**062**

계속 ~하고 있어/~하고 있는 중이야.

# I've been -ing.

🎧 062.mp3

이 패턴은 과거부터 바로 지금 이 순간까지 계속하고 있는 일이나 지속되는 상태를 말할 때 사용합니다. I've been 뒤에는 동사를 -ed 형태의 과거분사로 쓰는 게 아니라 -ing 형태의 현재분사로 쓴다는 것에 주의하세요.

| | |
|---|---|
| A Are you okay? | A 괜찮아요? |
| B **I've been feeling** a little bit short of breath. | B 조금씩 숨이 차는 느낌이 **계속 들어요.** |
| A Just come on now? | A 방금 전부터 그런 건가요? |
| B A couple minutes ago. Is it a reaction to all the meds? | B 몇 분 전부터요. 투여한 약물에 대한 반응인가요? |

〈Chicago Med〉 중에서                                             * reaction 반응

---

1. **계속** 레이첼을 꼬시고 있는 중이야.
   ▶ **I've been flirting** with Rachel.

2. 한동안 **계속** 이 일을 하고 있는 중이야.
   ▶ **I've been doing** this for a while.

3. **계속** 이상한 전화를 받고 있어.
   ▶ **I've been getting** weird phone calls.

4. 다시 **계속** 술을 마시고 있어.
   ▶ 

5. **계속** 너무 열심히 일하고 있어.
   ▶ 

6. **계속** 네 생각을 하고 있어.
   ▶ 

7. **계속** 완벽한 이상형을 찾고 있는 중이야.
   ▶ 

8. 며칠간 **계속** 그에게 얘기하려고 애쓰고 있어.
   ▶ 

9. **계속** 네 제안을 고려하고 있는 중이야.
   ▶ 

10. **계속** 회사를 대표하고 있는 중이야.
    ▶ 

◈ 정답은 소책자 16쪽에

잠깐만요!

1 flirt with sb ~를 꼬시다   3 weird 이상한   7 Miss Right 이상적인 여자   8 for days 며칠간   9 proposal 제안
10 represent 대표하다

090

## 063

~은 충분히 있어.

# I've got enough....

🎧 063.mp3

I've got은 I have의 영국 영어식 표현이지만, 앞에서 배운 I gotta....와 마찬가지로 I've got...도 미드에서 종종 들을 수 있어요. I've got을 현재완료 표현으로 착각하지 마세요.

| | |
|---|---|
| **A** The perpetrator was last seen in the waterfront district. | **A** 가해자가 마지막으로 목격된 곳은 부두 쪽 지역이었어. |
| **B** Can we start interviewing folks down there, Olivia? | **B** 그쪽 사람들한테 탐문 조사를 시작할 수 있을까, 올리비아? |
| **A** I think so. **I've got enough** information to start. | **A** 그럴 수 있을 거야. 착수할 수 있는 정보**는 충분히 있으니까.** |
| **B** Let's get on it, then. | **B** 그럼 시작해 보자. |

〈Law & Order: SVU〉중에서

\* perpetrator 가해자 | waterfront 해안가, 부둣가 | interview 면담하다 | folks 사람들

1. 골치 아픈 일은 **충분히 있어.**
   ▶ **I've got enough** headaches.

2. 일주일간 먹을 음식은 **충분히 있어.**
   ▶ **I've got enough** food for a week.

3. 너와 함께 보낼 시간은 **충분히 있어.**
   ▶ **I've got enough** time to spend with you.

4. 연료는 **충분히 있어.**
   ▶

5. 서명은 **충분히 받아 놨어.**
   ▶

6. 할 일은 **충분히 있어.**
   ▶

7. 손난로는 **충분히 있어.**
   ▶

8. 모두에게 필요한 방은 **충분히 있어.**
   ▶

9. 그녀에게 유죄를 선고할 증거는 **충분히 있어.**
   ▶

10. 그 집을 살 만한 돈은 **충분히 있어.**
    ▶

✎ 정답은 소책자 16쪽에

 잠깐만요!  1 headache 골치 아픈 일  5 signature 서명  7 hand warmer 손난로  9 convict 유죄를 선고하다

**091**

**064**

~을 들었다니까.

# I say I've heard....

이 패턴은 다른 사람들에게 들은 소문은 물론 우연히 듣게 된 다른 사람의 말을 상대방에게 전할 때 사용할 수 있어요. I say는 미국 사람들이 습관적으로 붙이는 말로 특별한 뜻은 없습니다.

| | | | |
|---|---|---|---|
| A | It gets so depressing here in SVU. Sometimes I can't handle it. | A | 여기 특수 수사대 일은 아주 우울해지고 있어. 어떤 때는 견딜 수 없을 지경이야. |
| B | I say it's time to get back out on the street. | B | 거봐. 다시 현장으로 복귀할 때가 됐다니까. |
| A | Oh yeah? **I say I've heard** too many sad stories. | A | 아, 그런가? 슬픈 얘기를 너무 많이 **들었다니까.** |
| B | There will always be too many of those and not enough heroes. | B | 언제나 그런 얘기들은 너무 많고 영웅은 부족할 거야. |

〈Law & Order: SVU〉 중에서

∗depressing 우울한

1. 전에 그 얘기를 한 번인가 두 번 **들었다니까.**
   ▶ **I say I've heard** it once or twice before.

2. 그 커플이 말다툼하는 걸 **들었다니까.**
   ▶ **I say I've heard** the couple was arguing.

3. 그녀의 결혼관을 **들었다니까.**
   ▶ **I say I've heard** what she said about marriage.

4. 전에 그 얘기를 다 **들었다니까.**
   ▶ _____

5. 그녀에 대해 많이 **들었다니까.**
   ▶ _____

6. 전에 그 결정 사항을 **들었다니까.**
   ▶ _____

7. 클로에의 파티에 대해 **들었다니까.**
   ▶ _____

8. 그 영화가 훌륭하다는 **얘기를 들었다니까.**
   ▶ _____

9. 제리가 오토바이를 팔았다는 **얘기를 들었다니까.**
   ▶ _____

10. 너한테 멋진 휴가 계획이 있었다는 **얘기를 들었다니까.**
    ▶ _____

✧ 정답은 소책자 16쪽에

**잠깐만요!**  **1** once or twice 한 번인가 두 번  **6** decision 결정 (사항)  **9** motorcycle 오토바이

065

~을 들어 본 적이 없어.

# I've never heard....

소문, 소식, 목소리, 노랫소리 등을 전에 한 번도 들어 본 적이 없다고 말할 때 쓰는 패턴인데요. 이때는 I haven't heard....가 아니라 I've never heard....처럼 never를 사용해서 표현해요. '~은 처음 들었어.'라고 의역해도 됩니다.

| | |
|---|---|
| A Jan was really upset at the meeting. | A 잰이 회의에서 엄청 화를 냈어. |
| B She was just blowing off steam about Michael's lies. | B 마이클의 거짓말에 대해 울분을 토하고 있었던 것뿐이었어. |
| A **I've never heard** her talk like that before. | A 전에는 그녀가 그렇게 말하는 걸 **들어 본 적이 없어**. |
| B Do you think there will be an official reprimand? | B 공식적인 문책이 있을 것 같아? |

〈The Office〉 중에서          *blow off stream 울분을 토하다 | reprimand 문책, 질책

1. 그의 목소리를 들어 본 적이 없어.
   ▶ **I've never heard** his voice.

2. 내가 오늘 퇴원할 수도 있다는 얘기는 들은 적이 없어.
   ▶ **I've never heard** I could be discharged today.

3. 그 집에 귀신이 들렸다는 얘기는 들어 본 적이 없어.
   ▶ **I've never heard** the house is haunted by ghosts.

4. 이보다 아름다운 독창은 들어 본 적이 없어.
   ▶

5. 그 규칙들에 대해서는 들어 본 적이 없어.  ▶

6. 그가 복권에 당첨됐다는 얘기는 들어 본 적이 없어.
   ▶

7. 그가 비속어를 쓰는 걸 들어 본 적이 없어.  ▶

8. 네가 증오에 찬 말을 하는 걸 들어 본 적이 없어.
   ▶

9. 그녀가 자동차 사고를 당했다는 얘기는 들은 적이 없어.
   ▶

10. 무슨 일에 관해서든 그녀가 불평하는 것은 들어 본 적이 없어.
    ▶

✦ 정답은 소책자 17쪽에

 잠깐만요!

3 haunt 귀신이 나타나다, ghost 유령, 귀신  4 solo 독창, 독주  6 win the lottery 복권에 당첨되다  7 bad language 욕, 비속어  8 hateful 증오에 찬  9 have an auto accident 자동차 사고를 당하다  10 complain 불평하다

## 066

넌 계속 ~였어.

# You've been....

 066.mp3

You've been 뒤에 상태를 나타내는 말을 넣으면 과거부터 현재까지 지속되는 상태를 언급하는 표현이 돼요. these days, all day long, since ~, for ~와 같이 일정한 기간을 나타내는 말과 함께 사용하면 그러한 상태가 얼마나 지속되었는지를 알려 줄 수 있습니다.

| | | | |
|---|---|---|---|
| A | You need to get some more sleep. **You've been** up since 4:00 this morning. | A | 당신은 잠을 좀 더 자야 해. 새벽 4시부터 **계속** 일어나 있었던 **거잖아.** |
| B | I know. Just five more minutes. | B | 알아. 딱 5분만 더 할게. |
| A | Okay, time's up. You go back to bed. | A | 자, 시간 다 됐어. 침대로 다시 돌아가. |
| B | I'll take a shower quick. | B | 빨리 샤워부터 할게. |

〈This Is Us〉 중에서

1. 넌 요즘 **계속** 괴팍하게 굴었어.　▶ You've been **crabby lately.**

2. 넌 여기 있을 만큼 **있었어.**　▶ You've been **here long enough.**

3. 넌 **계속** 아이들 문제로 정신없이 바빴**잖아.** ▶ You've been **really busy with kid stuff.**

4. 넌 **계속** 아주 투덜거렸어.　▶

5. 넌 오늘 **계속** 아주 버릇없게 굴었어.　▶

6. 너희는 그때 이후로 **계속** 친구로 지냈**잖아.** ▶

7. 넌 25년 동안 근속했**잖아.**　▶

8. 넌 하루 종일 **계속** 초조해했**잖아.**　▶

9. 너희는 10년간 부부 생활을 **했잖아.**　▶

10. 넌 **계속** 그녀의 성공을 질투**했잖아.**　▶

✧ 정답은 소책자 17쪽에

잠깐만요! 　**1** crabby 괴팍한　**3** be busy with sth ~로 바쁘다　**4** grouchy 투덜거리는　**10** be jealous of sb/sth ~을 질투하다

094

~할 수 있었어?

# 067

**Have you been able to...?**

🎧 067.mp3

Have you been able to...?는 '~할 수 있었어?'라는 뜻으로 과거에 한 일의 영향이 지금까지 계속되는지 묻는 표현이에요. 다시 말해, Have you been able to make an appointment?는 '진료 예약을 잡을 수 있었어? 그리고 그 예약은 아직도 유효한 거지?'라는 의미입니다.

| | |
|---|---|
| A  Joe, I really think we need marriage therapy.<br>B  I agree. **Have you been able to** make an appointment?<br>A  I talked to two therapists; we're seeing one of them on Friday.<br>B  It will be good to get everything out in the open. | A  조, 난 진심으로 우리가 결혼 생활 상담 치료를 받아야 한다고 생각해.<br>B  내 생각도 그래. 진료 예약은 잡을 **수 있었어?**<br>A  상담 치료사 두 명이랑 통화했는데, 그중 한 사람이랑 금요일에 보기로 했어.<br>B  모든 것을 공개하면 괜찮아질 거야. |

〈Brothers and Sisters〉 중에서     *therapy 상담 치료 | make an appointment (진료, 상담 등의) 예약을 잡다 | in the open 공개되어

1. 기차에 몰래 탈 **수 있었어?** ▶ Have you been able to **steal a ride on the train?**

2. 지워진 파일들을 복구할 **수 있었어?** ▶ Have you been able to **restore the deleted files?**

3. 열쇠를 입수할 방법을 알아낼 **수 있었어?** ▶ Have you been able to **figure out how to get the key?**

4. 판사를 설득할 **수 있었어?** ▶ _____

5. 목격자를 찾을 **수 있었어?** ▶ _____

6. 그녀가 원했던 걸 살 **수 있었어?** ▶ _____

7. 그녀의 명성을 망쳐 놓을 **수 있었어?** ▶ _____

8. 증거를 없앨 **수 있었어?** ▶ _____

9. 네 방에서 몰래 나올 **수 있었어?** ▶ _____

10. 네 가족의 명예를 지킬 **수 있었어?** ▶ _____

✦ 정답은 소책자 17쪽에

잠깐만요!

1 steal a ride on sth ~에 몰래 타다, 공짜로 타다   2 restore 복구하다, delete 지우다   4 judge 판사
5 eyewitness 목격자   8 get rid of sb/sth ~을 없애다   9 sneak out of sth ~에서 몰래 나오다
10 defend one's honor ~의 명예를 지키다

095

(계속) ~가 있었어?/~을 먹었어?

# Have you had...?

🎧 068.mp3

이 표현에서 had는 '가지고 있다', '먹다'의 의미로 쓰이는 have의 과거분사인데요. Have you had...?는 과거부터 계속되는 상태나 과거에 어떤 음식을 먹어 본 경험이 있는지, 또는 식사를 벌써 했는지를 물을 때 사용되는 패턴입니다.

| | |
|---|---|
| **A** I've gotta get my own place. It's too busy here. | **A** 내 집을 가져야겠어. 여긴 너무 부산스러워. |
| **B** **Have you had** trouble studying? | **B** 공부하는 데 지장이 **있어**? |
| **A** Studying, sleeping, finding privacy. It's too much. | **A** 공부, 잠 자는 거, 사생활 지키는 거 다 그래. 너무 많아. |
| **B** Maybe you could move in with Bailey. | **B** 어쩌면 너랑 베일리가 이사해서 들어올 수 있을지도 몰라. |

⟨Grey's Anatomy⟩ 중에서

＊have trouble -ing ~하는 데 지장이 있다 | privacy 사생활

1. 재미있게 놀았**니**? ▶ Have you had **a lot of fun**?

2. 머토의 특제 갈비 **먹어 봤어**? ▶ Have you had **Murtaugh's special ribs**?

3. 아버지와 친밀한 관계**였어**? ▶ Have you had **an intimate relationship with your dad**?

4. **계속** 많이 아팠**어**? ▶

5. **계속** 먹는 데 문제가 **있었어**? ▶

6. 벌써 아침 **먹었어**? ▶

7. 전에도 이런 문제가 **있었어**? ▶

8. **계속** 상사와 불륜을 저질렀**던 거야**? ▶

9. **계속** 그와 불화가 **있었어**? ▶

10. **계속** 남편과 돈 문제로 싸웠**던 거야**? ▶

✦ 정답은 소책자 17쪽에

1 have fun 재미있게 놀다  2 rib 갈비  3 intimate 친밀한  6 already 벌써  8 have an affair with sb ~와 불륜을 저지르다
9 disagreement 불일치, 불화  10 have a fight over sb/sth ~ 문제로 싸우다

096

그간 뭘 ~했어?

# What have you done...?

069.mp3

Have you 뒤에 -ed형 동사, 즉 과거분사를 사용하게 되면 과거의 일이 현재까지 영향을 미친다는 의미가 된다고 계속 언급했는데요. 여기에 '무엇을'이라는 뜻의 what을 더하면 '그간 뭘 했니?'라는 표현이 됩니다.

| | |
|---|---|
| A  About your escape plan, I want in. | A  탈옥 계획 말인데, 나도 끼고 싶어. |
| B  **What have you seen** and **heard**? | B  **그간 뭘 보고 뭘 들었어?** |
| A  Enough to know it might work. | A  그 계획이 성공할 수도 있다는 걸 알 만큼. |
| B  We can't afford to take anyone else. | B  우린 사람을 더 데려갈 여력이 없어. |

〈Prison Break〉 중에서

\* escape 탈옥, 탈출 | can't afford to do ~할 여력이 없다

1. 그간 그를 위해 **뭘** 덮어 줬**어**?  ▶ **What have you covered** for him?

2. 아침 내내 **뭘** 하고 있었**어**?  ▶ **What have you been** doing all morning?

3. 그간 네 실수에서 **뭘** 배웠**어**?  ▶ **What have you learned** from your mistakes?

4. 그간 어떻게 지냈**어**?  ▶ _____

5. 그간 **무슨** 작업을 하고 있었**어**?  ▶ _____

6. 그간 아이들에게 **무슨** 약속을 **했어**?  ▶ _____

7. 그간 자선 단체에 **뭘** 기부**했어**?  ▶ _____

8. 그간 이탈리아에서 **뭘** 공부하고 있었**어**?  ▶ _____

9. 그간 나에게서 **뭘** 훔치고 있었**어**?  ▶ _____

10. 그간 그의 내연녀에 대해 **무슨** 얘기를 들었**어**?  ▶ _____

✤ 정답은 소책자 18쪽에

잠깐만요!  **1** cover (잘못, 허물 등을) 덮다, 은폐하다  **7** charity 자선 단체  **10** mistress 정부, 내연녀

… 후로 ~였어.

# 070 It's been ~ since....

이 패턴은 과거부터 현재까지의 상태나 시간 경과, 거리 변화 등을 언급할 때 사용할 수 있어요. It's been 뒤에는 상태나 시간, 거리를 나타내는 말을 넣고 since 뒤에는 그런 상태가 처음 시작된 때를 언급하면 돼요.

| | |
|---|---|
| **A** How's he doing? Any progress? | **A** 그는 어때요? 호전되고 있어요? |
| **B** **It's been** less than 12 hours **since** we gave him the treatment. It's so early. | **B** 치료제를 투여한 **지** 채 12시간도 안 **됐어요.** 너무 일러요. |
| **A** I'm just worried about him. | **A** 그냥 그가 걱정돼서요. |
| **B** If anything changes, I'll find you. | **B** 무슨 변화라도 생기면 알려드릴게요. |

〈Pure Genius〉 중에서

\*treatment 치료, 치료제, 치료법

| | | |
|---|---|---|
| **1.** | 차에 기름을 채운 **후로** 100마일을 왔**어.** | ▶ It's been **100 miles** since **we filled the car up.** |
| **2.** | 휴가다운 휴가를 보낸 **지** 한참 **됐어.** | ▶ It's been **a while** since **I've had a real vacation.** |
| **3.** | 네가 휴직한 **지** 3주가 **지났어.** | ▶ It's been **three weeks** since **you've been off work.** |
| **4.** | 우리가 마지막으로 만난 **후로** 오랜 시간이 **흘렀어.** | ▶ |
| **5.** | 이혼한 **후로** 상황이 더 나빠**졌어.** | ▶ |
| **6.** | 지난 수요일 **이후 계속** 비가 내리고 있**어.** | ▶ |
| **7.** | 제대한 **지** 1년이 **됐어.** | ▶ |
| **8.** | 졸업한 **지** 20년이 **됐어.** | ▶ |
| **9.** | 마지막으로 외식한 **후로** 거의 두 달이 **지났어.** | ▶ |
| **10.** | 그가 복귀한 **후로** 직장 일이 정말 정신없이 바빴**어.** | ▶ |

✧ 정답은 소책자 18쪽에

잠깐만요!

**1** fill sth up ~을 채우다 **3** off work 휴직한, 실직한 **4** ages 오랜 시간 **5** divorce 이혼 **7** army 군대
**10** hectic 정신없이 바쁜

~한 지 얼마나 됐어?

# How long has it been since...?

 071.mp3

어떤 일이 일어난 후로 얼마만큼의 시간이 지났는지 묻고 싶을 때는 이 표현을 쓰면 돼요. Pattern 070과 마찬가지로 since 뒤에는 그런 상태가 처음 시작된 때를 언급하면 돼요.

| | |
|---|---|
| A I wish Cuddy would speak to me. | A 커디가 나한테 말 좀 걸면 좋겠어. |
| B **How long has it been since** the big blow-up? | B 대판 싸우고 나서 얼마나 됐어요? |
| A Two days. | A 이틀. |
| B You'd give her another two. She'll come around. | B 앞으로 이틀 더 여유를 줘 보세요. 커디는 이전대로 돌아올 거예요. |

〈House〉 중에서

＊blow-up 크게 한 말다툼 | come around 이전대로 돌아오다, 기분을 바꾸다

---

1. 그가 석방된 **지 얼마나 됐어?**
   ▶ How long has it been since **his release**?

2. 출산한 **지 얼마나 됐어?**
   ▶ How long has it been since **you gave birth**?

3. 면허가 취소된 **지 얼마나 됐어?**
   ▶ How long has it been since **you lost your license**?

4. 그 살인이 일어난 **지 얼마나 됐어?**
   ▶ _____

5. 마지막 생리가 있은 **지 얼마나 됐어?**
   ▶ _____

6. 그녀가 약을 끊은 **지 얼마나 됐어?**
   ▶ _____

7. 그가 데이트를 시작한 **지 얼마나 됐어?**
   ▶ _____

8. 마지막으로 그녀한테서 소식을 들은 **지 얼마나 됐어?**
   ▶ _____

9. 무릎 수술을 받은 **지 얼마나 됐어?**
   ▶ _____

10. 그녀가 카일의 집에서 나온 **지 얼마나 됐어?**
    ▶ _____

✦ 정답은 소책자 18쪽에

잠깐만요!

1 release 석방 2 give birth 출산하다 3 license 면허 4 murder 살인 5 period 생리 6 get off sth ~에서 손을 떼다, drug 약, 마약 9 knee 무릎 10 move out of one's place ~의 집에서 이사 나오다

네가 ~했던 게 분명해.

# You must've done....

상대방이 저지른 일이나 과거의 기분, 상태에 대해 100%에 가까운 확신이 있을 때는 이 패턴을 사용해서 말할 수 있어요. '넌 분명 ~했을 거야.', '넌 ~했음에 틀림없어.'라는 뜻이에요. must've는 must have를 줄인 표현입니다.

| | |
|---|---|
| **A** Hey, I'm just giving Toby a tour of your beautiful home. | **A** 저기, 난 토비한테 너의 멋진 집을 구경시켜 주고 있는 것뿐이야. |
| **B** Oh, **you must've had** a great one, the way he's breathing. | **B** 아, 너희가 대단한 구경을 **했던 게 분명하네.** 토비가 숨 쉬는 모양새를 보니 알겠어. |
| **C** Uh…the architecture is breathtaking. | **C** 어, 건축술이 숨이 멎을 만큼 굉장하더라고요. |
| **B** Oh, thank you. Your shirt's buttoned wrong. | **B** 아, 고마워요. 그런데 셔츠 단추가 잘못 끼워졌네요. |

〈This Is Us〉 중에서      *give sb a tour of sth ~에게 …을 구경시켜 주다 | breathtaking 숨이 멎는 | button 단추를 끼우다

**1.** 네가 그것을 두고 온 게 분명해. ▶ You must've left **it behind.**

**2.** 넌 상당히 무서웠을 게 분명해. ▶ You must've been **pretty scared.**

**3.** 네가 그의 기분을 상하게 하는 일을 했던 게 분명해. ▶ You must've done **something to offend him.**

**4.** 네가 그녀에게 깊은 인상을 줬던 게 분명해. ▶

**5.** 넌 뒤로 떨어졌던 게 분명해. ▶

**6.** 네가 주요 타깃이었던 게 분명해. ▶

**7.** 네가 마지막 경기를 못 봤던 게 분명해. ▶

**8.** 넌 네 아들이 자랑스러웠을 게 분명해. ▶

**9.** 네가 그 일에 연루됐던 게 분명해. ▶

**10.** 네가 우리 풋볼 팀 주장을 알았던 게 분명해. ▶

✦ 정답은 소책자 18쪽에

잠깐만요!

1 leave sth behind ~을 두고 오다   **2** pretty 상당히   **3** offend 기분을 상하게 하다   **4** impress 깊은 인상을 주다
**5** fall backwards 뒤로 떨어지다   **6** main target 주요 타깃   **10** captain 주장

073

내가 ~했을 수도 있었는데.

# I could've done....

과거에 할 수도 있었으나 하지 않았던 일이나 어떠했을 가능성이 있던 일을 말할 때 사용하는 패턴입니다. could've는 could have의 줄임말이에요.

| | |
|---|---|
| A The good news is we were able to remove 100% of the cancer. | A 좋은 소식은 저희가 암 조직을 100% 제거할 수 있었다는 거예요. |
| B I don't understand. You said it was stage I. Now you're saying **I could've died**? | B 이해가 안 되네요. 1기라고 했잖아요. 그런데 **내가 죽었을 수도 있었다**는 거예요? |
| A Unfortunately, there was more cancer than we had anticipated. | A 안타깝게도 저희 예상보다 암 덩어리가 많았어요. |
| B So, can I sing or not? | B 그래서 내가 노래를 할 수 있는 건가요, 못하는 건가요? |

〈Pure Genius〉 중에서

＊cancer 암, 암 덩어리 | stage 단계 | anticipate 예상하다

1. 내가 그것을 뒤로 몰래 챙겨 뒀**을 수도 있었는데.**
   ▶ **I could've snuck it back.**

2. 내가 더 조심했**을 수도 있었는데.**
   ▶ **I could've been more careful.**

3. 내가 그것에 대해 잘못된 정보를 들었**을 수도 있었는데.**
   ▶ **I could've been misinformed about it.**

4. 내가 그것을 숨겼**을 수도 있었는데.**
   ▶ _____

5. 내가 그를 더 세게 패 줬**을 수도 있었는데.**
   ▶ _____

6. 내가 그의 콧대를 꺾었**을 수도 있었는데.**
   ▶ _____

7. 내가 그것을 다르게 했**을 수도 있었는데.**
   ▶ _____

8. 내가 내 일에 집중했**을 수도 있었는데.**
   ▶ _____

9. 내가 좀 더 노력했**을 수도 있었는데.**
   ▶ _____

10. 난 포기했**을 수도 있었는데** 그러지 않았어.
   ▶ _____

✧ 정답은 소책자 18쪽에

잠깐만요!

1 sneak 몰래 챙기다  3 misinform 잘못된 정보를 전하다  4 hide 숨기다  5 hit 때리다  6 take sb down ~의 콧대를 꺾다, ~의 기를 죽이다  7 differently 다르게  8 focus on sb/sth ~에(게) 집중하다  9 put forth an effort 노력하다

내가 ~했어야 했는데.

# 074 I should've done....

🎧 074.mp3

이 패턴은 '~했어야 했는데, 그러지 못했어.'라는 뜻으로 과거에 하지 않았던 일에 대한 후회를 나타낼 때 사용해요. should've는 should have 의 줄임말이에요.

| | |
|---|---|
| A | Nina! What are you doing here? |
| B | Hi, James. I thought Louis needed some fresh air. |
| A | You can't just remove a patient from the hospital without permission. |
| B | Come on. I put in a request, and **I should've waited** for approval. I apologize. |

| | |
|---|---|
| A | 니나! 여기서 뭐 하고 있는 거예요? |
| B | 안녕하세요, 제임스. 루이스가 신선한 바람을 좀 쐴 필요가 있을 것 같아서요. |
| A | 허가도 없이 환자를 병원에서 빼내면 안 돼요. |
| B | 어머나. **제가** 요청을 넣긴 했는데, 승인을 기다**렸어야 했나 보네요**. 죄송해요. |

〈Pure Genius〉 중에서

1. 내가 그를 안으로 데리고 들어왔**어야 했는데.**
   ▶ I should've brought **him in.**

2. 내가 주의를 더 기울였**어야 했는데.**
   ▶ I should've paid **more attention.**

3. 내가 여기 오기 전에 너한테 전화를 **했어야 했는데.**
   ▶ I should've called **you before I came here.**

4. 내가 너를 믿었**어야 했는데.**
   ▶ _____

5. 내가 그녀와 같이 있었**어야 했는데.**
   ▶ _____

6. 내가 그것을 알아차렸**어야 했는데.**
   ▶ _____

7. 내가 다른 식으로 말**했어야 했는데.**
   ▶ _____

8. 내가 더 현실적이었**어야 했는데.**
   ▶ _____

9. 내가 더 주의하여 들었**어야 했는데.**
   ▶ _____

10. 내가 그녀를 더 잘 지켜봤**어야 했는데.**
    ▶ _____

✤ 정답은 소책자 19쪽에

잠깐만요!

**2** pay attention 주의를 기울이다  **6** pick up on sth ~을 알아차리다  **7** put it another way 다른 식으로 말하다
**8** realistic 현실적인  **9** carefully 주의하여

075

넌 ~하지 말았어야 했어.

# You shouldn't have done....

Pattern 074와 반대로 '~하지 말았어야 했는데, 해 버렸어.'라고 후회할 때는 이 패턴을 사용하면 돼요. I shouldn't have done....은 내가 하지 않았던 일에 대한 후회를 나타내고, You shouldn't have done....은 상대방이 하지 않았던 일에 대한 질책을 담은 표현이 됩니다.

| | |
|---|---|
| A **You shouldn't have brought** him in here. | A **당신은** 그를 여기로 데리고 들어오**지 말았어야 했어요.** |
| B Tell that to L.A.; we're in code black. Lisa, give him 5 of morphine. | B 그 말을 LA 사람들에게 해 보세요. 우리가 지금 코드 블랙 상태라고요. 리사, 환자에게 모르핀 5그램을 줘. |
| A Hey, whoa. Stop, stop. You can't order meds. | A 이봐요. 워워. 그만, 그만해요. 당신은 투약 지시를 내려선 안 돼요. |
| B His blood pressure's falling. You wanna give me a hand? Let me get that. | B 환자의 혈압이 떨어지고 있어요. 도와줄 생각은 있어요? 그럼 날 도와주세요. |

〈Code Black〉 중에서　　　　　　＊code black 환자가 많아 치료할 인력이나 자원이 부족한 상태 | order meds 투약 지시를 내리다

1. 넌 달아나**지 말았어야 했어.**　▶ You shouldn't have run **off.**

2. 넌 그렇게 속물처럼 굴**지 말았어야 했어.**　▶ You shouldn't have been **so snobby.**

3. 넌 벌어진 일에 대해 그녀 탓을 **하지 말았어야 했어.**　▶ You shouldn't have blamed **her for what happened.**

4. 넌 거짓말**하지 말았어야 했어.**　▶ _____

5. 넌 그녀를 껴안으려고 **하지 말았어야 했어.**　▶ _____

6. 넌 그들에게 소리치**지 말았어야 했어.**　▶ _____

7. 넌 너무 오래 생각**하지 말았어야 했어.**　▶ _____

8. 넌 그걸 아무도 **못** 보게 **했어야 했어.**　▶ _____

9. 넌 엿듣**지 말았어야 했어.**　▶ _____

10. 넌 나를 그렇게 무시**하지 말았어야 했어.**　▶ _____

✦ 정답은 소책자 19쪽에

잠깐만요!

**1** run off 달아나다　**2** snobby 속물근성의　**3** blame 탓하다　**5** hug 껴안다　**6** shout at sb ~에게 소리치다
**9** eavesdrop 엿듣다　**10** be dismissive of sb/sth ~을 무시하다

# know

'알다'라는 뜻의 know 동사를 이용한 기본 패턴은 I know....., I don't know..., Do you know...?인데요. 뒤에 that절이나 의문사로 시작하는 절을 붙이면 여러 가지 패턴으로 활용할 수 있어요.

076

넌 ~도 모르잖아.

# You don't even know....

잘 알지도 못하면서 아는 척하기를 좋아하는 사람들이 꼭 있죠? 이런 사람들을 질책하거나 창피를 주고자 할 때 '넌 ~도 모르면서 왜 아는 척하니?'라는 의미로 이 패턴을 사용하면 돼요.

| | | | |
|---|---|---|---|
| A | It's hard to feel sympathy for you at this point. | A | 이 시점에서는 너한테 연민을 느끼기가 힘들어. |
| B | **You don't even know** what I've been through. | B | **넌** 내가 무슨 일을 겪었는지**도 모르잖아.** |
| A | You're right, I don't. Talk to me. | A | 네 말이 맞아, 난 모르지. 그러니 얘기해 봐. |
| B | I have trust issues. | B | 난 신뢰감과 관련한 문제가 있어. |

〈Brothers and Sisters〉 중에서                                   *feel sympathy for sb ~에게 연민을 느끼다

1. 넌 어디를 살펴봐야 할지**도 모르잖아.**  ▶ You don't even know **where to look.**

2. 넌 그들이 언제 도착할지**도 모르잖아.**  ▶ You don't even know **when they'll arrive.**

3. 넌 네가 뭘 놓쳤는지**도 모르잖아.**  ▶ You don't even know **what you missed out on.**

4. 넌 언제 그만둬야 할지**도 모르잖아.**  ▶

5. 넌 어느 쪽으로 가야 할지**도 모르잖아.**  ▶

6. 넌 그녀가 누구와 같이 있었던 건지**도 모르잖아.**  ▶

7. 넌 여기서 무슨 일이 일어나고 있는지**도 모르잖아.**  ▶

8. 넌 그 얘기가 어디에서 나왔는지**도 모르잖아.**  ▶

9. 넌 내가 무엇에 관해 말하고 있는지**도 모르잖아.**  ▶

10. 넌 네가 어디에 차를 주차했는지**도 모르잖아.**  ▶

✧ 정답은 소책자 19쪽에

 잠깐만요!   **3 miss out on sth** (유익한 것을 할 기회를) 놓치다

105

~ 뭔지 알아?

# You know what...?

🎧 077.mp3

이 패턴은 상대방에게 '~이 뭔지 알아?', '무엇을 ~하는지 알아?'라고 물을 때 쓰는데요. 문법적으로는 Do you know what...?이 옳은 표현이지만, 구어에서는 의문문을 만들 때 사용하는 Do를 빼고 You know what...?의 형태로도 자주 사용됩니다.

| | |
|---|---|
| A Tell me about your kidnapper. | A 너를 납치한 범인에 대해 말해 봐. |
| B **You know what** he wanted me to do? | B 그가 제가 **뭘** 하기를 원했는지 **아세요?** |
| A What, sweetie? | A 뭔데, 얘야? |
| B He wanted me to put on a ballerina costume. | B 제가 발레리나 의상을 입기를 원했어요. |

〈Law & Order: SVU〉 중에서

＊kidnapper 납치범 | sweetie 얘야, 자기야 (여성을 부르는 말로 쓰임)

---

1. 내가 **뭐** 때문에 여기 왔는지 **알아?**  ▶ **You know what I'm here for?**

2. 그가 **무엇을** 할 수 있는지 **알아?**  ▶ **You know what he's capable of?**

3. 새로 올 상사가 **어떻게** 생겼는지 **알아?**  ▶ **You know what our new boss looks like?**

4. 내가 그걸 **뭐라고** 부르는지 **알아?**  ▶

5. 나를 귀찮게 하는 게 **뭔지 알아?**  ▶

6. 헤일리가 좋아하는 게 **뭔지 알아?**  ▶

7. 그들의 계획이 **뭔지 알아?**  ▶

8. 우리가 **무엇을** 해야 하는지 **알아?**  ▶

9. 내가 널 구하기 위해 **무슨 일을** 했는지 **알아?**  ▶

10. 내가 그들을 위해 할 수 있는 게 **뭔지 알아?**  ▶

✧ 정답은 소책자 19쪽에

 잠깐만요!   **2** be capable of sth ~할 능력이 있다   **3** look like ~처럼 생기다   **8** ought to do ~해야 하다

왜 ~ 알아?

# You know why...?

078.mp3

나는 왜 그런 일이 생겼는지 이미 알고 있는데 상대방은 그 이유를 모르는 것 같을 때, 내가 아는 것을 과시하고 싶거나 알려 주고 싶어서 입이 근질거릴 때가 있죠? 이 표현은 그럴 때 사용할 수 있어요. 반대로 이유를 몰라서 상대방에게 그 이유를 알려 달라고 할 때도 사용할 수 있어요.

| | |
|---|---|
| **A** **You know why** they call me Blowtorch Bob? | **A** **왜** 나를 토치램프 밥이라고 부르는지 **알아?** |
| **B** You're into welding? | **B** 용접에 빠져서 그런 거야? |
| **A** I used an acetylene torch during interrogation. Just answer my question: where is Natalia? | **A** 난 심문할 때 아세틸렌 토치를 사용했거든. 내 질문에 대답해 주기만 하면 돼. 나탈리아는 어디 있나? |
| **B** I honestly have no idea. | **B** 솔직히 난 몰라. |

〈Training Day〉 중에서　　　　＊blowtorch 토치램프 | be into sb/sth ~에(게) 빠지다, 반하다 | weld 용접하다 | interrogation 심문

---

**1.** 왜 그가 당황스러워 보이는 건지 **알아?** ▶ **You know why** he looks embarrassed?

**2.** 왜 그녀가 너 말고 나한테 전화했는지 **알아?** ▶ **You know why** she called me, not you?

**3.** 왜 그들이 사귀는 척했던 건지 **알아?** ▶ **You know why** they pretended they were dating?

**4.** 왜 그가 항상 웃고 있는 건지 **알아?** ▶

**5.** 왜 모두가 널 의심하는지 **알아?** ▶

**6.** 왜 그녀가 도움을 요청하지 않았던 건지 **알아?** ▶

**7.** 왜 스펜서가 그녀를 보러 온 건지 **알아?** ▶

**8.** 왜 미첼이 그에게 화가 난 건지 **알아?** ▶

**9.** 왜 우리가 항상 시간에 쫓기는지 **알아?** ▶

**10.** 왜 우리한테 자원봉사자가 그렇게 많은 건지 **알아?** ▶

◆ 정답은 소책자 20쪽에

**잠깐만요!**　　5 doubt 의심하다　9 short on sth ~이 부족하여　10 volunteer 자원봉사자

내가 ~인지 모르겠어.

🎧 079.mp3

# I don't know if I....

어떤 일에 대해 긴가민가 확신이 서지 않을 때 사용하는 패턴이에요. 이 패턴에서 if는 '~인지'의 의미로 쓰였어요.

A Jessica, you and I could go into partnership.
B No, Louis.
A You never wanted me. All you ever wanted was your precious Harvey.
B Louis, **I don't know if I** can pull this firm back up from the bottom of the ocean. I don't want you to board this sinking ship.

A 제시카, 당신과 내가 파트너 관계를 맺을 수도 있잖아.
B 안 돼, 루이스.
A 당신은 결코 날 원한 적이 없었어. 언제나 원했던 건 당신의 소중한 하비뿐이었지.
B 루이스, **내가** 이 회사를 바다 밑바닥에서 다시 끌어올릴 수 있을**지 모르겠어.** 당신을 이 가라앉는 배에 태우고 싶지는 않아.

〈Suits〉 중에서

＊go into partnership 파트너 관계를 맺다 | pull sth back up ~을 다시 끌어올리다

| | | |
|---|---|---|
| 1. | 내가 그녀를 안 됐다고 생각하는 **건지 모르겠어.** | ▶ I don't know if I **feel bad for her.** |
| 2. | 내가 이 일을 제대로 하고 있는 **건지 모르겠어.** | ▶ I don't know if I **'m doing this right.** |
| 3. | 내가 혼자서 이 일을 할 수 있을**지 모르겠어.** | ▶ I don't know if I **can do this on my own.** |
| 4. | 내가 그것을 원하는 **건지 모르겠어.** | ▶ |
| 5. | 내가 그를 사랑하는 **건지 모르겠어.** | ▶ |
| 6. | 내가 얼굴을 비출 필요가 있는 **건지 모르겠어.** | ▶ |
| 7. | 내가 너를 따라갈 수 있을**지 모르겠어.** | ▶ |
| 8. | 내가 그들에게 너무 심하게 한 **건 아닌지 모르겠어.** | ▶ |
| 9. | 내가 말했는**지 모르지**만, 너는 섹시해. | ▶ |
| 10. | 내가 네게 도움이 될 수 있을**지 모르겠어.** | ▶ |

✧ 정답은 소책자 20쪽에

잠깐만요!

**2** right 제대로, 옳게   **3** on one's own 혼자서   **7** keep up with sb ~을 따라가다, ~와 보조를 맞추다
**8** be hard on sb ~을 갈구다, ~에게 심하게 굴다

난 어떻게 ~할지 모르겠어.

# I don't know how to....

일이 어떻게 처리된 건지, 또는 어떤 일을 해야 하는데 그 일을 하는 방법을 모를 때 이 패턴을 쓸 수 있어요. 「how to+동사원형」은 '~하는 방법'이라는 뜻이에요.

| | |
|---|---|
| **A** Follow my finger with your eyes, please. | **A** 눈으로 제 손가락을 따라와 보세요. |
| **B** Dr. Wallace, I'm gonna be okay? | **B** 왈레스 선생님, 제가 괜찮아질까요? |
| **A** You're breathing on your own, and your cognitive function is normal. So, yeah, you're gonna be okay. | **A** 호흡도 스스로 하시고 인지 기능도 정상이에요. 그러니까 네, 괜찮아지실 겁니다. |
| **B** **I don't know how to** thank you. You saved my life and my family. | **B** **제가 어떻게** 감사를 드려야 **할지 모르겠어요.** 선생님께서 제 생명과 제 가족을 구해 주셨어요. |

〈Pure Genius〉 중에서          ＊on one's own 스스로 | cognitive 인지의 | function 기능 | normal 정상의

**1.** 난 어떻게 아기를 안아야 할지 모르겠어.  ▶ I don't know how to **hold a baby.**

**2.** 난 어떻게 그것을 멈추게 할지 모르겠어.  ▶ I don't know how to **make it stop.**

**3.** 난 그에게 어떻게 작별 인사를 해야 할지 모르겠어.  ▶ I don't know how to **say good-bye to him.**

**4.** 난 어떻게 이 일을 해야 할지 모르겠어.  ▶ _____

**5.** 난 어떻게 그곳에 가야 하는지 모르겠어.  ▶ _____

**6.** 난 어떻게 그것을 켜는지 모르겠어.  ▶ _____

**7.** 난 그녀에게 어떻게 말해야 할지 모르겠어.  ▶ _____

**8.** 난 어떻게 내 인생을 살아야 할지 모르겠어.  ▶ _____

**9.** 난 어떻게 그것들을 전부 되찾을 수 있을지 모르겠어.  ▶ _____

**10.** 난 어떻게 엄마를 기쁘게 해 드릴지 모르겠어.  ▶ _____

✦ 정답은 소책자 20쪽에

 잠깐만요!

**1** hold 안다  **3** say good-bye to sb ~에게 작별 인사를 하다  **6** turn sth on ~을 켜다
**8** live one's life ~의 인생을 살다  **9** get sb/sth back ~을 되찾다

**081** 난 얼마나 ~ 모르겠어.

🎧 081.mp3

# I don't know how much....

일을 하다 보면 시간이나 노력이 얼마나 들지, 재료가 얼마나 필요할지, 어떤 종류의 능력이 얼마나 필요한지 등을 가늠해야 할 때가 있는데요. 이런 때는 이 표현을 쓰면 돼요. how much는 '얼마나'라는 뜻으로 양을 나타낼 때 사용합니다.

| | |
|---|---|
| **A** Do you think Casey can take on the tobacco industry? | **A** 케이시가 담배업계 건을 맡을 수 있다고 생각해? |
| **B** **I don't know how much** experience she has with corporate law. | **B** 난 그녀가 법인법 분야에서 **얼마나** 경험이 있는지 **모르겠어.** |
| **A** It's critical that she doesn't back down. | **A** 그녀가 물러서지 않는 게 아주 중요해. |
| **B** Casey? I highly doubt it. | **B** 케이시가? 그 점에 대해선 매우 의심스러운데. |

〈Law & Order〉 중에서    \*take on sth ~을 맡다 | corporate law 법인법 | critical 아주 중요한 | back down 물러서다

1. 난 시간이 **얼마나** 걸릴지 **모르겠어.**
▶ I don't know how much **time it will take.**

2. 난 거기에 설탕이 **얼마나** 들어 있는지 **모르겠어.**
▶ I don't know how much **sugar it contains.**

3. 난 우리가 **얼마나** 더 오래 기다려야 하는지 **모르겠어.**
▶ I don't know how much **longer we have to wait.**

4. 난 우리한테 물이 **얼마나** 필요할지 **모르겠어.**
▶ _____

5. 난 그것이 **얼마나** 내구성을 갖고 있는지 **모르겠어.**
▶ _____

6. 난 내가 **얼마나** 유연성을 갖고 있는지 **모르겠어.**
▶ _____

7. 난 그에게 **얼마나** 권한이 있는지 **모르겠어.**
▶ _____

8. 난 **얼마나** 인내심이 필요할지 **모르겠어.**
▶ _____

9. 난 그가 한 달에 **얼마를** 버는지 **모르겠어.**
▶ _____

10. 난 그들이 환경에 대한 인식을 **얼마나** 가지고 있는지 **모르겠어.**
▶ _____

✧ 정답은 소책자 20쪽에

잠깐만요!

**2** sugar 설탕, contain 들어 있다  **5** durability 내구성  **6** flexibility 유연성  **7** authority 권한, 권위  **8** patience 인내심
**10** environmental 환경적인, awareness 인식

**082**

난 ~ 뭔지 모르겠어.

# I don't know what....

뭐가 뭔지, 뭐 때문에 그랬는지, 뭘 하고 있는지 도무지 이해가 안 되고 잘 모를 때는 이 패턴을 사용해 보세요. I'm not sure what....도 같은 의미의 표현입니다.

| | |
|---|---|
| A Dad, **I don't know what** I'm gonna do. I feel like if I make the wrong decision right now I'm gonna die.<br>B Do you need an answer right now?<br>C We can wait, but the sooner we start fighting back, the better results we can expect.<br>B Give us some time to think it over. | A 아빠, **전 어떻게** 해야 할지 **모르겠어요.** 지금 결정을 잘못 내리면 죽게 될지도 모른다는 생각이 들어요.<br>B 지금 당장 대답이 필요하신 건가요?<br>C 기다릴 수는 있습니다만, 빨리 맞서 싸우기 시작할수록 더 좋은 결과를 기대할 수 있습니다.<br>B 저희에게 생각할 시간을 좀 주세요. |

〈Chicago Med〉 중에서 　　　　　　　*make a decision 결정을 내리다 | fight back 맞서 싸우다 | think sth over ~을 곰곰이 생각하다

1. 난 무엇이 널 아프게 하고 있는 건지 **모르겠어**. ▶ I don't know what's making you sick.

2. 내가 너 없이 **무엇을** 할지 **모르겠어**. ▶ I don't know what I'd do without you.

3. 난 무엇이 그가 좀 다를 거라고 생각하게 만들었는지 **모르겠어**. ▶ I don't know what made me think he'd be any different.

4. 난 무엇이 그에게 동기를 부여하는지 **모르겠어**. ▶ _____

5. 난 그가 여기서 뭘 하고 있는지 **모르겠어**. ▶ _____

6. 난 무엇이 내게 그녀를 떠올리게 했는지 **모르겠어**. ▶ _____

7. 살면서 **무슨** 일이 일어날지 **난 몰라**. ▶ _____

8. 난 **무엇** 때문에 그녀가 불같이 화를 내는지 **모르겠어**. ▶ _____

9. 난 이 시점에서 누가 **뭐라도** 할 수 있는지 **모르겠어**. ▶ _____

10. 난 무엇 때문에 일이 그렇게 심하게 잘못됐는지 **모르겠어**. ▶ _____

✤ 정답은 소책자 21쪽에

잠깐만요!　　2 without ~ 없이　4 motivate 동기를 부여하다　6 remind sb of sb/sth ~에게 …을 떠올리게 하다
8 cause ~의 원인이 되다, explode 폭발하다, 불같이 화내다　9 at this point 이 시점에서　10 terribly 심하게

난 누가 ~ 모르겠어.

# I don't know who....

083.mp3

이 패턴은 상대방이 말하는 사람이 누구인지, 누가 고자질을 했는지, 누가 책임을 질 일인지 모를 때 등등에 사용하면 됩니다. 다시 말해, 어떤 일을 저지른 사람이나 어떤 일을 한 사람이 누구인지 모를 때 나오는 패턴이에요.

| | |
|---|---|
| A | Have your sons ever run off before? |
| B | No. They're good kids. **I don't know who** would do this to them. |
| A | Where might the boys have gone? |
| B | It had to be some kind of adventure, because P.K. took a bunch of snacks with him. |

| | |
|---|---|
| A | 전에 아드님들이 가출한 적이 있었나요? |
| B | 없어요. 착한 아이들이에요. **전 누가** 그 아이들에게 이런 짓을 하려고 하는 건지 **모르겠어요.** |
| A | 아이들이 어디로 갔을까요? |
| B | 분명 일종의 모험 같은 거였을 거예요. P.K.가 간식을 한 아름 가지고 갔거든요. |

〈Criminal Minds〉 중에서                    * adventure 모험 | a bunch of 많은, 한 묶음의

1. 난 네가 **누구** 얘길 하는 건지 **모르겠어.**
   ▶ **I don't know who** you're talking about.

2. **누가** 너한테 그런 얘길 했는지 **몰라도** 그건 거짓말이야.
   ▶ **I don't know who** told you that, but it's a lie.

3. 난 밤마다 **누가** 장난 전화를 하는 건지 **모르겠어.**
   ▶ **I don't know who** makes a prank call every night.

4. 난 그가 **누구**인지 **모르겠어.**
   ▶

5. 난 **누가** 그녀를 초대했는지 **모르겠어.**
   ▶

6. 난 **누가** 그를 고발했는지 **모르겠어.**
   ▶

7. 난 이런 일을 **누가** 원하는지 **모르겠어.**
   ▶

8. 난 **누가** 이것을 치웠는지 **모르겠어.**
   ▶

9. 난 **누가** 경찰에 전화했는지 **모르겠어.**
   ▶

10. 난 이렇게 엉망진창이 된 게 **누구** 책임인지 **모르겠어.**
    ▶

✧ 정답은 소책자 21쪽에

★ 잠깐만요!    **3** make a prank call 장난 전화를 하다   **6** turn sb in ~을 고발하다   **8** clean sth up ~을 치우다
**10** be responsible for sb/sth ~에 대한 책임이 있다

난 왜 ~ 모르겠어.

# I don't know why....

🎧 084.mp3

사회적으로 성공하여 돈도 많이 벌고 명예도 얻은 사람이 삶에 만족을 못한다거나 누가 봐도 뻔한 일을 일찍 눈치채지 못하는 일과 같이 도무지 이해되지 않는 일이 있을 때 '난 ~의 이유를 모르겠어.'라는 뜻으로 사용하는 것이 이 패턴입니다.

| | |
|---|---|
| A You're a successful, talented woman, Charlotte. | A 샬롯. 넌 성공한 재능 있는 여자야. |
| B But I won't ever be happy unless I have a daughter. | B 하지만 난 딸을 낳기 전에는 절대 행복하지 않을 거야. |
| A You have a fabulous life. **I don't know why** it's never good enough for you. | A 넌 멋진 인생을 살고 있잖아. **난 왜** 네가 그것에 결코 만족을 못하는 건지 **모르겠어.** |
| B You'll understand once your biological clock starts ticking. | B 일단 네 생물학적 시계가 째깍거리기 시작하면 너도 이해할 거야. |

〈Sex and the City〉 중에서

＊talented 재능 있는 | fabulous 멋진 | biological 생물학적인 | tick (시계가) 째깍거리다

1. **난 왜** 그녀가 아직도 여기 있는지 **모르겠어.** ▶ **I don't know why** she's still here.

2. **난** 너희 둘이 **왜** 의기투합하는지 **모르겠어.** ▶ **I don't know why** you two get along.

3. **내가** 전에는 **왜** 그것을 눈치채지 못했는지 **모르겠어.** ▶ **I don't know why** I didn't notice it before.

4. **난** 그것이 **왜** 작동을 안 하고 있는지 **모르겠어.** ▶

5. **내가 왜** 너를 좋아하는지는 **모르겠지만,** 난 너를 좋아해. ▶

6. **난** 그녀가 **왜** 내가 사임하기를 원하는지 **모르겠어.** ▶

7. **난** 네가 **왜** 남들과 교류를 안 하는지 **모르겠어.** ▶

8. **난 왜** 너를 기쁘게 하는 게 불가능한지 **모르겠어.** ▶

9. **난 왜** 모두가 내 옷을 놀림거리로 삼는지 **모르겠어.** ▶

10. **난 왜** 네가 그녀가 자기 아기를 해칠 거라고 생각하는지 **모르겠어.** ▶

✦ 정답은 소책자 21쪽에

2 get along 의기투합하다, 사이좋게 지내다  3 notice 눈치채다  7 isolate oneself 남들과 교류를 안 하다
9 make fun of sb/sth ~을 놀림거리로 삼다  10 harm 해치다

113

**085**

난 네가 ~라는 걸 알아.

# I know you....

🎧 085.mp3

이 패턴은 상대방에 대한 정보를 알고 있을 때 사용하는 패턴인데요. you 뒤에는 현재, 과거, 미래 시제가 모두 올 수 있어요. '난 네가 ~라는 걸 알아.'라는 의미입니다.

| | |
|---|---|
| A  I'd worked in this hospital for 40 years. **I know you** have a stash of decent blankets. | A  내가 이 병원에서 40년을 일했어. **당신들이** 괜찮은 담요를 숨겨두는 곳이 있다**는 걸 안다고.** |
| B  Dr. K? I thought I recognized that voice. | B  K 선생님이시죠? 목소리 듣고 알았어요. |
| A  Oh hey, you. It's been a while. How have you been? | A  아, 자네군. 오랜만일세. 어떻게 지냈나? |
| B  No complaints. | B  불평할 거 없이 잘 지냈어요. |

〈This Is Us〉 중에서　　　　　　　　　　*stash 숨겨둔 장소 | recognize 알아차리다 | complaint 불평

1. 난 네가 남 험담하는 걸 싫어하**는 거 알아.**　▶ I know you **hate to gossip.**

2. 난 네가 스트레스를 정말 많이 받았**다는 거 알아.**　▶ I know you**'re really stressed out.**

3. 난 너랑 렉스가 아직 친밀한 사이**라는 거 알아.**　▶ I know you **and Rex are still close.**

4. 난 네가 다이어트 중이**라는 거 알아.**　▶

5. 난 네가 그를 용서할 수 없다**는 거 알아.**　▶

6. 난 네가 그걸 후회할 거**라는 걸 알아.**　▶

7. 난 네가 전에 마음고생을 했다**는 거 알아.**　▶

8. 난 네가 위험한 남자**라는 거 알아.**　▶

9. 난 네가 오랫동안 이걸 원했다**는 거 알아.**　▶

10. 네가 화이트 와인을 더 좋아한다**는 건 알지**만 지금 나한테는 레드 와인밖에 없어.　▶

✦ 정답은 소책자 21쪽에

1 gossip 남 험담을 하다　2 stressed out 스트레스를 많이 받은　4 on a diet 다이어트 중인　8 dangerous 위험한
10 prefer 더 좋아하다

114

~ 알아?

# Do you know...?

이 패턴은 know 동사를 사용한 패턴 중 가장 많이 사용되는 기본 패턴이라고 할 수 있어요. Do you know 뒤에는 that절을 쓸 수도 있고, how, who, what, why 등의 의문사가 이끄는 표현을 써도 돼요.

| | |
|---|---|
| A James, **do you know** how many terrible patients I've had? | A 제임스, 나한테 진상 환자가 얼마나 있었는지 **알아요**? |
| B I'm not gonna let her talk to my staff like that. | B 난 그 여자가 내 직원들에게 그렇게 말하게 두지 않을 거예요. |
| A She's acting this way because she is scared. You don't just kick her out. | A 그녀는 두려워서 이렇게 행동하고 있는 거예요. 그녀를 그냥 내쫓아서는 안 돼요. |
| B Well, she's already flown back to L.A., so it's too late. | B 음, 벌써 비행기를 타고 LA로 돌아갔으니 너무 늦었어요. |

〈Pure Genius〉 중에서 　　　　＊scared 두려운 | kick sb out ~을 내쫓다 | fly back to sth ~로 비행기를 타고 돌아가다

1. 그게 무슨 뜻인지 **알아**? ▶ Do you know **what it means**?

2. 그들이 인터넷에서 만났다는 거 **알아**? ▶ Do you know **they met on the Internet**?

3. 그 일이 얼마나 나빠질 수도 있었는지 **알아**? ▶ Do you know **how bad that could've gone**?

4. 내가 누군지 **알아**? ▶

5. 그가 어느 버스를 탔는지 **알아**? ▶

6. 몇 명이 오는지 **알아**? ▶

7. 그가 수감 생활을 했다는 거 **알아**? ▶

8. 내가 이 일을 얼마나 열심히 했는지 **알아**? ▶

9. 범행이 몇 시에 일어났는지 **알아**? ▶

10. 내가 네 사건을 왜 맡으려고 하는지 **알아**? ▶

✧ 정답은 소책자 22쪽에

잠깐만요! 　　**1** mean 의미하다 　**5** take a bus 버스를 타다 　**7** spend time in prison 수감 생활을 하다

115

087.mp3

혹시 ~ 알아?

# Do you happen to know...?

'~을 아니?'라고 직접적으로 묻기보다는 '혹시 ~을 아니?'라고 조심스럽게 묻고 싶다면 이 표현을 사용하면 돼요. happen to는 '~한 일이 생기다, 우연히 ~하다'라는 뜻이지만, 의문문에 쓰이면 '혹시 ~'라는 뜻이 됩니다.

| | |
|---|---|
| **A** What can you tell us about her? | **A** 그녀에 대해 말씀해 주실 게 있나요? |
| **B** Leia's group left four days ago, but she wanted to stay a little longer to do some sightseeing. | **B** 레이아의 그룹은 나흘 전에 떠났지만 그녀는 좀 더 머물면서 관광을 하고 싶어 했지. |
| **A** I see. **Do you happen to know** where she went? | **A** 그렇군요. **혹시 그녀가 어디로 갔는지 아세요?** |
| **B** She didn't say. | **B** 말해 주지 않았다네. |

〈Hawaii Five-O〉 중에서

1. 혹시 어쩌다 그가 그런 상처를 입었는지 **알아?**
▶ Do you happen to know **how he acquired that wound**?

2. 혹시 그가 나한테도 그 수법을 쓴 적이 있는지 **알아?**
▶ Do you happen to know **if he has used that trick on me**?

3. 혹시 그 당시에 네가 완전 밥맛이었다는 거 **알아?**
▶ Do you happen to know **you were a massive bitch back then**?

4. 혹시 좋은 변호사 **알아?**
▶

5. 혹시 어디서 그녀를 찾을 수 있는지 **알아?**
▶

6. 혹시 그들이 뭘 먹고 있었는지 **알아?**
▶

7. 혹시 우리 모두가 얼마나 너한테 의지하고 있는지 **알아?**
▶

8. 혹시 그 둘 사이에 무슨 일이 있었는지 **알아?**
▶

9. 혹시 내가 네 음악의 엄청난 팬이라는 거 **알아?**
▶

10. 혹시 근처에 한국 식료품점이 있는지 없는지 **알아?**
▶

✧ 정답은 소책자 22쪽에

잠깐만요!

1 acquire 얻다, wound 상처   2 trick 속임수, 수법   3 massive 거대한, bitch 못된 년   7 rely on sb/sth ~에(게) 의지하다
9 huge 엄청난, 아주 큰, fan 팬   10 grocery 식료품점, nearby 근처에

116

난 무엇을/왜/누가/어디에 ～ 알아.

🎧 088.mp3

# I know what/why/who/where....

내가 알고 있는 것을 말할 때는 I know....라고 하면 되는데요. 무슨 일이 일어났는지 안다면 what을, 왜 일어났는지 그 이유를 안다면 why를, 누가 그랬는지 안다면 who를, 어디에서 일어났는지 안다면 where를 사용해서 말하면 됩니다.

| | |
|---|---|
| A How long have you lived here? | A 여기서 얼마나 사신 거예요? |
| B Since 1950. I've never left this island since then. | B 1950년부터야. 그때 이후로 이 섬을 떠난 적이 없어. |
| A Oh, dude. You gotta go to Oahu. **I know where** all the great foods are. | A 아, 아저씨. 오아후에는 꼭 한 번 가 보세요. **전** 최고로 맛난 음식이 **어디에** 다 있는지 **알아요.** |
| B Good for you. | B 자네한텐 잘된 일이군. |

〈Hawaii Five-O〉 중에서

1. 난 네가 **무엇을** 하려고 하는지 **알아.**
   ▶ I know what you're trying to do.

2. 난 **누가** 우리를 밀고했는지 **알아.**
   ▶ I know who blew the whistle on us.

3. 난 그가 **왜** 음식을 훔치고 있었는지 **알아.**
   ▶ I know why he was stealing the food.

4. 난 그 남자가 **누구**인지 **알아.**
   ▶ _____

5. 난 **누가** 그것을 막았는지 **알아.**
   ▶ _____

6. 난 그들이 그것을 **어디에** 숨겼는지 **알아.**
   ▶ _____

7. 난 너한테 **왜** 데이트 상대가 안 생기는지 **알아.**
   ▶ _____

8. 난 그들이 **어디에서** 시체를 처리했는지 **알아.**
   ▶ _____

9. 난 그 체포 건으로 네가 **얼마나** 힘든 시간을 보냈는지 **알아.**
   ▶ _____

10. 난 네가 **어디에** 있었고, 또 **어디로** 갈 건지 **알아.**
    ▶ _____

✧ 정답은 소책자 22쪽에

잠깐만요!

2 blow the whistle on sb ～을 (경찰, 정부 등에) 밀고하다   4 guy 사람, 남자, 녀석   5 prevent 막다
8 dispose of sth ～을 처리하다, 없애다

117

난 ~을 계속 알고 있었어.

# I've known....

089

예전부터 알고 있었던 일이 있다면 I've known (that)....을 사용하여 말하면 됩니다. 예전부터 지금까지 알고 지낸 사람이 있다면 I've known 뒤에 사람을 가리키는 말이나 이름을 넣어 말하면 되고요.

| | |
|---|---|
| **A** I want to know why you're hesitating. | **A** 전 왜 선생님이 망설이고 계신지 알고 싶어요. |
| **B** Honestly, I'm not sure Meghan can stay sober. | **B** 솔직히 난 메간이 술을 안 마시고 견딜 수 있을지 확신을 못하겠네. |
| **A** **I've known** Meghan and her daughter Bria for months now. She deserves to get a new heart. | **A** **전** 지금까지 몇 달간 메간과 딸 브리아**를 알고 지냈어요.** 그녀는 새 심장을 받을 자격이 있어요. |
| **B** Dr. Rhodes, the clearance process is unforgiving. Now, I'd thank you to let me do my job. | **B** 로즈 선생, 이식 대기자 선별 과정은 가차 없네. 이제 내가 내 일을 하게 해 주면 고맙겠네. |

〈Chicago Med〉 중에서     *sober 술을 마시지 않고 맨 정신인 | clearance process 이식 대기자 선별 작업 | unforgiving 가차 없는

1. 난 너를 수년간 **알고 지냈어.** ▶ **I've known** you for many years.

2. 난 네가 타고난 여배우라는 걸 **계속 알고 있었어.** ▶ **I've known** that you're a born actress.

3. 난 네가 이 일과 아무 관계가 없다는 걸 **계속 알고 있었어.** ▶ **I've known** that you have nothing to do with this.

4. 난 네가 나를 사랑한다는 걸 내내 **알고 있었어.** ▶

5. 난 네가 내 청구서 요금을 내 주고 있다는 걸 **계속 알고 있었어.** ▶

6. 난 이곳에 문제가 있다는 걸 **계속 알고 있었어.** ▶

7. 난 그것이 그런 식으로 작동하지 않는다는 걸 **계속 알고 있었어.** ▶

8. 난 네가 어리석은 짓을 할 거라는 걸 **계속 알고 있었어.** ▶

9. 난 그가 그 일에 적임자라는 걸 **계속 알고 있었어.** ▶

10. 난 너와 이성 관계가 된다는 것은 불가능하다는 걸 **계속 알고 있었어.** ▶

✧ 정답은 소책자 22쪽에

2 born 타고난, actress 여배우   3 have nothing to do with sb/sth ~와 아무 관계가 없다   5 bill 청구서
8 stupid 어리석은   9 the right person 적임자   10 relationship 이성 관계

내가 아는 건 ~라는 것뿐이야.

# All I know is that....

 090.mp3

드라마를 보다 보면, 아는 것을 다 털어놓으라고 강요받을 때 '내가 아는 건 ~뿐이야.'라고 말하는 경우가 많은데요. 이때 나오는 패턴이 All I know is that....입니다.

| | |
|---|---|
| A Move your desk back, Jim. | A 짐, 네 책상을 원래 있던 자리에 옮겨 놔. |
| B Why? I kind of like it where it is, Dwight. | B 왜? 여기 있으니까 좋은데, 드와이트. |
| A **All I know is that** there isn't room for both of us. | A **내가 아는 건** 우리 둘이 쓸 공간이 없다**는 것뿐이야.** |
| B Sure there is, you could always sit on my lap, Dwight. | B 물론 있다마다. 넌 언제고 내 허벅지에 앉으면 되잖아. 드와이트. |

〈The Office〉 중에서

*lap 허벅지

---

1. 내가 아는 건 우리가 시간과의 싸움에 봉착했다는 것뿐이야.

   ▶ All I know is that **we're up against the clock.**

2. 내가 아는 건 아무것도 그것을 바꾸지 못하리라는 것뿐이야.

   ▶ All I know is that **nothing's gonna change that.**

3. 내가 아는 건 모든 일에는 좋은 일도 있고 나쁜 일도 있다는 것뿐이야.

   ▶ All I know is that **every job has its ups and downs.**

4. 내가 아는 건 변경하기에는 너무 늦었다는 것뿐이야.

   ▶ _____

5. 내가 아는 건 내가 없으면 팀이 질 거라는 것뿐이야.

   ▶ _____

6. 내가 아는 건 내가 이것에 동의하지 말았어야 했다는 것뿐이야.

   ▶ _____

7. 내가 아는 건 이것이 아주 빠르게 악화될 수도 있었다는 것뿐이야.

   ▶ _____

8. 내가 아는 건 내가 절대로 그 전화를 받으면 안 됐다는 것뿐이야.

   ▶ _____

9. 내가 아는 건 모두가 최고의 순간만을 포스팅 한다는 것뿐이야.

   ▶ _____

10. 내가 아는 건 그 둘 사이에 심한 말들이 오갔다는 것뿐이야.

    ▶ _____

✦ 정답은 소책자 23쪽에

**잠깐만요!** 1 up against the clock 시간과의 싸움에 봉착한  3 ups and downs 굴곡  9 greatest hit 최고로 히트 친 일
10 exchange 오가다, 교환하다

119

그가 내게 ~ 알려 줬어.

# He let me know....

🎧 091.mp3

제3자가 나한테 내가 몰랐던 어떤 사실을 알려 주었다고 말할 때는 He/She let me know....라고 하면 됩니다. let me know는 '내게 ~을 알려 주다'라는 뜻으로 아주 유용하게 사용되는 표현이니 잘 알아두세요.

| | | | |
|---|---|---|---|
| A | Did Will bring you home last night? | A | 윌이 어젯밤에 집에 데려다 준 거야? |
| B | Yes, thank God. I drank way too much. | B | 응, 다행이야. 내가 너무 많이 마셨거든. |
| A | Good old, dependable Will. | A | 언제나 믿음직한 윌이네. |
| B | He was a godsend. **He let me know** I was out of control. | B | 윌은 하늘이 준 선물이지. 내가 통제 불능이었다고 **알려 주더라.** |

〈Will and Grace〉 중에서     *good old 애용하는 | dependable 믿음직한 | godsend 하늘이 준 선물 | out of control 통제 불능의

---

**1.** 그가 내게 그건 내 잘못이 아니었다고 **알려 줬어.**

▶ He let me know **it was not on me.**

**2.** 그가 내게 그것이 진퇴양난이었다고 **알려 줬어.**

▶ He let me know **it was a catch-22.**

**3.** 그가 내게 그녀가 제대로 보살핌을 받고 있다고 **알려 줬어.**

▶ He let me know **she was in good hands.**

**4.** 그가 내게 그 일은 가망이 없다고 **알려 줬어.**

▶

**5.** 그가 내게 그건 공짜가 아니었다고 **알려 줬어.**

▶

**6.** 그가 내게 그건 접촉 사고였다고 **알려 줬어.**

▶

**7.** 그가 내게 모두가 나를 싫어하는 이유를 **알려 줬어.**

▶

**8.** 그가 내게 그녀는 식이 장애가 있다고 **알려 줬어.**

▶

**9.** 그가 내게 그들이 시스템을 해킹했다고 **알려 줬어.**

▶

**10.** 그가 내게 그것이 보기만큼 나쁘지는 않았다고 **알려 줬어.**

▶

✦ 정답은 소책자 23쪽에

잠깐만요!

2 catch-22 진퇴양난, 막다른 길   3 in good hands 제대로 보살핌을 받아   4 hopeless 가망 없는
5 free ride 무임승차, 불로소득   6 fender bender 차량 접촉 사고   8 eating disorder 식이 장애   9 hack into sth ~을 해킹하다

120

# Unit 09

음성 강의 및 예문 듣기

# tell

tell 동사는 주로 '말하다'라는 뜻으로 쓰이지만, Pattern 099와 100처럼 '알다'라는 뜻으로도 사용돼요. 이번 unit에서는 두 가지 뜻으로 사용되는 tell의 활용 패턴을 배울 거예요.

~을 말해 줘.

# Tell me....

092.mp3

나는 모르지만 상대방은 알고 있는 사실이 있다면, 알려 달라고 하고 싶겠죠? 그럴 때는 이 패턴을 쓰면 됩니다. 거의 모든 미드 에피소드에서 빠지지 않고 나오는 표현이니까 귀를 쫑긋 세우고 들어 보세요.

| | | | |
|---|---|---|---|
| A | George, I have a favor to ask of you. **Tell me** about our first date again. | A | 조지, 부탁이 하나 있어요. 우리의 첫 번째 데이트 얘기를 다시 **해 줘요.** |
| B | I don't remember our first date. | B | 난 첫 번째 데이트가 생각이 안 나. |
| A | Men. We went to Astoria for a movie. | A | 남자들이란. 영화 보러 아스토리아에 갔잖아요. |
| B | What movie did we see? | B | 우리가 무슨 영화를 봤더라? |

〈Code Black〉 중에서

1. 왜 그렇게 한 건지 **말해 줘.**
▶ **Tell me** why you did it.

2. 연기에 대해 **말해 줘.**
▶ **Tell me** about the smoke.

3. 제시카에 대해 네가 기억하는 것을 한 가지만 **말해 줘.**
▶ **Tell me** one thing about Jessica that you remember.

4. 어떻게 그렇게 한 건지 **말해 줘.**
▶

5. 무슨 일이 일어나고 있는 건지 **말해 줘.**
▶

6. 내가 듣고 싶어 하는 **말을 해 줘.**
▶

7. 너의 아침 시간에 대해 **말해 줘.**
▶

8. 무슨 생각을 하고 있는 건지 **말해 줘.**
▶

9. 그녀를 어디에 숨기고 있는 건지 **말해 줘.**
▶

10. 주말을 어떻게 보내는지 **말해 줘.**
▶

✤ 정답은 소책자 23쪽에

잠깐만요!    **2 smoke** 연기

도대체 왜 ~?

# Tell me again why...?

 093.mp3

직역하면 '왜 (~인지) 나한테 다시 말해 줘.'라는 뜻인데요. 이 패턴은 이해되지 않는 일에 대해서 '도대체 왜 ~?'라고 이유를 물을 때 사용할 수 있습니다.

| | |
|---|---|
| A Niki, you have to get this car off of me. | A 니키, 네가 이 자동차를 나한테서 치워 줘야 해. |
| B After you tried to run me down? I don't think so. | B 네가 나를 차로 들이받으려고 했는데도? 난 그래야 한다고 생각 안 하는데. |
| A But you're the only one who can lift it. | A 하지만 그걸 들어 올릴 수 있는 사람은 너뿐이잖아. |
| B **Tell me again why** I should help you? | B **도대체 왜** 내가 널 도와줘야 하는데? |

〈Heroes〉 중에서

*get sth off ~을 치우다 | run sb/sth down ~을 들이받다 | lift 들어 올리다

1. 도대체 왜 내가 그 싸움을 말려야 하는데? ▶ Tell me again why **I should stop the fight**?

2. 도대체 왜 어린애처럼 굴고 있었던 건데? ▶ Tell me again why **you were being a child**?

3. 도대체 왜 벤은 그녀를 계속 괴롭히는 건데? ▶ Tell me again why **Ben constantly bullies her**?

4. 도대체 왜 내가 여기 묵어야 하는 건데? ▶

5. 도대체 왜 이것이 네게 중요한 건데? ▶

6. 도대체 왜 네가 나보다 먼저 여기 도착한 건데? ▶

7. 도대체 왜 그가 파티에 안 오려고 하는 건데? ▶

8. 도대체 왜 그들이 내 초대를 거절한 건데? ▶

9. 도대체 왜 그녀는 그 이메일 계정을 삭제한 건데? ▶

10. 도대체 왜 네가 범죄 현장에 있었던 건데? ▶

✦ 정답은 소책자 23쪽에

잠깐만요! 　3 constantly 계속, bully 괴롭히다　8 turn sth down ~을 거절하다, invitation 초대

**094**

설마 ~라는 건 아니지?

# Don't tell me....

 094.mp3

글자 그대로 보면 '나에게 (~라고) 말하지 마.'라는 뜻의 이 패턴은 '설마 ~은 아니지?'라는 우리말에 딱 맞는 표현입니다. 있을 수 없다고 생각되는 일이나 일어나지 않았으면 하고 바라는 일을 상대방이 말하려고 할 때 지레 겁먹거나 걱정하면서 사용할 수 있는 말이죠.

| | |
|---|---|
| A | Lily, I just went down to view the body, and you're not going to believe this. |
| B | **Don't tell me** it's missing. |
| A | Uh huh. Who would steal a midget's dead body? |
| B | I think I know. |

| | |
|---|---|
| A | 릴리, 내가 방금 시체를 보러 내려왔는데, 넌 이 얘기를 믿지 못할 거야. |
| B | **설마 시체가 없어졌다**는 건 아니죠? |
| A | 그게, 그렇게 됐어. 누가 난쟁이의 시체를 훔치려고 할까? |
| B | 전 알 것 같아요. |

〈Crossing Jordan〉 중에서

＊view 보다 | missing 없어진, 사라진 | midget 난쟁이

---

1. **설마** 그녀를 만나지 못했**다는 건 아니지?** ▶ Don't tell me **you didn't see her.**

2. **설마** 그것에 대해 보도 금지령이 있다**는 건 아니지?** ▶ Don't tell me **there's a gag order on that.**

3. **설마** 약이 더 이상 안 듣고 있다**는 건 아니지?** ▶ Don't tell me **the medication isn't working anymore.**

4. **설마** 내가 세 쌍둥이를 낳을 거**라는 건 아니지?** ▶ _____

5. **설마** 그에게 보험이 없다**는 건 아니지?** ▶ _____

6. **설마** 입장권을 못 구했다**는 건 아니지?** ▶ _____

7. **설마** 우리가 이 집값을 감당할 수 없다**는 건 아니지?** ▶ _____

8. **설마** 사형 제도가 있어야 한다**는 건 아니지?** ▶ _____

9. **설마** 야구 경기를 한 번도 본 적이 없다**는 건 아니지?** ▶ _____

10. **설마** 그들이 위탁 가정으로 보내질 거**라는 건 아니지?** ▶ _____

✧ 정답은 소책자 24쪽에

 잠깐만요!

**2** gag order 보도 금지령  **3** medication 약, 약물  **4** triplet 세 쌍둥이  **5** insurance 보험  **8** death penalty 사형 제도
**10** foster home 위탁 가정

124

095

그러니까 ~라는 거야?

# You're telling me...?

 095.mp3

이 패턴은 상대방이 한 말의 진의를 알기 위해 상대방에게 다시 그 말을 되물을 때 사용합니다. 상대방이 말도 안 되는 소리를 하거나 꺼내기 힘든 말을 빙빙 돌려서 말하고 있을 때도 이 패턴을 사용할 수 있어요.

| | | | |
|---|---|---|---|
| **A** | Unfortunately, your wife is brain dead. I'm very sorry. | **A** | 안타깝게도 아내분은 뇌사 상태입니다. 정말 유감입니다. |
| **B** | **You're telling me** she's dead? | **B** | **그러니까** 제 아내가 사망했다**는 건가요?** |
| **A** | I know this must be a terrible shock for you. | **A** | 이번 일이 분명 아주 충격적이실 거라는 건 압니다. |
| **B** | She was fine this morning. She was just walking to the mailbox. I don't get it. | **B** | 오늘 아침에는 멀쩡했어요. 우편함으로 걸어가고 있었을 뿐인데요. 이해가 안 되네요. |

〈Chicago Med〉 중에서

＊shock 충격 | mailbox 우편함

1. 그러니까 내가 여기에서 최고**라는 거야?** ▶ You're telling me **I'm the best here**?

2. 그러니까 네가 전체 보고서를 원한다**는 거야?** ▶ You're telling me **you want the full report**?

3. 그러니까 그에게 아무 일도 안 일어날 거**라는 거야?** ▶ You're telling me **nothing is gonna happen to him**?

4. 그러니까 지금은 내가 그렇게 할 수 없다**는 거야?** ▶

5. 그러니까 그가 농장을 팔 거**라는 거야?** ▶

6. 그러니까 그녀가 증언을 할 거**라는 거야?** ▶

7. 그러니까 내가 그에게 말할 필요가 없다**는 거야?** ▶

8. 그러니까 기소하지 않겠다**는 거야?** ▶

9. 그러니까 그가 헤더를 위해 정의가 실현되기를 원한다**는 거야?** ▶

10. 그러니까 우리한테 그 고객들의 목록이 필요하다**는 거야?** ▶

✦ 정답은 소책자 24쪽에

 잠깐만요! 2 full 완전한, 전부의 5 farm 농장 6 testify 증언하다 8 press charges 기소하다 9 justice 정의 10 client 고객

125

왜 ~ 말 안 했어?

# Why didn't you tell...?

상대방에게 곤란한 일이 생긴 것을 뒤늦게 알게 되었을 때 이 패턴을 사용할 수 있는데요. '왜 진작 ~ 말하지 않았어?'라는 의미로, 때로는 안타까움이나 섭섭한 감정을, 때로는 답답한 감정을, 때로는 화가 난 심정을 나타낼 수 있습니다.

| | |
|---|---|
| A Carlos found my birth control pills in my purse. | A 카를로스가 내 핸드백에 있는 피임약을 발견했어. |
| B I thought you were trying to have a baby. | B 난 네가 아기를 가지려고 노력하는 줄 알았는데. |
| A No, he's trying to have a baby. I'm not ready. | A 아니야. 아기 가지려고 노력하는 건 그이야. 난 준비가 안 됐어. |
| B **Why didn't you tell** him you were on the pill? | B **왜** 그에게 피임약 먹고 있다고 **말 안 했어?** |

〈Desperate Housewives〉 중에서

＊birth control pill 피임약 | purse 핸드백

---

1. 왜 그에게 아프다고 **말 안 했어?**
   ▶ Why didn't you tell **him you're sick?**

2. 왜 그녀에게 네가 불임이라고 **말 안 했어?**
   ▶ Why didn't you tell **her you're sterile?**

3. 왜 우리에게 그녀가 새우에 알레르기가 있다고 **말 안 했어?**
   ▶ Why didn't you tell **us she's allergic to shrimp?**

4. 왜 우리에게 네가 레즈비언이라고 **말 안 했어?**
   ▶

5. 왜 그에게 네가 그의 아버지라고 **말 안 했어?**
   ▶

6. 왜 우리에게 그들이 파산했다고 **말 안 했어?**
   ▶

7. 왜 나한테 그들이 개를 무서워한다고 **말 안 했어?**
   ▶

8. 왜 우리에게 결혼식이 취소됐다고 **말 안 했어?**
   ▶

9. 왜 그에게 네가 이사 오지 않기로 결정했다고 **말 안 했어?**
   ▶

10. 왜 나한테 너희가 3년간 서로 말을 안 하고 지냈다고 **말 안 했어?**
    ▶

✧ 정답은 소책자 24쪽에

---

잠깐만요!

2 sterile 불임의   3 allergic to sth ~에 알레르기가 있는, shrimp 새우   4 lesbian 레즈비언, 여성 동성애자
6 go bankrupt 파산하다

어디에 ~ 말해 줄래?

 097.mp3

# Could you tell me where...?

Could you tell me...?는 '제게 (~을) 말씀해 주시겠어요?'라는 뜻으로 모르거나 궁금한 것이 있을 때 정중하게 사용할 수 있는 패턴인데요. Could you tell me where...?라고 하면 위치나 장소를 물을 때 쓰는 패턴이 됩니다.

| | |
|---|---|
| **A** Meet me in the parking ramp, Kramer. | **A** 주차장 출입구에서 만나, 크라머. |
| **B** Okay. **Could you tell me where** we parked the car? | **B** 알았어. 우리가 차를 **어디에** 주차했는지 **말해 주겠어?** |
| **A** I think on level 4, no level 6, no I guess I can't tell you. | **A** 4층인 것 같은데, 아니 6층인가, 모르겠어. |
| **B** Would Elaine know? | **B** 일레인은 알려나? |

〈Seinfeld〉 중에서                                                    *parking ramp 주차장 출입구

**1.** 그 가방이 **어디에** 있는지 **말해 줄래?** ▶ Could you tell me where **the bag is**?

**2.** 우리가 **어디로** 가고 있는 건지 **말해 줄래?** ▶ Could you tell me where **we're going**?

**3.** 넌 **어디에서** 결혼하고 싶은지 **말해 줄래?** ▶ Could you tell me where **you want to get married**?

**4.** 그들이 **어디에** 사는지 **말해 줄래?** ▶ _____

**5.** 화장실이 **어디에** 있는지 **말해 줄래?** ▶ _____

**6.** 네가 **어디** 출신인지 **말해 줄래?** ▶ _____

**7.** **어디에서** 그 스카프를 샀는지 **말해 줄래?** ▶ _____

**8.** 그 돈을 **어디에** 숨겼는지 **말해 줄래?** ▶ _____

**9.** 어젯밤에 **어디에** 있었는지 **말해 줄래?** ▶ _____

**10.** 가장 가까운 지하철역이 **어디에** 있는지 **말해 줄래?** ▶ _____

✧ 정답은 소책자 24쪽에

잠깐만요!    **5** restroom 화장실  **6** come from ~ 출신이다  **7** scarf 스카프, 목도리  **10** subway station 지하철역

말도 못하게 ~.

# I can't tell you how....

🎧 098.mp3

이 패턴에서는 how 뒤에 형용사가 나와야 하는데요. 직역하면 '난 네게 어떻게 (~인지) 말할 수가 없다.'라는 뜻이 되지만, 우리말로는 '말도 못하게 (~이다).'라고 해야 자연스러운 뜻이 됩니다.

| | | | | |
|---|---|---|---|---|
| A | This is the man that saved your life. | | A | 이분이 널 살려 주신 분이야. |
| B | Hey, Free. How are you feeling? | | B | 안녕, 프리. 기분은 어떠니? |
| C | I'm good. Thank you, Doctor. | | C | 괜찮아요. 고맙습니다, 선생님. |
| B | **I can't tell you how** nice it is to hear your voice. | | B | 네 목소리를 직접 들으니 **말도 못하게** 좋구나. |

〈Pure Genius〉 중에서

1. **말도 못하게** 행복해.
   ▶ I can't tell you how **happy I am.**

2. **말도 못하게** 상황이 안 좋아.
   ▶ I can't tell you how **bad things are.**

3. 그건 내게 **말도 못할 정도로** 의미가 있어.
   ▶ I can't tell you how **much that means to me.**

4. **말도 못하게** 미안해.
   ▶ _____

5. 우리는 **말도 못하게** 감사해하고 있어.
   ▶ _____

6. 주스가 **말도 못하게** 달아.
   ▶ _____

7. 기분이 **말도 못하게** 좋아.
   ▶ _____

8. 그가 **말도 못하게** 날 짜증 나게 해.
   ▶ _____

9. 그 테마 파크는 **말도 못하게** 커.
   ▶ _____

10. 도로에 차가 **말도 못하게** 많아.
    ▶ _____

✧ 정답은 소책자 25쪽에

잠깐만요! **5** grateful 감사하는 **6** sweet 단, 달콤한 **8** irritate 짜증 나게 하다 **9** theme park 테마 파크 **10** road 도로

# 099

~ 때면 난 항상 알 수 있어.

# I can always tell when....

tell은 '말하다'라는 뜻으로 알고 있겠지만, '알다, 이해하다'라는 뜻도 있어요. 이 패턴에서는 tell이 후자의 뜻으로 쓰였는데요. '~할 때면 난 항상 알 수 있어.'라는 의미입니다.

| | |
|---|---|
| A **I can always tell when** Meredith is around. | A 메러디스가 근처에 있을 **때면 난 항상 알 수 있어.** |
| B Why? | B 어째서? |
| A Because the residents are edgy, and the men are showing off. | A 레지던트들은 신경이 곤두서고 남자들은 잘난 척을 하거든. |
| B She does have a certain power, doesn't she? | B 그녀한테는 어떤 힘 같은 게 정말 있다니까, 안 그래? |

〈Grey's Anatomy〉 중에서

＊edgy 신경이 곤두선 | show off 뽐내다

1. 그가 허풍을 떨고 있을 **때면 난 항상 알 수 있어.**
   ▶ I can always tell when **he's bluffing.**

2. 그녀가 사랑에 빠져 있을 **때면 난 항상 알 수 있어.**
   ▶ I can always tell when **she's in love.**

3. 네가 말이 많아지는 기분이 될 **때면 난 항상 알 수 있어.**
   ▶ I can always tell when **you're in a talkative mood.**

4. 그가 나한테 화가 났을 **때면 난 항상 알 수 있어.**
   ▶

5. 그녀가 안절부절못하게 될 **때면 난 항상 알 수 있어.**
   ▶

6. 그가 뭘 숨기고 있을 **때면 난 항상 알 수 있어.**
   ▶

7. 네가 눈을 굴리고 있을 **때면 난 항상 알 수 있어.**
   ▶

8. 상사가 기분이 안 좋을 **때면 난 항상 알 수 있어.**
   ▶

9. 네가 숨을 가쁘게 쉬기 시작할 **때면 난 항상 알 수 있어.**
   ▶

10. 네가 나랑 눈을 안 맞추려고 할 **때면 난 항상 알 수 있어.**
    ▶

✧ 정답은 소책자 25쪽에

잠깐만요!

1 bluff 허풍을 떨다  2 in love 사랑에 빠진  3 talkative 말이 많은, mood 기분, 분위기  5 restless 안절부절못하는
7 roll 굴리다  8 displeased 기분이 안 좋은  9 breathe heavily 숨을 가쁘게 쉬다  10 avoid 피하다,
make eye contact with sb ~와 눈을 맞추다

## 100

보니까 ~라는 걸 알겠더라.

# I could tell by looking that....

'보니까 ~임을 딱 알겠던데.'라는 뉘앙스의 영어 표현을 말하고 싶을 때는 이 패턴을 쓰면 됩니다. 이 패턴에서도 tell은 '말하다'가 아니라 '알다, 이해하다'라는 뜻으로 쓰였어요.

| | | | |
|---|---|---|---|
| A | Did you meet the girls downtown for drinks last night? | A | 어젯밤에 그 여자애들을 만나 시내에서 술 마셨어? |
| B | I didn't. I stopped by the club but came right out again. | B | 아니. 클럽에 들르긴 했는데, 바로 다시 나와 버렸어. |
| A | Why didn't you stay? | A | 왜 안 있었는데? |
| B | **I could tell by looking that** the bar was packed. | B | **보니까** 바가 만원**인 걸 알겠더라고.** |

〈Sex and the City〉 중에서                    *downtown 시내에서 | stop by sth ~에 들르다 | packed 꽉 찬

---

1. 보니까 그녀가 너한테 반해 있다는 걸 알겠더라.
   ▶ I could tell by looking that **she's into you.**

2. 보니까 시간문제였다는 걸 알겠더라.
   ▶ I could tell by looking that **it was a matter of time.**

3. 보니까 그가 항상 제멋대로 해 왔다는 걸 알겠더라.
   ▶ I could tell by looking that **he's always had his own way.**

4. 보니까 그들이 자매라는 걸 알겠더라.
   ▶ _____

5. 보니까 우리가 그를 말릴 수 없었을 거라는 걸 알겠더라.
   ▶ _____

6. 보니까 그가 유능한 외과의라는 걸 알겠더라.
   ▶ _____

7. 보니까 그녀의 부모가 자부심이 있었다는 걸 알겠더라.
   ▶ _____

8. 보니까 그녀가 매우 냉소적인 사람이라는 걸 알겠더라.
   ▶ _____

9. 보니까 그가 스포츠에 관심이 없다는 걸 알겠더라.
   ▶ _____

10. 보니까 그곳에 있는 모두가 업계 최고였다는 걸 알겠더라.
    ▶ _____

✧ 정답은 소책자 25쪽에

잠깐만요!

2 matter 문제   3 have one's own way 제멋대로 하다   6 skilled 유능한, surgeon 외과의   8 cynical 냉소적인
9 have no interest in sb/sth ~에(게) 관심이 없다   10 field 업계

~하라고 들었어.

# I was told to....

🎧 101.mp3

누군가로부터 지시를 받아서 그대로 일을 처리하고 있는데, 다른 누군가가 딴지를 걸었다면? 이때는 '~라는 지시를 받았어.', '~하라고 들었어.'라는 말로 내 행위를 정당화시켜야겠죠? 이럴 때 사용하는 패턴입니다.

| | |
|---|---|
| A  Dr. Cameron, I feel dizzy. | A  카메론 선생님. 어지러운데요. |
| B  How many pain pills did you take today? | B  오늘 진통제를 몇 알이나 드셨어요? |
| A  **I was told to** take one of these pills twice a day. | A  하루에 두 번 이 진통제를 한 알씩 먹으**라고 들었는데요.** |
| B  Let's cut back to one a day. | B  하루에 한 알로 줄입시다. |

〈House〉 중에서

\*pain pill 진통제 | cut back to sth ~으로 줄이다

1. 그것을 작동시키**라고 들었어.**
   ▶ I was told to **make it work.**

2. 그에게서 떨어져 있으**라고 들었어.**
   ▶ I was told to **keep away from him.**

3. 그녀를 외면하지 말**라고 들었어.**
   ▶ I was told **not** to **turn my back on her.**

4. 무서워하지 말**라고 들었어.**
   ▶ _____

5. 그곳에 일찍 도착하**라고 들었어.**
   ▶ _____

6. 중국어를 배우**라고 들었어.**
   ▶ _____

7. 내 사생활을 지키**라고 들었어.**
   ▶ _____

8. 그녀에게 이래라저래라 하지 말**라고 들었어.**
   ▶ _____

9. 그것을 과소평가하지 말**라고 들었어.**
   ▶ _____

10. 그들의 땅에 무단 침입하지 말**라고 들었어.**
    ▶ _____

✧ 정답은 소책자 25쪽에

잠깐만요!

2 keep away from sb/sth ~에(게)서 떨어져 있다  3 turn one's back on sb ~을 외면하다  6 Mandarin 표준 중국어
9 underestimate 과소평가하다  10 trespass 무단 침입하다

내가 말했잖아, ~하라고.

# I told you to....

102.mp3

내가 어떻게 하라고 알려 줬는데도 상대방이 그 말을 귀담아 듣지 않고 일을 그르쳤을 때는 '내가 ~하라고 했잖아.'라고 힐난하게 되는데요. 이때 는 이 패턴을 사용하면 됩니다.

| | |
|---|---|
| **A** Your contempt charge has really damaged the case. | **A** 네가 받은 법정 모독 혐의로 사건에 치명적인 손상을 입었어. |
| **B** But that lawyer was backing me into a corner. | **B** 하지만 그 변호사가 날 궁지로 몰고 있었단 말이야. |
| **A** **I told you to** calm down. You knew she would do that. | **A** **내가 말했잖아**, 진정**하라고**. 그 여자가 그렇게 할 거라는 건 알고 있었잖아. |
| **B** I didn't know she would get so personal. | **B** 그 여자가 그렇게 심하게 인신공격을 할 줄은 몰랐지. |

〈Law & Order: SVU〉 중에서　　*contempt charge 법정 모독 혐의 | back sb into a corner ~을 궁지로 몰다 | get personal 인신공격을 하다

1. 내가 말했잖아, 믿음을 가지**라고**. ▶ I told you to **have faith.**

2. 내가 말했잖아, 그걸 비밀로 간직**하라고**. ▶ I told you to **keep it to yourself.**

3. 내가 말했잖아, 절대 약속을 어기지 말라고. ▶ I told you to **never go back on your word.**

4. 내가 말했잖아, 빨리 움직이**라고**. ▶ _____

5. 내가 말했잖아, 위층으로 올라가**라고**. ▶ _____

6. 내가 말했잖아, 그를 살려 내**라고**. ▶ _____

7. 내가 말했잖아, 그의 정액 샘플을 가져오**라고**. ▶ _____

8. 내가 말했잖아, 그에게 저녁 먹으러 우리 집에 오라고 **하라고**. ▶ _____

9. 내가 말했잖아, 절대 그날 일을 다시는 얘기하지 말**라고**. ▶ _____

10. 내가 말했잖아, 그것에 맞서 싸우는 것을 포기하지 말**라고**. ▶ _____

✧ 정답은 소책자 26쪽에

잠깐만요!

1 faith 믿음　**2** keep sth to oneself ~을 비밀로 간직하다　**3** go back on one's word 약속을 어기다　**4** fast 빨리
**5** upstairs 위층으로　**6** bring sb back to life ~을 되살리다　**8** invite sb over ~을 집으로 초대하다

**103**

그가 나한테 ~하라고 했어.

# He told me to....

 103.mp3

이 패턴은 내게 일을 지시한 사람이 누구이며 그 지시 사항이 무엇인지를 밝힐 때 사용합니다. 내게 일을 지시한 사람이 Jane이라면 Jane told me to....와 같이 이름을 넣어 말하면 되고요. 이름 대신 그 사람의 신분이나 직책을 나타내는 말을 넣어 말할 수도 있죠.

| | |
|---|---|
| A Once I'm inside the prison, I can help my brother escape. | A 일단 내가 교도소 안에 있으면 형이 탈옥하는 걸 도와줄 수 있어. |
| B Does he know you're planning armed robbery to get in? | B 네가 교도소에 가려고 무장 강도를 계획 중이라는 걸 네 형도 알아? |
| A Yeah. **He told me to** stay out of it. | A 응. **형은 나한테** 그 일에 상관하지 **말라고 했어.** |
| B I guess this means you're going ahead anyway. | B 이 말은 어쨌든 넌 밀고 나가겠다는 말이구나. |

〈Prison Break〉 중에서          *armed robbery 무장 강도 | stay out of sth ~에 상관하지 않다 | go ahead 밀고 나가다

1. 그가 **나한테** 그녀의 수갑을 풀어 주**라고 했어.**
   ▶ He told me to **uncuff her.**

2. 그가 **나한테** 용기를 잃지 말**라고 했어.**
   ▶ He told me to **keep my chin up.**

3. 그가 **나한테** 자신에 대해서는 걱정하지 말**라고 했어.**
   ▶ He told me to **stop worrying about him.**

4. 그가 **나한테** 약을 하지 말고 깨끗한 상태를 유지하**라고 했어.**
   ▶ _____

5. 그가 **나한테** 계속 시도해 보**라고 했어.**
   ▶ _____

6. 그가 **나한테** 자기 뒤를 봐 달**라고 했어.**
   ▶ _____

7. 그가 **나한테** 그들의 계획을 믿으**라고 했어.**
   ▶ _____

8. 그가 **나한테** 그 쟁반을 자기에게 가져오**라고 했어.**
   ▶ _____

9. 그가 **나한테** 그들을 나오게 할 방법을 찾으**라고 했어.**
   ▶ _____

10. 그가 **나한테** 수술에서 회복하는 데 집중하**라고 했어.**
    ▶ _____

✦정답은 소책자 26쪽에

 잠깐만요!     1 uncuff 수갑을 풀다  2 keep one's chin up 용기를 잃지 않다  4 stay clean 약을 하지 않고 깨끗한 상태를 유지하다
7 trust in sb/sth ~을 믿다  8 tray 쟁반  10 recover 회복하다

## 104

너한테 ~에 대해 얘기해 줬어야 했는데.

 104.mp3

# I should've told you about....

상대방에게 진작에 이야기해 주었어야 할 일을 말해 주지 않아 일을 그르쳤거나 기대했던 바나 생각대로 일이 진행되지 않았을 때, 그 일에 대한 후회의 감정을 드러내기 위해 사용하는 패턴입니다.

| | |
|---|---|
| **A** I think I can guess who did this. I've been receiving anonymous calls. | **A** 난 누가 이런 짓을 했는지 알 것 같아. 내가 그간 익명의 전화를 받고 있었거든. |
| **B** What? Why didn't you tell me this? | **B** 뭐라고? 왜 나한테 이 얘기를 안 한 거야? |
| **A** I know, **I should've told you about** the phone calls. | **A** 그러게, **너한테 그 전화 얘기를 했어야 했는데.** |
| **B** Tell me now, all the details. | **B** 지금 말해 봐, 하나도 빼지 말고 전부 다. |

〈Boston Legal〉 중에서

*anonymous 익명의 | details 세부 사항

1. 너한테 그것의 부작용에 대해 얘기해 줬어야 했는데.
   ▶ I should've told you about **its side effects.**

2. 너한테 우리 집 가풍에 대해 얘기해 줬어야 했는데.
   ▶ I should've told you about **my family tradition.**

3. 너한테 애나벨을 위해 모아 둔 예금에 대해 얘기해 줬어야 했는데.
   ▶ I should've told you about **the deposit for Anabel.**

4. 너한테 내 임무에 대해 얘기해 줬어야 했는데.
   ▶

5. 너한테 새로 온 사람에 대해 얘기해 줬어야 했는데.
   ▶

6. 너한테 내 과거사에 대해 얘기해 줬어야 했는데.
   ▶

7. 너한테 네 후임자에 대해 얘기해 줬어야 했는데.
   ▶

8. 너한테 그녀의 소비 습관에 대해 얘기해 줬어야 했는데.
   ▶

9. 너한테 그의 건강 상태에 대해 얘기해 줬어야 했는데.
   ▶

10. 너한테 너의 어머니의 진단 결과에 대해 얘기해 줬어야 했는데.
    ▶

✧ 정답은 소책자 26쪽에

잠깐만요!

1 side effect 부작용  2 family tradition 가풍  3 deposit 예금  7 replacement 후임자  8 spending habits 소비 습관
9 physical condition (신체적인) 건강 상태  10 diagnosis 진단

# Unit 10

음성 강의 및 예문 듣기

# think / seem

생각하는 바를 말할 때는 think 동사를 쓰는데요. 이번 unit에서는 think 동사를 이용한 패턴과 '~인 것 같다'라는 뜻의 seem 동사를 이용한 패턴을 살펴볼 거예요.

**105** I think I'm going to....
난 ~할 생각이야.

**106** I think we should....
우리는 ~해야 할 것 같아.

**107** I think it is time....
~ 때가 된 것 같아.

**108** I think this is hard enough....
이 일은 ~ 너무 힘든 것 같아.

**109** I think that's probably....
아마 그건 ~일 것 같아.

**110** I don't think I can....
난 ~할 수 없을 것 같아.

**111** I don't think we're gonna....
우리는 ~하지 못할 것 같아.

**112** I don't think you will....
네가 ~할 것 같지는 않아.

**113** I don't think they should....
그들이 ~해서는 안 된다고 생각해.

**114** I was thinking....
~ 생각하고 있었어.

**115** I've been thinking....
줄곧 ~ 생각하고 있었어.

**116** You think I meant to...?
내가 일부러 ~했다고 생각해?

**117** So, do you think I should...?
그래서 내가 ~해야 한다고 생각하는 거야?

**118** Don't you think it would be...?
~일 거라고 생각하지 않아?

**119** She probably thinks I....
그녀는 아마 내가 ~라고 생각할 거야.

**120** Be my guest, but I don't think it'll....
마음대로 해, 하지만 그런다고 ~일 것 같지는 않아.

**121** I thought....
난 ~라고 생각했어.

**122** I thought you said you were gonna....
네가 ~할 거라고 말했던 것 같은데.

**123** I just thought it'd be....
난 그게 ~일 거라고 생각했던 것뿐이야.

**124** Seems that....
~인 것 같아.

**125** She didn't seem like....
그녀는 ~처럼 보이진 않았어.

**105**

난 ~할 생각이야.

# I think I'm going to....

🎧 105.mp3

앞으로 어떻게 할 생각이라고 말하고 싶을 때는 '~할 것이다'라는 뜻의 I'm going to... 앞에 I think만 붙여 말하면 됩니다. I'm going to....가 내 계획을 분명하게 말하는 표현이라면, I think I'm going to....는 어느 정도 변경의 여지가 있는 계획을 나타내는 것이라고 할 수 있어요.

| | |
|---|---|
| A Luke, **I think I'm going to** bring you in. I need a statement. | A 루크, 난 당신을 잡아들일 **생각이에요.** 진술이 필요하거든요. |
| B I'm done running. | B 이제 도망 다니는 건 끝났어요. |
| A You ready? | A 준비됐어요? |
| B You know how I feel about cop shops. | B 내가 경찰서를 어떻게 생각하는지 알면서 그래요. |

〈Marvel's Luke Cage〉 중에서    　*statement 진술 | run 도망하다 | cop shop 경찰서

---

1. 난 그를 흔들어 볼 **생각이야.**　▶ **I think I'm going to stir him up.**

2. 난 한동안 몸을 숨기고 있을 **생각이야.**　▶ **I think I'm going to lie low for a while.**

3. 난 그들의 별거 사실을 털어놓을 **생각이야.** ▶ **I think I'm going to come clean about their separation.**

4. 난 맥주 한잔하러 갈 **생각이야.**　▶ _____

5. 난 내 휴가를 즐길 **생각이야.**　▶ _____

6. 난 냉동실을 확인해 볼 **생각이야.**　▶ _____

7. 난 내 일에나 신경 쓸 **생각이야.**　▶ _____

8. 난 그걸 못 들은 척할 **생각이야.**　▶ _____

9. 난 그 돈을 금고에 넣어 둘 **생각이야.**　▶ _____

10. 난 우선 기다렸다가 그게 사실인지 알아볼 **생각이야.**　▶ _____

✤ 정답은 소책자 26쪽에

**잠깐만요!**　1 stir sb/sth up ~을 흔들다　2 lie low 몸을 숨기다　3 come clean about sb/sth ~에 대해 털어놓다. separation 별거　5 leave 휴가　6 freezer 냉동실　7 mind one's own business ~의 일에 신경 쓰다

136

## 106

우리는 ~해야 할 것 같아.

# I think we should....

자신의 의견을 피력할 때 매우 유용한 패턴입니다. 우리가 당연히 해야 한다고 생각되거나 하면 득이 된다고 생각되는 일에 대해 상대방에게 자기 의견을 밝힐 때 쓸 수 있어요.

| | | | |
|---|---|---|---|
| A | He knows about our plan. | A | 그가 우리 계획에 대해 알아. |
| B | He doesn't know. There's no way he could possibly know. | B | 그는 몰라. 그가 알 수 있을 리가 없잖아. |
| A | **I think we should** wait. | A | **우리는 기다려야 할 것 같아.** |
| B | Come on. You're reading into things. | B | 그러지 마. 당신은 지금 상황에 지나치게 의미를 부여하고 있어. |

〈Banshee〉 중에서

*possibly 아마 | read into sth ~에 지나치게 의미를 부여하다

1. 우리는 현금으로 내야 할 것 같아. ▶ I think we should **pay in cash.**

2. 우리는 좀 진정해야 할 것 같아. ▶ I think we should **tone it down a bit.**

3. 우리는 적을 가까이에 두어야 할 것 같아. ▶ I think we should **keep our enemies close.**

4. 우리는 그의 말을 끝까지 들어 봐야 할 것 같아. ▶

5. 우리는 사정 봐 가면서 해야 할 것 같아. ▶

6. 우리는 협력해야 할 것 같아. ▶

7. 우리는 그들이 자기 일을 하게 두어야 할 것 같아. ▶

8. 우리는 이걸 전부 기록해야 할 것 같아. ▶

9. 우리는 한 번에 하나씩 해야 할 것 같아. ▶

10. 우리는 날씨를 계속 관찰해야 할 것 같아. ▶

✦정답은 소책자 27쪽에

1 in cash 현금으로   2 tone sth down ~을 진정시키다, 누그러뜨리다   3 enemy 적, close 가까이에
4 hear sb out ~의 말을 끝까지 듣다   5 play it by ear (계획했던 것을) 사정 봐 가면서 처리하다
8 write sth down ~을 기록하다   9 take a step 한 걸음 내딛다, at a time 한 번에

~ 때가 된 것 같아.

# I think it is time....

🎧 107.mp3

이제는 더 이상 미룰 수 없는 어떤 일을 해야 할 때가 된 것 같다고 말하고 싶을 때 이 패턴을 사용합니다. 내가 해야 할 일이라면 it is time 뒤에 to 부정사를 사용해서 말하고 다른 사람이 해야 할 일이라면 to부정사 앞에 「for+사람」을 말하거나 「주어+동사」가 있는 완전한 문장으로 말하면 돼요.

| | |
|---|---|
| A  What the hell? What time is it? | A  도대체 뭐예요? 몇 신데요? |
| B  I think it is time for you to buy your own personal alarm clock. | B  네가 네 개인용 자명종을 사야 **할 때가 된 것 같은데.** |
| A  I got my own one, Uncle D. Yours are a backup. | A  제 거 있어요. D 삼촌. 삼촌 건 예비용이에요. |
| B  That's funny. I don't want to get up at 5:45 in the morning again because of you. | B  그거 웃기네. 난 다시는 너 때문에 아침 5시 45분부터 일어나고 싶지 않아. |

〈Hawaii Five-O〉 중에서

＊personal 개인의 | alarm clock 자명종

1. 앞으로 나아가야 할 **때가 된 것 같아.**  ▶ I think it is time **to move on.**

2. 네가 약 먹을 **때가 된 것 같아.**  ▶ I think it is time **for your medicine.**

3. 아이들이 잠자러 갈 **때가 된 것 같아.**  ▶ I think it is time **the children went to bed.**

4. 작별 인사를 해야 할 **때가 된 것 같아.**  ▶

5. 우리의 손실을 줄여야 할 **때가 된 것 같아.**  ▶

6. 네가 갈 **때가 된 것 같아.**  ▶

7. 우리가 이 사실들을 마주할 **때가 된 것 같아.**  ▶

8. 그녀에게 정의를 찾아 줄 **때가 된 것 같아.**  ▶

9. 네가 용기를 내야 할 **때가 된 것 같아.**  ▶

10. 각자 자기소개를 해야 할 **때가 된 것 같아.**  ▶

✧ 정답은 소책자 27쪽에

잠깐만요!

5 cut one's losses ~의 손실을 줄이다  7 face 마주하다, fact 사실  9 pluck up the courage 용기를 내다
10 introduce oneself 자기소개를 하다

이 일은 ~ 너무 힘든 것 같아.

108.mp3

# I think this is hard enough....

be hard enough는 '충분히 힘들다', 즉 '너무 힘들다'라는 뜻이에요. 따라서 I think this is hard enough....는 '이 일은 너무 힘든 것 같다.' 라고 하소연하는 표현이 됩니다.

| | |
|---|---|
| A Should Maggie take the job? **I think this is hard enough** on the lieutenant. | A 매기가 그 일을 맡아야 하는 건가요? **이 일은 경위에게 너무 가혹한 일인 것 같아요.** |
| B She's a pro. She'll do her job. | B 매기는 프로예요. 그녀는 자기 일을 할 거예요. |
| A Doctor, if you're not gonna handle this, I'm gonna go over your head. | A 선생님, 만약 선생님이 이 일을 처리하지 않을 거라면 내가 선생님 상관한테 갈 거예요. |
| B Okay, I'll talk with Ms. Goodwin. | B 알겠습니다. 제가 굿윈 씨랑 얘기해 보죠. |

〈Chicago Med〉 중에서                                          *go over one's head ~의 상관에게 가다

| | | |
|---|---|---|
| 1. | 이 일은 이해하기가 **너무 힘든 것 같아.** | ▶ I think this is hard enough **to understand.** |
| 2. | 그녀에게는 **이 일,** 쌍둥이를 키우는 일이 **너무 힘든 것 같아.** | ▶ I think this is hard enough **for her, raising twins.** |
| 3. | 이 일은 네 징징거리는 소리가 없어도 **너무 힘든 것 같아.** | ▶ I think this is hard enough **without your whining.** |
| 4. | 지금 이대로도 **이 일은 너무 힘든 것 같아.** | ▶ |
| 5. | 이 일은 설명하기가 **너무 힘든 것 같아.** | ▶ |
| 6. | **이 일은** 가난한 사람들에게는 **너무 힘든 것 같아.** | ▶ |
| 7. | 이 일은 젊은 사람들에게도 **너무 힘든 것 같아.** | ▶ |
| 8. | 이 일은 전문가에게도 **너무 힘든 것 같아.** | ▶ |
| 9. | 이 일은 집중을 방해하는 모든 것들 때문에 **너무 힘든 것 같아.** | ▶ |
| 10. | 이 일은 네 불평이 없어도 **너무 힘든 것 같아.** | ▶ |

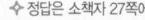 ✦ 정답은 소책자 27쪽에

잠깐만요!

2 raise 키우다, twin 쌍둥이  3 whine 징징거리다  4 as it is 지금 이대로  6 the poor 가난한 사람들
8 professional 전문가  9 distraction 집중을 방해하는 것

아마 그건 ~일 것 같아.

# I think that's probably....

🎧 109.mp3

probably는 '아마도'라는 뜻으로 추측이나 짐작할 때 사용하는 단어입니다. 따라서 이 패턴은 내가 추측하고 있는 바를 밝힐 때 사용하면 됩니다.

| | |
|---|---|
| **A** Booth promised he wouldn't see Jared. **I think that's probably** the only promise he couldn't keep. | **A** 부스는 자레드를 만나지 않겠다고 약속했어. **아마 그건** 부스가 지킬 수 없었던 유일한 약속**일 것 같아.** |
| **B** There's a bond between brothers. If my brother needed me, I would be there in a second. | **B** 형제 사이에는 유대감이 있어. 내 동생이 날 필요로 한다면 난 당장 그곳으로 갈 거야. |
| **A** But your brother is not a criminal. | **A** 하지만 네 동생은 범죄자가 아니잖아. |
| **B** Yeah, but what if Booth's brother needed him? | **B** 그렇긴 하지만 만약 부스의 동생이 그를 필요로 했다면 어땠을 것 같아? |

〈Bones〉 중에서                                    *bond 유대감 | in a second 당장

---

1. 아마 그건 가명**일 것 같아.** ▶ I think that's probably **a false name.**

2. 아마 그건 그녀의 비밀 조리법**일 것 같아.** ▶ I think that's probably **her secret recipe.**

3. 아마 장기적으로는 **그게 더 좋을 것 같아.** ▶ I think that's probably **better in the long run.**

4. 아마 그건 불공평할 것 같아. ▶ _____

5. 아마 그건 현실적이지 못할 것 같아. ▶ _____

6. 아마 그건 안 좋은 생각일 것 같아. ▶ _____

7. 아마 그건 좋은 시작일 것 같아. ▶ _____

8. 아마 그건 헛된 꿈일 것 같아. ▶ _____

9. 아마 그건 다른 사람의 것일 것 같아. ▶ _____

10. 아마 그건 그의 결혼반지일 것 같아. ▶ _____

✦ 정답은 소책자 27쪽에

잠깐만요!

1 false name 가명  2 secret 비밀의, recipe 조리법  3 in the long run 장기적으로  4 unfair 불공평한
5 unrealistic 비현실적인  9 pipe dream 헛된 꿈  10 wedding ring 결혼반지

난 ~할 수 없을 것 같아.

# I don't think I can....

내가 할 수 있다는 자신이 없거나 상대방의 제안에 대해 못 하겠다고 말할 때는 단도직입적으로 I can't....라고 하기보다는 I think를 덧붙여 좀 더 부드러운 표현을 만들 수 있어요.

| | |
|---|---|
| **A** What are we doing? A tiny hole in the wall is tearing this family apart. **I don't think I can** do this anymore.<br>**B** Oh honey, are you crying?<br>**C** Mom, don't cry. It's my fault. I made the hole.<br>**D** It's my fault, too. Come on, Mom, please stop crying. | **A** 우리가 뭘 하고 있는 거니? 벽에 난 작은 구멍 하나가 이 가족을 산산조각 내고 있잖아. **난** 더 이상 이 짓은 **못할 것 같아.**<br>**B** 오 여보, 지금 우는 거야?<br>**C** 엄마, 울지 마세요. 제 잘못이에요. 제가 구멍을 냈어요.<br>**D** 제 잘못도 있어요. 제발요 엄마, 그만 우세요. |

〈Man with a Plan〉 중에서         *tear sth apart ~을 산산조각 내다

1. 난 그것을 농담으로 받아들일 **수 없을 것 같아.** ▶ **I don't think I can** take it as a joke.

2. 난 그것을 더 이상 참을 **수 없을 것 같아.** ▶ **I don't think I can** stand it any longer.

3. 난 폭식하는 습관을 버릴 **수 없을 것 같아.** ▶ **I don't think I can** kick my binge eating habit.

4. 난 그녀가 이기게 둘 **수 없을 것 같아.** ▶ _____

5. 난 그를 영원히 피할 **수는 없을 것 같아.** ▶ _____

6. 난 더 이상 그의 말에 귀 기울일 **수 없을 것 같아.** ▶ _____

7. 난 그녀 생각을 그만둘 **수 없을 것 같아.** ▶ _____

8. 난 인터넷 없이는 살 **수 없을 것 같아.** ▶ _____

9. 난 이것에서 이 커피잔 자국을 없앨 **수 없을 것 같아.** ▶ _____

10. 난 너를 현장에 있게 해 줄 **수 없을 것 같아.** ▶ _____

✦ 정답은 소책자 27쪽에

잠깐만요!    1 joke 농담   2 stand 견디다, 참다   3 kick one's habit ~의 (나쁜) 버릇을 버리다, binge eating 폭식   5 forever 영원히

우리는 ~하지 못할 것 같아.

# I don't think we're gonna....

앞에서 배웠던 We're gonna.... 앞에 I don't think가 붙어서 '우리가 앞으로 ~하게 것 같지는 않아.'라는 뜻이 되었는데요. 우리의 향후 일정이나 계획에 대해 내 의견을 말할 때 이 패턴을 사용해 보세요.

| | |
|---|---|
| **A** Drive faster! The baby's coming! | **A** 차 좀 빨리 몰아! 애가 나오고 있단 말이야! |
| **B** I'm going as fast as I can. The hospital is only 10 blocks away. | **B** 최대한 빨리 가고 있는 거야. 병원까지는 고작 10블록 남았어. |
| **A** **I don't think we're gonna** get there in time! | **A** **우리는** 제시간 안에 거기 도착**하지 못할 것 같아.** |
| **B** Then you're going to have to deliver the baby. | **B** 그럼 넌 여기서 아기를 분만해야 하겠지. |

〈Grey's Anatomy〉 중에서

＊in time 제시간 안에 | deliver a baby 아기를 분만하다

---

1. 우리는 못 본 척하지 못할 것 같아. ▶ I don't think we're gonna **turn a blind eye.**

2. 우리는 그 충격에서 회복하지 못할 것 같아. ▶ I don't think we're gonna **recover from the shock.**

3. 우리는 행복한 부부인 척하지 못할 것 같아. ▶ I don't think we're gonna **pretend we're a happy couple.**

4. 우리는 그의 지휘를 따르지 못할 것 같아. ▶

5. 우리끼리 이걸 하지는 못할 것 같아. ▶

6. 우리는 네일 샵을 열지 못할 것 같아. ▶

7. 우리가 필요한 도움을 전부 얻지는 못할 것 같아. ▶

8. 우리는 대안적인 방법을 사용하지 못할 것 같아. ▶

9. 우리가 더 오래 붙잡고 있을 수는 없을 것 같아. ▶

10. 무슨 일을 하든 **우리는** 그를 기쁘게 해 주지 못할 것 같아. ▶

✧ 정답은 소책자 28쪽에

잠깐만요!

1 turn a blind eye (보고도) 못 본 척하다  4 follow one's lead ~의 지휘를 따르다  6 nail salon 네일 샵
8 alternative 대안의, method 방법  9 hold on 붙잡고 있다  10 no matter what 무엇이 ~할지라도

네가 ~할 것 같지는 않아.

# I don't think you will....

🎧 112.mp3

상대방이 아직 하지 않았거나 상대방에게 아직 일어나지 않은 일에 대해 '네가 ~할 것 같지는 않아.'라는 뜻으로 내 생각이나 의견을 말할 때 사용하는 패턴입니다.

| | |
|---|---|
| **A** I'm nervous about meeting with Dr. Foreman. | **A** 포먼 선생님과 만날 생각을 하니 긴장돼. |
| **B** He can be difficult, but you'll be fine. | **B** 그 사람은 대하기 어려울 수도 있지만 넌 잘할 거야. |
| **A** I don't want to say or do the wrong thing. | **A** 난 말이나 행동을 실수하고 싶지 않아. |
| **B** **I don't think you will** do anything inappropriate. | **B** **네가 부적절한 언행을 할 것 같지는 않아.** |

〈House〉 중에서      *inappropriate 부적절한

1. 네가 돌아올 것 같지는 않아.    ▶ **I don't think you will be back.**

2. 네가 이것을 알고 싶어 할 것 같지는 않아.    ▶ **I don't think you will want to know this.**

3. 네가 낚시에 흥미가 있을 것 같지는 않아.    ▶ **I don't think you will be interested in fishing.**

4. 네가 처벌을 받을 것 같지는 않아.    ▶

5. 네가 아직도 그곳에 있을 것 같지는 않아.    ▶

6. 넌 절대 그 사람처럼 될 것 같지는 않아.    ▶

7. 네가 그녀와 있는 것을 좋아할 것 같지는 않아.    ▶

8. 처음에는 네가 필요한 게 많을 것 같지 않아.    ▶

9. 네가 아픈 아이를 돌봐줄 것 같지는 않아.    ▶

10. 넌 내가 내 친구들을 데려와도 신경 쓸 것 같지 않아.    ▶

✧ 정답은 소책자 28쪽에

잠깐만요!    **3** be interested in sb/sth ~에(게) 흥미 있다. fishing 낚시   **4** punish 처벌하다   **8** at first 처음에는
**10** bring sb over ~을 데려오다

143

그들이 ~해서는 안 된다고 생각해.

# I don't think they should....

 113.mp3

They should....는 그들이 해야 하는 일을 말할 때 쓰는 표현인데요. 여기에 I don't think를 붙이면 내 생각에 그들이 해서는 안 되는 일을 말할 때 사용하는 패턴이 됩니다.

| | |
|---|---|
| A This is obviously a copycat crime. | A 이건 분명히 모방 범죄야. |
| B You're right. I saw something similar on the news last week. | B 맞아. 지난주에 뉴스에서 비슷한 것을 봤어. |
| A Teenagers are so susceptible to what they see on TV. | A 청소년들은 TV에서 보는 것들에 아주 영향받기 쉽잖아. |
| B **I don't think they should** show so much violence on the news. | B 뉴스에서 폭력적인 장면을 그렇게 많이 보여 줘서**는 안 된다고 생각해.** |

〈Law & Order〉 중에서

＊obviously 분명히 | copycat crime 모방 범죄 | susceptible to ~에 영향받기 쉬운 | violence 폭력

1. 그들이 그렇게 오지랖 넓게 굴어서는 안 된다고 생각해.
   ▶ I don't think they should **be so nosy.**

2. 그들이 그녀를 못살게 굴어서는 안 된다고 생각해.
   ▶ I don't think they should **pick on her.**

3. 그들이 아이들을 방치해서는 안 된다고 생각해.
   ▶ I don't think they should **neglect the children.**

4. 그들이 이기적으로 굴어서는 안 된다고 생각해.
   ▶ _____

5. 그들이 그 책을 출판해서는 안 된다고 생각해.
   ▶ _____

6. 그들이 아무나 그냥 들여보내서는 안 된다고 생각해.
   ▶ _____

7. 그들이 같이 어울려 다녀서는 안 된다고 생각해.
   ▶ _____

8. 그들이 애완견을 유기해서는 안 된다고 생각해.
   ▶ _____

9. 그들이 아주 작은 것도 간과해서는 안 된다고 생각해.
   ▶ _____

10. 그들이 공사를 혼동해서는 안 된다고 생각해.
    ▶ _____

✦ 정답은 소책자 28쪽에

잠깐만요!

1 nosy 오지랖이 넓은  2 pick on sb/sth ~을 못살게 굴다  3 neglect 방치하다  4 selfish 이기적인
5 publish 출판하다  7 hang out 어울려 다니다  8 abandon 버리다, 유기하다  9 overlook 간과하다
10 mix business with pleasure 공사를 혼동하다

~ 생각하고 있었어.

# I was thinking....

내가 무슨 생각을 하고 있었는지 말할 때 이 패턴을 쓰면 됩니다. thinking 뒤에 「of/about+명사」나 that절을 사용하여 구체적으로 어떤 생각을 하고 있었는지를 말할 수 있어요.

| | | | |
|---|---|---|---|
| A | Can you do me a favor? | A | 부탁 좀 들어줄래요? |
| B | Okay. | B | 그래요. |
| A | My mom hasn't been feeling well lately, but she refuses to see a doctor. She's meeting me for lunch today, and **I was thinking** you could maybe bump into us. | A | 엄마가 요즘 몸이 안 좋은데, 병원 가는 것을 거부하고 계세요. 오늘 저랑 만나서 점심 드실 건데, 어쩌면 당신이 우리랑 우연히 마주칠 수도 있지 않을까라고 **생각하고 있었어요.** |
| B | No problem. Where are you supposed to meet her? | B | 문제없어요. 어디에서 어머니랑 만나기로 했어요? |

〈Pure Genius〉 중에서                                    * bump into sb ~와 우연히 마주치다

1. 난 내 생각만 하고 있었어. ▶ I was thinking **only of myself.**

2. 내가 운이 없다고 **생각하고 있었어.** ▶ I was thinking **I have bad luck.**

3. 그 시스템을 속이는 방법에 대해 **생각하고 있었어.** ▶ I was thinking **about how to cheat the system.**

4. 똑같은 생각을 하고 있었어. ▶ _____

5. 문신을 하는 것에 대해 **생각하고 있었어.** ▶ _____

6. 내 고등학교 졸업 무도회에 대해 **생각하고 있었어.** ▶ _____

7. 기금 모금 행사에 대해 **생각하고 있었어.** ▶ _____

8. 그것을 모면할 방법에 대해 **생각하고 있었어.** ▶ _____

9. 그녀가 그 소음을 참을 수 없을 거라고 **생각하고 있었어.** ▶ _____

10. 너랑 네 아버지가 참 닮았다고 **생각하고 있었어.** ▶ _____

✦ 정답은 소책자 28쪽에

 잠깐만요!

2 have bad luck 운이 없다   3 cheat 속이다   5 tattoo 문신   6 prom 졸업 무도회   7 fundraising event 기금 모금 행사
8 get away with sth ~을 모면하다   9 noise 소음   10 resemble 닮다

# 115

줄곧 ~ 생각하고 있었어.

# I've been thinking....

🎧 115.mp3

지금 잠시 그런 생각을 하고 있었던 게 아니라 과거의 언젠가부터 지금 이 순간까지 줄곧 그 생각을 하고 있었다면 이 패턴을 사용할 수 있어요. 이 때도 thinking 뒤에는 「of/about+명사」나 that절을 사용하면 돼요.

| | |
|---|---|
| A **I've been thinking** about you. | A 줄곧 당신 생각을 하고 있었어요. |
| B That's funny, because **I've been thinking** about you, too. | B 그거 이상하네요, 저도 줄곧 당신 생각을 하고 있었거든요. |
| A Wanna go for a walk? | A 좀 걸을까요? |
| B I'd love to. | B 좋아요. |

〈Grey's Anatomy〉 중에서

1. 줄곧 그는 모든 것을 다 가지고 있다고 생각하고 있었어.
   ▶ **I've been thinking** he has everything.

2. 줄곧 나는 이곳에 속해 있지 않다고 생각하고 있었어.
   ▶ **I've been thinking** I don't belong here.

3. 줄곧 그것에 대해 **생각해 봤는데**, 그것은 정말 이치에 맞아.
   ▶ **I've been thinking** about it and it really makes sense.

4. 줄곧 그녀는 아주 특별하다고 **생각하고 있었어.**
   ▶

5. 줄곧 너는 두려움을 모른다고 **생각하고 있었어.**
   ▶

6. 줄곧 네가 한 말에 대해 **생각하고 있었어.**
   ▶

7. 요즘 줄곧 엄마 생각을 하고 있었어.
   ▶

8. 줄곧 그가 네 파트너로 적임자라고 **생각하고 있었어.**
   ▶

9. 줄곧 그녀에게 그 소식을 어떻게 전할지에 대해 **생각하고 있었어.**
   ▶

10. 50세 이후에 그곳으로 돌아가는 것에 대해 줄곧 **생각하고 있었어.**
    ▶

✦ 정답은 소책자 29쪽에

⭐ 잠깐만요!　**2** belong 속하다　**3** make sense 이치에 맞다　**5** fearless 두려움이 없는

146

내가 일부러 ~했다고 생각해?

# You think I meant to...?

🎧 116.mp3

I meant to....는 '일부러 ~하다'라는 뜻이에요. 여기에 You think를 붙여 묻는 말을 만들면 '내가 일부러 ~했다고 생각해?'라는 뜻으로 상대방의 오해에 대해 어처구니가 없음을 나타내는 표현이 됩니다.

| | |
|---|---|
| A You shouldn't have started that fight. | A 넌 그 싸움을 일으켜서는 안 됐어. |
| B **You think I meant to** cause a riot? | B **내가 일부러** 소동을 일으켰다고 생각하는 거야? |
| A You knew he'd throw the first punch if you turned your back. | A 네가 등을 돌리면 그가 먼저 주먹을 날릴 거라는 건 알고 있었잖아. |
| B What else was I supposed to do? | B 내가 달리 뭘 했어야 하는데? |

〈Prison Break〉 중에서

\* riot 큰 소동, 폭동 | throw a punch 주먹을 날리다 | turn one's back ~의 등을 돌리다

1. 내가 일부러 나사를 헐겁게 했다고 생각해? ▶ You think I meant to **loosen the screw?**

2. 내가 일부러 그의 화를 돋웠다고 생각해? ▶ You think I meant to **provoke his anger?**

3. 내가 일부러 소리를 키웠다고 생각해? ▶ You think I meant to **turn up the volume?**

4. 내가 일부러 너를 불쾌하게 했다고 생각해? ▶

5. 내가 일부러 그를 제외시켰다고 생각해? ▶

6. 내가 일부러 이걸 너한테 비밀로 했다고 생각해? ▶

7. 내가 일부러 우리 결혼 생활을 망쳤다고 생각해? ▶

8. 내가 일부러 너를 궁지로 몰아넣었다고 생각해? ▶

9. 내가 일부러 그녀의 이름을 목록에서 누락시켰다고 생각해? ▶

10. 내가 일부러 너희 대화를 엿들었다고 생각해? ▶

✧ 정답은 소책자 29쪽에

잠깐만요!

1 loosen 헐겁게 하다, screw 나사  2 provoke one's anger ~의 화를 돋우다  3 turn up the volume 소리를 키우다
4 offend 불쾌하게 하다  5 rule sb out ~을 제외시키다  8 back sb into a corner ~을 궁지로 몰아넣다
9 omit 누락시키다

147

그래서 내가 ~해야 한다고 생각하는 거야?

# So, do you think I should...?

 117.mp3

상대방의 말을 들어 보니, 내가 무엇을 해야 된다고 생각하는 것 같을 때가 있죠? 이를 확인할 겸 '그래서 내가 ~해야 한다고 생각하는 거야?'라고 묻고 싶다면 이 패턴을 사용해 보세요.

| | |
|---|---|
| A Captain wants everyone to work overtime. | A 반장이 모두 추가로 근무하기를 원해. |
| B Everyone? I promised my kids I'd be home. | B 모두 말이야? 집에 갈 거라고 우리 애들한테 약속했는데. |
| A He's in a bad mood and wants this case solved. | A 반장 기분이 안 좋아. 그리고 사건이 해결되기를 원하고 있어. |
| B **So, do you think I should** appease the captain? | B **그래서 내가 반장의 요구를 들어줘야 한다고 생각하는 거야?** |

〈Law & Oder: SVU〉 중에서　　　　　　　　　　　　* work overtime 초과 근무하다 | in a bad mood 기분이 나쁜 | appease 요구를 들어주다

---

1. 그래서 내가 네 편을 들어**야** 한다고 생각하는 거야?
   ▶ So, do you think I should **take your side**?

2. 그래서 내가 온라인으로 좌석을 예약해**야** 한다고 생각하는 거야?
   ▶ So, do you think I should **book seats online**?

3. 그래서 내가 말을 빙빙 돌리지 말아**야** 한다고 생각하는 거야?
   ▶ So, do you think I should **stop beating around the bush**?

4. 그래서 내가 실패했다는 걸 인정해**야** 한다고 생각하는 거야?
   ▶ _____

5. 그래서 내가 그들에게 보복해**야** 한다고 생각하는 거야?
   ▶ _____

6. 그래서 내가 누워서 쉬어**야** 한다고 생각하는 거야?
   ▶ _____

7. 그래서 내가 교도소장과 얘기해 봐**야** 한다고 생각하는 거야?
   ▶ _____

8. 그래서 내가 그에게 조언을 좀 해 줘**야** 한다고 생각하는 거야?
   ▶ _____

9. 그래서 내가 묵비권을 행사해**야** 한다고 생각하는 거야?
   ▶ _____

10. 그래서 내가 그녀와 진솔한 대화를 해**야** 한다고 생각하는 거야?
    ▶ _____

✧ 정답은 소책자 29쪽에

 잠깐만요!
1 take one's side ~의 편을 들다　2 book a seat 좌석을 예약하다, online 온라인으로
3 beat around the bush 말을 빙빙 돌리다　5 get back at sb ~에게 보복하다　6 lie back 등을 붙이고 똑바로 눕다
7 warden 교도소장　8 give sb a tip ~에게 조언을 해 주다　9 take the Fifth Amendment 묵비권을 행사하다

~일 거라고 생각하지 않아?

# Don't you think it would be...?

 118.mp3

아직 일어나지 않은 일이나 하지 않은 일에 대해 '그것이 ~일 거라고 생각하지 않니?'라는 뜻으로 상대방의 동의를 구할 때 이 패턴을 사용합니다.
Don't you think...?는 상대방에게 동의를 구하거나 상대방의 생각이 믿기지 않을 때 놀람의 뜻으로 사용할 수 있어요.

| | |
|---|---|
| A Elliot, are you all right? | A 엘리엇, 괜찮아? |
| B He must have snuck up behind me. I didn't see it coming. | B 그 남자는 분명 내 뒤로 몰래 다가왔을 거야. 난 그것이 오는 걸 못 봤거든. |
| A We need to file a report. | A 우리는 보고해야 해. |
| B **Don't you think it would be** best if we didn't mention it? | B 우리가 잠자코 있는 게 최선**일 거라고 생각하지 않아?** |

〈Law & Oder: SVU〉 중에서        *sneak up behind sb ~의 뒤로 몰래 다가오다 | file a report 보고하다

1. 경찰과 결혼하는 것이 힘들 **거라고 생각하지 않아?**
   ▶ **Don't you think it would be** tough to marry a cop?

2. 그가 여기 올 때까지 기다리는 게 더 나을 **거라고 생각하지 않아?**
   ▶ **Don't you think it would be** better to wait until he got here?

3. 그의 진실성에 의문을 품는 건 부끄러운 일일 **거라고 생각하지 않아?**
   ▶ **Don't you think it would be** a shame if you question his integrity?

4. 말하는 게 힘들 **거라고 생각하지 않아?**
   ▶

5. **그러면** 우리 일이 덜어질 **거라고 생각하지 않아?**
   ▶

6. 그에게 고마워하는 것이 현명할 **거라고 생각하지 않아?**
   ▶

7. 그녀가 나타나면 기적**일 거라고 생각하지 않아?**
   ▶

8. 이걸 공식화하는 게 나의 의무**일 거라고 생각하지 않아?**
   ▶

9. 그녀가 알아낸다면 당황스러울 **거라고 생각하지 않아?**
   ▶

10. 그에게 우리가 가진 패를 보여 주지 않는다면 더 나을 **거라고 생각하지 않아?**
    ▶

✧ 정답은 소책자 29쪽에

 잠깐만요!    3 shame 부끄러움, question 의문을 품다, integrity 진실성   7 miracle 기적   8 official 공식적인

그녀는 아마 내가 ~라고 생각할 거야.

# She probably thinks I....

 119.mp3

전후 사정을 보아 하니, 제3자가 나를 이렇게 생각하는 것이 틀림없다고 생각되는 경우가 있죠? 이럴 때 이 패턴을 사용하면 됩니다. 제3자가 누구냐에 따라 She는 다른 표현으로 바꾸어 사용하면 됩니다.

| | |
|---|---|
| A Charlotte is telling me not to see him if he's married. | A 샬롯은 그 남자가 유부남이면 만나지 말라고 얘기하고 있어. |
| B Charlotte worries too much. | B 샬롯은 걱정이 너무 많아. |
| A **She probably thinks I** haven't done this before. | A **그녀는 아마 내가** 전에 이런 짓을 한 적이 없을 **거라고 생각**하나 봐. |
| B If that's true, she hasn't been paying attention. | B 그게 사실이라면 샬롯은 그간 주의를 기울이지 않았던 거야. |

〈Sex and the City〉 중에서                                   *pay attention 주의를 기울이다

---

1. 그녀는 아마 내가 쩨쩨하다고 **생각할 거야.** ▶ **She probably thinks I**'m stingy.

2. 그녀는 아마 내가 그와 사랑에 빠졌다고 생각할 거야. ▶ **She probably thinks I** fell in love with him.

3. 그녀는 아마 내가 그 증거를 심었다고 생각할 거야. ▶ **She probably thinks I** planted the evidence.

4. 그녀는 아마 내가 부자라고 **생각할 거야.** ▶

5. 그녀는 아마 내가 농담을 하고 있었다고 생각할 거야. ▶

6. 그녀는 아마 내가 준비가 되어 있지 않다고 **생각할 거야.** ▶

7. 그녀는 아마 내가 외도를 했다고 **생각할 거야.** ▶

8. 그녀는 아마 내가 항상 자기 곁에 있을 거라고 **생각할 거야.** ▶

9. 그녀는 아마 내가 이혼을 요구할 거라고 생각할 거야. ▶

10. 그녀는 아마 내가 그 일을 하지 말았어야 했다고 **생각할 거야.** ▶

✧ 정답은 소책자 30쪽에

잠깐만요!

1 stingy 쩨쩨한, 인색한  2 fall in love with sb ~와 사랑에 빠지다  3 plant evidence 증거를 심다  4 rich 부자의
5 joke 농담을 하다  7 cheat on sb (배우자를) 속이고 외도하다

150

마음대로 해, 하지만 그런다고 ~일 것 같지는 않아.

# Be my guest, but I don't think it'll....

120.mp3

상대방에게 원하는 대로 하라고 말하면서도 상대방이 원하는 대로 되지는 않을 거라고 경고하고 싶을 때 사용하는 패턴입니다.

| | |
|---|---|
| A  Maybe I should ask Cuddy's advice on this patient. | A  커디한테 이 환자에 대한 조언을 구해야 할까 봐. |
| B  **Be my guest, but I don't think it'll** keep her off your back. | B  **마음대로 하세요, 하지만 그런다고 그녀를 떼어 낼 수는 없을 것 같은데요.** |
| A  She likes to feel involved. It'll distract her. | A  그녀는 관련되어 있다고 느끼는 걸 좋아하잖아. 그 일이 그녀의 정신을 빼놓을 거야. |
| B  Let me know how it goes. | B  어떻게 진행되는지 저한테도 알려 주세요. |

〈House〉 중에서                                    *keep sb off one's back ~을 …로부터 떼어 내다

---

1. 마음대로 해, 하지만 그게 도움이 될 것 같지는 않아.
▶ Be my guest, but I don't think it'll **be helpful.**

2. 마음대로 해, 하지만 그런다고 달라질 것 같지는 않아.
▶ Be my guest, but I don't think it'll **make a difference.**

3. 마음대로 해, 하지만 그게 네 생각만큼 쉬울 것 같지는 않아.
▶ Be my guest, but I don't think it'll **be as easy as you think.**

4. 마음대로 해, 하지만 그게 줄어들 것 같지는 않아.
▶

5. 마음대로 해, 하지만 그런다고 더 나아질 것 같지는 않아.
▶

6. 마음대로 해, 하지만 그게 마지막이 될 것 같지는 않아.
▶

7. 마음대로 해, 하지만 그게 어떤 효과가 있을 것 같지는 않아.
▶

8. 마음대로 해, 하지만 그게 그의 마음을 바꿀 것 같지는 않아.
▶

9. 마음대로 해, 하지만 그게 그녀에게 위로가 될 것 같지는 않아.
▶

10. 마음대로 해, 하지만 그가 없으면 똑같을 것 같지는 않아.
▶

✧ 정답은 소책자 30쪽에

잠깐만요!

2 make a difference 차이를 만들다, 달라지다  4 shrink 줄어들다  7 have an effect 효과가 있다
8 change one's mind ~의 마음을 바꾸다  9 comfort 위로

151

난 ~라고 생각했어.

# I thought....

🎧 121.mp3

어떤 거라고 생각했는데, 실제로는 그 예상과 달랐을 때 사용하는 패턴입니다. 기본 패턴이라 미드에서 아주 자주 나오는 표현이니까 잘 듣고 실생활에서 활용해 보세요.

| | |
|---|---|
| A | Hi. I'm April. I'm very sorry for your wife. I'll be handling her care. |
| B | **I thought** it was the other nurse. |
| A | I'm coordinating with the organ transplant teams today. |
| B | Tell me, how much time do we have left? |

| | |
|---|---|
| A | 안녕하세요, 전 에이프릴이에요. 부인 일은 정말 유감이에요. 제가 부인을 돌봐 드리게 될 거예요. |
| B | **전** 다른 간호사분일 **거라고 생각했는데요.** |
| A | 오늘은 제가 장기 이식 팀과 조율을 할 거예요. |
| B | 말씀해 주세요, 우리한테 얼마나 시간이 남은 건가요? |

⟨Chicago Med⟩ 중에서

*coordinate 조율하다 | organ transplant 장기 이식

1. 난 그것이 사랑이라고 생각했어. ▶ I thought it was love.

2. 난 네가 피해망상에 사로잡혔다고 생각했어. ▶ I thought you were paranoid.

3. 난 네가 그에게 살인 누명을 씌웠다고 생각했어. ▶ I thought you framed him for murder.

4. 난 그것이 자살이라고 생각했어. ▶ _____

5. 난 모든 것이 그의 것이라고 생각했어. ▶ _____

6. 난 이것이 불가능할 거라고 생각했어. ▶ _____

7. 난 우리가 진전을 보이고 있다고 생각했어. ▶ _____

8. 난 그녀가 그것을 소셜 미디어에 포스팅 할 거라고 생각했어. ▶ _____

9. 난 네가 나보다 그녀를 더 좋아한다고 생각했어. ▶ _____

10. 난 우리가 그것에 대해서는 절대 얘기하지 않기로 동의했다고 생각했어. ▶ _____

✧ 정답은 소책자 30쪽에

잠깐만요!

2 paranoid 피해망상에 사로잡힌   3 frame sb for sth ~에게 …에 대한 누명을 씌우다   4 suicide 자살
7 make progress 진전을 보이다

네가 ~할 거라고 말했던 것 같은데.

🎧 122.mp3

# 122 I thought you said you were gonna....

상대방이 과거에 어떻게 하겠다고 했는데, 나중에 보니 그렇게 하지 않은 경우가 종종 있잖아요. 그럴 때 황당함이나 이의를 제기하면서 사용할 수 있는 것이 바로 이 패턴입니다.

| | |
|---|---|
| A He must've followed me home last night. | A 그자가 어젯밤에 집까지 나를 따라왔던 게 분명해요. |
| B Looks like he tried to break off the lock. | B 그자가 자물쇠를 억지로 따려고 했던 것 같군요. |
| A **I thought you said you were gonna** give me protection. | A **당신들이 저를 보호해 줄 거라고 말했던 것 같은데요.** |
| B We patrolled the area, but we can't provide 24-hour protection. | B 이 지역을 순찰하긴 했는데, 저희가 24시간 보호를 해 드릴 수는 없어요. |

〈Law & Order〉 중에서

*break sth off ~을 억지로 분리시키다 | patrol 순찰하다

1. 네가 자명종을 맞춰 놓겠다고 말했던 것 같은데.
   ▶ I thought you said you were gonna **set the alarm.**

2. 네가 가서 커피를 가져오겠다고 말했던 것 같은데.
   ▶ I thought you said you were gonna **go get a coffee.**

3. 네가 사무실 문단속을 하겠다고 말했던 것 같은데.
   ▶ I thought you said you were gonna **lock the office up.**

4. 네가 산책을 할 거라고 말했던 것 같은데. ▶

5. 네가 차를 가져갈 거라고 말했던 것 같은데. ▶

6. 네가 그 밴을 찾겠다고 말했던 것 같은데. ▶

7. 네가 가서 그에게 물어보겠다고 말했던 것 같은데. ▶

8. 네가 그에게 반창고를 붙여줄 거라고 말했던 것 같은데. ▶

9. 네가 아기를 확인해 보겠다고 말했던 것 같은데. ▶

10. 네가 그 문을 열어 놓겠다고 말했던 것 같은데. ▶

✧ 정답은 소책자 30쪽에

 잠깐만요! **1** set the alarm 자명종을 (특정 시각에) 맞추다 **3** lock sth up ~의 문단속을 하다 **4** take a walk 산책하다
**8** bandage sb up ~에게 반창고를 붙여 주다 **9** check sb/sth out ~을 확인하다

난 그게 ~일 거라고 생각했던 것뿐이야.

# I just thought it'd be....

🎧 123.mp3

내가 한 일이나 조언이 탐탁하지 않은 결과를 가져왔을 때, 상대방이 나중에 나에게 이러쿵저러쿵 추궁하는 경우가 생기기도 하는데요. 이때 '난 ~일 거라고 생각했던 것뿐이야.'라고 변명하면서 쓸 수 있는 패턴입니다.

| | |
|---|---|
| A Jack, I need you to take a team to Honduras.<br>B Why, are things heating up down there?<br>A Possibly. **I just thought it'd be** helpful if you were there.<br>B I'm on it. | A 잭, 자네가 팀을 데리고 온두라스로 가 줘야겠어.<br>B 왜요, 그곳 상황이 안 좋아지고 있나요?<br>A 그럴 가능성이 있어. **난** 자네가 그곳에 가 있으면 도움이 **될 거라고 생각했던 것뿐이야.**<br>B 갈게요. |

〈24〉 중에서

\*heat up (상황이) 안 좋아지다 | be on it 할 마음이 있다

1. **난 그게** 값진 경험**일 거라고 생각했던 것뿐이야.**
▶ I just thought it'd be **a valuable experience.**

2. **난 그게** 우리 가족에게 악몽과 같은 일**일 거라고 생각했던 것뿐이야.**
▶ I just thought it'd be **a nightmare for my family.**

3. **난** 교통 체증에 걸려 있는 게 스트레스**일 거라고 생각했던 것뿐이야.**
▶ I just thought it'd be **stressful to be stuck in traffic.**

4. **난 그곳이** 방문할 만한 가치가 있을 **거라고 생각했던 것뿐이야.**
▶

5. **난 그게** 드문 기회**일 거라고 생각했던 것뿐이야.**
▶

6. **난 그게** 너한테 흥미진진한 소식**일 거라고 생각했던 것뿐이야.**
▶

7. **난** 네가 그를 믿는다면 어리석은 일**일 거라고 생각했던 것뿐이야.**
▶

8. **난 그게** 대답하기 어려운 질문**일 거라고 생각했던 것뿐이야.**
▶

9. **난 그게** 새로운 사람들을 만나는 한 방법**일 거라고 생각했던 것뿐이야.**
▶

10. **난** 네가 혼자가 아니라는 것을 알면 안심이 될 **거라고 생각했던 것뿐이야.**
▶

✤ 정답은 소책자 31쪽에

잠깐만요!

1 valuable 값진  2 nightmare 악몽, 악몽 같은 일  3 stuck in traffic 교통 체증에 걸린  4 worth ~할 가치가 있는
5 rare 드문  6 exciting 흥미진진한  7 silly 어리석은  10 relief 안심, 안심이 되는 일

**124**

~인 것 같아.

# Seems that....

seem은 '~인 것 같다'라는 뜻으로 사용하는 동사입니다. 원래는 It seems that....의 형태로 사용해야 문법적으로 옳은 패턴이지만, 구어에서는 가주어로 쓰이는 It을 생략하고 Seems that.... 형태로도 많이 사용합니다.

| | |
|---|---|
| A How many survived the explosion? | A 폭발 사고에서 몇 명이나 살아남았나? |
| B There were only two casualties. | B 사상자는 겨우 두 명이에요. |
| A I can't believe there weren't more. | A 더 많지 않았다는 게 놀랍군. |
| B **Seems that** everyone ran. | B 모두가 달아났던 **것 같아요.** |

〈Heroes〉 중에서 　　　　　　　　　　　　　　　　　　　　　　　　　　　*casualty 사상자

1. 그녀는 거식증이 있는 **것 같아.** ▶ Seems that **she has bulimia.**

2. 그가 과잉 반응한 **것 같아.** ▶ Seems that **he overreacted.**

3. 아무도 총소리를 못 들었던 **것 같아.** ▶ Seems that **no one heard the gunfire.**

4. 그녀가 부모님께 거짓말하고 있는 **것 같아.** ▶

5. 그들은 죽 괴롭힘에 시달리고 있었던 **것 같아.** ▶

6. 그녀가 그를 화나게 하고 있었던 **것 같아.** ▶

7. 그녀는 그와 마주쳤을 때 얼어붙었던 **것 같아.** ▶

8. 그들은 러시안 룰렛을 하고 있었던 **것 같아.** ▶

9. 그들은 실종된 소녀를 계속 찾았던 **것 같아.** ▶

10. 그는 의식을 잃기 전에 직접 911에 전화한 **것 같아.** ▶

◇ 정답은 소책자 31쪽에

잠깐만요!

1 bulimia 거식증　2 overreact 과잉 반응하다　3 gunfire 발포　5 suffer 시달리다, harassment 괴롭힘
6 step on one's toes ~을 화나게 하다　7 freeze 얼어붙다, run into sb/sth ~을 우연히 마주치다
8 play Russian roulette 러시안 룰렛을 하다　10 lose consciousness 의식을 잃다

125

그녀는 ~처럼 보이진 않았어.

# She didn't seem like....

🎧 125.mp3

그렇게 보이지 않았는데, 그런 예상과는 전혀 다른 사람을 만나거나 겪었을 때 이 패턴을 사용해 보세요. 다시 말해, 배신할 것처럼 보이지 않았던 사람이 배신했다거나, 처녀처럼 보였던 여자가 사실은 유부녀였다거나 할 때 이 패턴을 사용하면 됩니다.

| A | We shouldn't have trusted that homeless woman. | A | 우리는 그 여자 노숙자를 믿으면 안 됐어. |
|---|---|---|---|
| B | **She didn't seem like** she would betray us. | B | **그 여자는** 우리를 배신할 것처럼 보이진 않았는데. |
| A | From now on, we don't share our plans with anyone. | A | 이제부터는 어떤 사람과도 우리 계획을 공유하면 안 돼. |
| B | Agreed. | B | 동의해. |

〈Prison Break〉 중에서

＊homeless 집이 없는

1. 그녀는 고집쟁이처럼 보이진 않았어. ▶ She didn't seem like a stubborn girl.

2. 그녀는 유부녀처럼 보이진 않았어. ▶ She didn't seem like she was married.

3. 그녀는 15살짜리 여자애처럼 보이진 않았어. ▶ She didn't seem like a fifteen-year-old girl.

4. 그녀는 몸 파는 여자처럼 보이진 않았어. ▶

5. 그녀는 가출한 것처럼 보이진 않았어. ▶

6. 그녀는 과식한 것처럼 보이진 않았어. ▶

7. 그녀는 버릇없는 꼬마처럼 보이진 않았어. ▶

8. 그녀는 중증 환자처럼 보이진 않았어. ▶

9. 그녀는 그를 갖고 놀고 있었던 것처럼 보이진 않았어. ▶

10. 그녀는 그간 보살핌을 잘 받은 것처럼 보이진 않았어. ▶

✦ 정답은 소책자 31쪽에

잠깐만요!

1 stubborn 고집 센   2 married 결혼한   4 prostitute 창녀   5 run away 가출하다   6 overeat 과식하다
8 seriously ill patient 중증 환자

# Unit 11

음성 강의 및 예문 듣기

# feel

feel은 '느끼다'라는 뜻으로 느낌이나 기분을 말할 때 사용하는데요. feel like라고 하면 '~하고 싶다'라는 뜻으로 전혀 다른 의미가 되죠. 이번 unit에서는 feel 동사가 사용된 여러 가지 패턴들을 알아볼 거예요.

126 **I feel really....**
난 정말 ~한 기분이 들어.

127 **I don't feel like -ing.**
난 ~하고 싶지 않아.

128 **How do you feel about -ing?**
~은 어떨까?

난 정말 ~한 기분이 들어.

# I feel really....

🎧 126.mp3

내 감정을 나타낼 때는 I feel 다음에 감정을 나타내는 말을 쓰면 되는데요. 그 감정의 정도가 심할 때는 really라는 강조 부사를 사용하여 I feel really....라고 말하면 됩니다.

| | |
|---|---|
| A | He fell off a building? Where are the child's parents? |
| B | I don't know, he was brought in by a stranger. |
| A | A stranger! **I feel really** outraged. |
| B | Yeah, well we're seeing more and more of these. |

| | |
|---|---|
| A | 그 애가 빌딩에서 떨어진 거야? 아이 부모는 어디 있어? |
| B | 몰라요, 낯선 사람이 데려왔어요. |
| A | 낯선 사람이라고! **정말** 화가 치밀어 오르는군. |
| B | 네, 그게 이런 경우를 점점 더 많이 보고 있으니까요. |

〈ER〉 중에서

＊stranger 낯선 사람 | outraged 분노한

1. 난 직장에서 **정말** 스트레스를 받아. ▶ **I feel really stressed at work.**

2. 난 **정말** 화가 나고 배신당한 기분도 들어. ▶ **I feel really angry and betrayed.**

3. 난 돈을 돌려받아서 **정말** 다행이라는 생각이 들어. ▶ **I feel really lucky to get the money back.**

4. 난 **정말** 속았다는 기분이 들어. ▶ _____

5. 난 **정말** 상처를 받았고 혼란스러운 기분도 들어. ▶ _____

6. 난 내 자신이 **정말** 부끄러워. ▶ _____

7. 난 조깅을 하고 나면 **정말** 기분이 좋아. ▶ _____

8. 난 내 직업에 대해 **정말** 부정적인 생각이 들어. ▶ _____

9. 난 혼자 집에 있으면 **정말** 외롭다는 생각이 들어. ▶ _____

10. 난 내 실수에 대해 **정말** 당황스러워. ▶ _____

✧ 정답은 소책자 32쪽에

1 stressed 스트레스를 받은   3 get sb/sth back ~을 돌려받다   6 ashamed of sb/sth ~이 부끄러운
8 negative 부정적인   9 lonely 외로운

난 ~하고 싶지 않아.

# I don't feel like -ing.

🎧 127.mp3

feel like -ing는 '~하고 싶다'라는 뜻의 관용 표현이에요. '난 ~하고 싶지 않아.'라는 뜻으로 내 심정을 나타낼 때는 I don't feel like -ing.라고 하면 됩니다.

| | | | |
|---|---|---|---|
| A | Where you going? | A | 어디 가요? |
| B | I don't know. **I don't feel like yelling** at a man with a heart condition right now. | B | 몰라요. 지금은 심장병 있는 사람한테 소리를 지르**고 싶지 않아요.** |
| A | Why the hell are you so upset? | A | 대체 왜 그렇게 화가 난 건데요? |
| B | You are an idiot if you don't think about repairing your heart, especially when it can be surgically treated. | B | 심장을 고치려는 생각을 안 한다면 당신은 바보예요. 특히 수술로 고칠 수 있는데도 말이죠. |

〈This Is Us〉 중에서 　　　　　　　　　　　　　　　　　　　　　　　　＊surgically 수술적으로

1. 난 밥 생각이 없어. ▶ **I don't feel like eating.**

2. 난 농담 따먹기 할 기분이 아니야. ▶ **I don't feel like cracking** a joke.

3. 난 온 마을 사람들의 험담을 하고 다니고 싶지는 않아. ▶ **I don't feel like gossiping** about everyone in town.

4. 난 외출하고 싶지 않아. ▶ _____

5. 난 수영하러 가고 싶지 않아. ▶ _____

6. 난 그 드레스를 입고 싶지 않아. ▶ _____

7. 난 오늘은 아무것도 하고 싶지 않아. ▶ _____

8. 난 네 추문을 듣고 싶지 않아. ▶ _____

9. 난 그 대화에 끼고 싶지 않아. ▶ _____

10. 난 내 체중에 대해 잔소리를 듣고 싶지 않아. ▶ _____

✦ 정답은 소책자 32쪽에

잠깐만요! 　**2** crack a joke 농담을 하다　**8** dig up dirt on sb ~의 추문을 듣추다　**10** nag 잔소리하다, weight 체중

159

~은 어떨까?

# How do you feel about -ing?

🎧 128.mp3

직역하면 '~하는 것에 대해 어떻게 느끼니?'라는 뜻인데요. 이 표현은 '~하는 게 어떠니?'라는 의미로 받아들이면 돼요. 상대방에게 무언가를 제안할 때 유용하게 쓸 수 있어요.

| | |
|---|---|
| A  I appreciate your concern, but a blind date? | A  관심 가져 주는 것은 고마운데 나더러 소개팅을 하라는 거니? |
| B  You'll like him, Grace, really! | B  그레이스, 그가 마음에 들 거야, 정말이라니깐! |
| A  **How do you feel about calling** it off? | A  취소하는 것**은 어떨까?** |
| B  You're not serious! | B  진담은 아니겠지! |

〈Will and Grace〉 중에서

＊blind date 소개팅

---

1. 혼자서 그걸 하는 것**은 어떨까?**
   ▶ **How do you feel about doing** it solo?

2. 찬물로 샤워하는 것**은 어떨까?**
   ▶ **How do you feel about taking** a cold shower?

3. 골수 기증자가 되는 것**은 어떨까?**
   ▶ **How do you feel about being** a bone marrow donor?

4. 하룻밤 자면서 그것에 대해 생각해 보는 것**은 어떨까?**
   ▶ _____

5. 그를 깨우는 것**은 어떨까?**
   ▶ _____

6. 하룻밤 자고 가는 것**은 어떨까?**
   ▶ _____

7. 그 계약서에 서명하는 것**은 어떨까?**
   ▶ _____

8. 용의자를 풀어 주는 것**은 어떨까?**
   ▶ _____

9. 식습관을 바꾸는 것**은 어떨까?**
   ▶ _____

10. 나쁜 영향을 주는 친구들을 잘라 내는 것**은 어떨까?**
    ▶ _____

⟡ 정답은 소책자 32쪽에

잠깐만요!

1 solo 혼자서   2 take a cold shower 찬물로 샤워하다   3 bone marrow donor 골수 기증자
4 sleep on sth 하룻밤 자면서 ~에 대해 생각해 보다   5 wake sb up ~을 깨우다   7 contract 계약서
10 cut sb/sth off ~을 잘라 내다, bad influence 나쁜 영향을 주는 사람/물건

160

## Unit 12

음성 강의 및 예문 듣기

# see

see는 '보다', '알아보다'라는 뜻으로 사용되는데요. 이번 unit에서는 see 동사를 활용한 패턴
중 가장 활용 빈도가 높은 패턴들을 살펴볼게요.

**129** **I don't see anything....**
~한 건 안 보여.

**130** **I've never seen....**
~은 처음 봐.

**131** **Have you seen...?**
~ 본 적 있어?

**132** **I'll see if....**
~인지 알아볼게.

**133** **See if they can tell us what....**
저 사람들이 우리한테 뭘 ~ 말해 줄 수 있나 알아봐.

**134** **Let's see who/what/where....**
누가/무엇을/어디에 ~ 알아보자.

~한 건 안 보여.
# I don't see anything....

🎧 129.mp3

I don't see anything.은 '난 아무것도 안 보여.'라는 뜻인데요. 구체적으로 어떤 것이 안 보이는지 말하려면 anything 뒤에 형용사나 that절을 사용하면 돼요. '~한 것은 아무것도 안 보여.'라는 뜻입니다.

| | |
|---|---|
| **A** You're taking Edie's ex to the banquet? | **A** 이디의 전남편을 연회에 데려갈 거야? |
| **B** Sure. **I don't see anything** wrong with it. | **B** 그래. 그 일에 잘못된 **건 없는 것 같아.** |
| **A** But she'll be there, and she won't be happy about it. | **A** 하지만 이디도 그곳에 올 텐데. 그러면 그 일로 기분이 좋지 않을 거야. |
| **B** Let her simmer. | **B** 속 좀 끓이게 두지 뭐. |

〈Desperate Housewives〉 중에서

*banquet 연회 | simmer 부글부글 끓다

1. 네가 원하는 **건 안 보여.** ▶ I don't see anything **you want.**

2. 수상한 **건 안 보여.** ▶ I don't see anything **suspicious.**

3. 그녀를 화나게 할 만한 **건 안 보여.** ▶ I don't see anything **to upset her.**

4. 새로운 **건 안 보여.** ▶

5. 색다른 **건 안 보여.** ▶

6. 그를 다치게 할 만한 **건 안 보여.** ▶

7. 그밖에 이것과 같은 **건 안 보여.** ▶

8. 네 재킷과 어울릴 만한 **건 안 보여.** ▶

9. 증거가 될 만한 **건 안 보여.** ▶

10. 냉장고 안에 먹을 **건 안 보여.** ▶

✧ 정답은 소책자 32쪽에

 잠깐만요! **2** suspicious 수상한 **5** unusual 색다른 **8** match 어울리다 **9** look like ~처럼 보이다 **10** refrigerator 냉장고

~은 처음 봐.

# I've never seen....

Pattern 065에서 배운 I've never heard.... 기억하세요? 처음 들었다고 말할 때 이 패턴을 쓴다고 했는데요. heard 대신 seen을 쓴 I've never seen....은 전에 한 번도 본 적이 없는 사람이나 사물을 말할 때 사용합니다. 한 번도 본 적이 없으니 처음 본다는 의미가 되겠죠?

| | |
|---|---|
| A What do you want with me? | A 나한테 원하는 게 뭐예요? |
| B You cleared 1.7 million in winnings. You and your girlfriend must've cheated. | B 당신들이 170만 달러를 상금으로 싹 쓸어 갔잖아. 당신이랑 당신 여자 친구가 분명 속임수를 썼겠지. |
| A Girlfriend? I never saw this maniac in my life! | A 여자 친구요? 이런 미친 여자는 평생 본 적도 없어요. |
| B **I've never seen** anyone count cards so quickly like you. | B 난 당신처럼 카운트 카드를 그렇게 빨리 하는 사람**은 처음 보는데**. |

〈Beyond〉 중에서

\* maniac 미치광이, -광 | count card 카운트 카드 (블랙잭 용어)

1. 너 같은 사람**은 처음 봐.**
   ▶ I've never seen **someone like you.**

2. 그렇게 황량한 마을**은 처음 봐.**
   ▶ I've never seen **such a desolate town.**

3. 전에 이것과 같은 상처는 **본 적이 없어.**
   ▶ I've never seen **a wound like this before.**

4. 반딧불이는 **처음 봐.**
   ▶

5. 그렇게 많은 경찰**은 처음 봐.**
   ▶

6. 그렇게 큰 종양**은 처음 봐.**
   ▶

7. 너의 전용 제트기는 **처음 봐.**
   ▶

8. 이 영화들은 하나도 **본 적이 없어.**
   ▶

9. 교도소 내부는 **처음 봐.**
   ▶

10. 이런 크리스마스트리는 **처음 봐.**
    ▶

    ✦ 정답은 소책자 32쪽에

 잠깐만요! **2** desolate 황량한 **4** firefly 반딧불이 **6** tumor 종양 **7** private 개인의, 사설의 **9** inside 내부

**131**

~ 본 적 있어?

# Have you seen...?

이 패턴은 사람이나 물건을 찾으면서 '~ 봤어?', '~ 본 적 있어?'라고 물을 때 사용합니다. ever를 넣어 Have you ever seen...?의 형태로도 자주 사용되는데요. '전에 ~ 본 적 있어?'라는 의미입니다.

| | |
|---|---|
| **A** **Have you seen** the captain? | **A** 서장님 **본 적 있어?** |
| **B** He hasn't been here all day. | **B** 하루 종일 여기 안 계셨는데요. |
| **C** You think Barton has something to do with this? | **C** 바톤이 이 일과 뭔가 관계가 있을 거라고 생각하는 거야? |
| **A** Straight to voice mail. Bailey, give me a location on the captain ASAP. | **A** 음성 메일로 곧장 넘어가네. 베일리, 되도록 빨리 서장님 위치 좀 알려줘. |

〈Lethal Weapon〉 중에서　　*have something to do with sb/sth ~와 뭔가 관계가 있다 | ASAP 되도록 빨리 (= as soon as possible)

---

**1.** 그녀의 벗은 몸을 **본 적 있어?**　　▶ **Have you seen** her naked?

**2.** 어딘가에서 내 고양이를 **본 적 있어?**　　▶ **Have you seen** my cat anywhere?

**3.** 이런 문신을 한 사람을 **본 적 있어?**　　▶ **Have you seen** anyone with this tattoo?

**4.** 그 시체를 **봤어?**　　▶

**5.** 최근에 그를 **본 적 있어?**　　▶

**6.** 내 자동차 열쇠를 **봤어?**　　▶

**7.** 내 청진기 **봤어?**　　▶

**8.** 그런 자살 사건을 **본 적 있어?**　　▶

**9.** 오늘 아침 신문 **봤어?**　　▶

**10.** 이 근처에서 수상한 사람을 **본 적 있어?**　　▶

✧ 정답은 소책자 33쪽에

⭐ 잠깐만요!　　**1** naked 벗은　**7** stethoscope 청진기

~인지 알아볼게.

# I'll see if....

🎧 132.mp3

see라고 하면 '보다'라는 뜻이 가장 먼저 떠오르지만 '살펴보다, 알아보다'라는 뜻으로도 사용돼요. I'll see if....라고 하면 '~인지 내가 알아볼게.'라는 뜻입니다.

| | |
|---|---|
| A  Another homicide in the park this morning. | A  오늘 아침에 공원에서 살인 사건이 한 건 더 있었어요. |
| B  Can we get someone down there? | B  그쪽으로 누구 보낼 수 있나? |
| A  **I'll see if** Grissom is in. | A  그리섬이 안에 있는**지 알아볼게요.** |
| B  The two of you can go together. | B  자네 둘이 같이 가면 되겠군. |

〈CSI: Las Vegas〉 중에서                                                   ＊homicide 살인 사건

1. 우리한테 사용 가능한 테이블이 있는**지 알아볼게.**
   ▶ **I'll see if** we have a table available.

2. 그들이 우리에게 숨기는 게 있는**지 알아볼게.**
   ▶ **I'll see if** they are holding out on us.

3. 그가 하드 드라이브에서 뭘 꺼낼 수 있는**지 알아볼게.**
   ▶ **I'll see if** he can pull something off the hard drive.

4. 그녀가 한가한**지 알아볼게.**
   ▶ _____

5. 그가 거기서 일하는**지 알아볼게.**
   ▶ _____

6. 파티가 시작됐는**지 알아볼게.**
   ▶ _____

7. 우리가 지문을 얻을 수 있는**지 알아볼게.**
   ▶ _____

8. 그들이 결정을 보류할**지 알아볼게.**
   ▶ _____

9. 그녀의 발에 멍이 있는**지 알아볼게.**
   ▶ _____

10. 그게 그의 질병과 똑같은 것을 옮기는**지 알아볼게.**
    ▶ _____

✧ 정답은 소책자 33쪽에

 잠깐만요!

2 hold out on sb ~에게 숨기다   3 pull sth off ~에서 끄집어내다   8 reserve 보류하다, 유보하다
9 bruise 멍, foot 발 (복수형은 feet)   10 disease 질병

165

**133**

저 사람들이 우리한테 뭘 ~ 말해 줄 수 있나 알아봐.

 133.mp3

# See if they can tell us what....

내가 궁금해하는 일에 대해 대답해 줄 수 있을 것 같은 사람들이 있는데, 내가 물어보기는 싫어서 다른 사람에게 물어보라고 시킬 때가 있는데요. 이럴 때 이 패턴을 사용하면 됩니다.

| | | | | |
|---|---|---|---|---|
| A | See that group of performers? | A | 공연하는 저 사람들 보여? | |
| B | You mean the ones who were talking to our suspect? | B | 우리 용의자랑 얘기하고 있었던 사람들 말인가요? | |
| A | Yeah. **See if they can tell us what** he was doing in a gay bar. | A | 그래. **저 사람들이** 그자가 게이 바에서 **뭘** 하고 있었는지 **우리한테 말해 줄 수 있나 알아봐.** | |
| B | I can tell you that. | B | 그건 제가 말씀드릴 수 있는데요. | |

〈Law & Order: SVU〉 중에서 　　　　　　　　　　　　　　　　　　　　　　　　　　*performer 공연하는 사람

1. 저 사람들이 우리한테 그가 뭘 기다리고 있는지 **말해 줄 수 있나 알아봐.**
   ▶ See if they can tell us what **he's waiting for.**

2. 저 사람들이 우리한테 우리가 갈 길을 막고 있는 게 **뭔지** 말해 줄 수 있나 알아봐.
   ▶ See if they can tell us what**'s blocking our way.**

3. 저 사람들이 우리한테 그녀의 얼굴에 있는 그게 **뭔지** 말해 줄 수 있나 알아봐.
   ▶ See if they can tell us what **that is on her face.**

4. 저 사람들이 우리한테 **뭐가** 없어졌는지 말해 줄 수 있나 알아봐.
   ▶ _____

5. 저 사람들이 우리한테 **무슨** 일이 일어나고 있는 건지 말해 줄 수 있나 알아봐.
   ▶ _____

6. 저 사람들이 우리한테 그가 그녀에게 **무슨** 짓을 한 건지 말해 줄 수 있나 알아봐.
   ▶ _____

7. 저 사람들이 우리한테 그의 손 안에 든 게 **뭔지** 말해 줄 수 있나 알아봐.
   ▶ _____

8. 저 사람들이 그녀가 그에게 원하는 게 **뭔지** 우리한테 말해 줄 수 있나 알아봐.
   ▶ _____

9. 저 사람들이 우리한테 그녀가 마지막으로 남긴 말이 **뭔지** 말해 줄 수 있나 알아봐.
   ▶ _____

10. 저 사람들이 우리가 **어느** 교도소로 보내지는 건지 우리한테 말해 줄 수 있나 알아봐.
    ▶ _____

✦ 정답은 소책자 33쪽에

잠깐만요!　　**2** block one's way ~의 갈 길을 막다　**9** last 마지막의

누가/무엇을/어디에 ~ 알아보자.

# Let's see who/what/where....

Let's see....는 '~을 알아보자.'라는 뜻인데요. 누가 했는지 궁금할 때는 who를, 무슨 일이 일어났는지 궁금할 때는 what을, 어디에서 일어났는지 알고 싶을 때는 where를 넣어 말하면 됩니다.

| | |
|---|---|
| A I thought you went home. What are you still doing here? | A 당신은 집에 간 줄 알았어요. 여기서 아직도 뭐하고 있는 거예요? |
| B I just don't feel like going home. Hey, you wanna get a drink? | B 그냥 집에 가고 싶지 않아서요. 저기, 술 한잔하실래요? |
| A Should we call Matt? | A 맷한테도 전화해야 할까요? |
| B Sure, **let's see what** he's up to. | B 그럼요. 그 친구는 **뭐**하고 있는지 **알아보죠.** |

〈Marvel's Daredevil〉 중에서

1. 우리가 가진 선택 사항이 **어떤** 건지 **알아보자.**
   ▶ **Let's see what** our options are.

2. **누가** 우리의 신원 미상자를 살해했는지 **알아보자.**
   ▶ **Let's see who** killed our John Doe.

3. 우리가 **어디에서** 내려야 하는지 **알아보자.**
   ▶ **Let's see where** we should get off.

4. 우리가 **어디에** 있는지 **알아보자.**
   ▶

5. 그것이 **무슨** 뜻인지 **알아보자.**
   ▶

6. **누가** 먼저 쓰러지는지 **알아보자.**
   ▶

7. 이것이 **무엇에** 관한 것인지 **알아보자.**
   ▶

8. 다음에 **무슨** 일이 일어날지 **알아보자.**
   ▶

9. 문 뒤에 **무엇이** 있는지 **알아보자.**
   ▶

10. **누가** 상황을 악화시켰는지 **알아보자.**
    ▶

✧ 정답은 소책자 33쪽에

 잠깐만요!  **2** John Doe (남자) 신원 미상자  **3** get off (차량에서) 내리다  **6** drop 쓰러지다

167

# Unit 13

음성 강의 및 예문 듣기

# look

look은 '~이게 보이다'라는 뜻인데요, look at, look for와 같이 전치사와 함께 사용되어 완전히 다른 뜻으로 사용되는 경우도 많아요. 이번 unit에서는 이런 표현을 이용한 패턴을 알아보겠습니다.

135 **Look at....**
~을 봐.

136 **I'm looking at....**
~할까 생각 중이야.

137 **I'm looking for....**
~을 찾고 있어.

**135**

~을 봐.

# Look at....

 135.mp3

무엇 좀 보라고 상대방을 재촉하거나 상대방의 주의를 끌고 싶을 때는 이 패턴을 사용해요. 참고로 see는 특별한 주의를 기울이지 않아도 저절로 눈에 보이는 것을 의미하지만, 의식적으로 무언가를 보는 것은 look at이라고 합니다.

| | |
|---|---|
| A Here is our victim, Ronald Dawson. | A 여기 우리의 피해자, 로널드 도슨이 있군. |
| B **Look at** all the bullet holes around here. | B 이 주변에 난 총알구멍들을 전부 **봐봐**. |
| A Let me guess. Death by gunshot wounds. | A 내가 추측해 보지. 총상에 의한 사망이네. |
| B My guess is, he played at being hard and pissed off some actually hard-playing dudes who took him out. | B 내 추측은 이 친구가 재미로 누굴 좀 갈구다가 진짜 대책 없는 친구들을 열 받게 해서 끌려 나간 거야. |

〈Lethal Weapon〉 중에서

＊victim 피해자 | bullet 총알 | play at -ing 재미 삼아 ~하다 | take sb out ~을 데리고 나가다

1. 그의 표정을 **봐**. ▶ Look at **his expression.**

2. 벽에 걸린 그림을 **봐**. ▶ Look at **the picture on the wall.**

3. 일이 풀려 간 꼴을 **봐**. ▶ Look at **the way things worked out.**

4. 그녀의 얼굴을 **봐**. ▶

5. 세상을 **봐**. ▶

6. 모니터를 **봐**. ▶

7. 온통 피바다인 것을 **봐**. ▶

8. 그가 그녀를 대하는 꼴을 **봐**. ▶

9. 꼬리를 치고 있는 개를 **봐**. ▶

10. 일이 얼마나 잘못됐는지 **봐**. ▶

✦정답은 소책자 34쪽에

잠깐만요! **1** expression 표정 **2** wall 벽 **3** work out 풀려 가다 **6** monitor 모니터 **9** wag one's tail (개가) 꼬리를 치다

**136**

~할까 생각 중이야.

# I'm looking at....

136.mp3

look at은 '~을 보다'라는 뜻으로도 쓰이지만 '생각하다'라는 의미로도 쓰여요. 그래서 I'm looking at....이라고 하면 '난 ~을 보고 있어.'라는 의미도 되지만, '~할까 생각 중이야.'라는 의미도 된답니다.

| | |
|---|---|
| A  **I'm looking at** buying a country house. | A  시골에 집을 한 채 살**까 생각 중이야.** |
| B  With what, Bree? | B  브리, 뭘로? |
| A  We have a little money put away. | A  우리한테 모아 둔 돈이 좀 있잖아. |
| B  But why would you want to ever leave Wisteria Lane? | B  하지만 왜 위스테리아 레인을 떠나고 싶어 하는 거야? |

〈Desperate Housewives〉 중에서

*put sth away (돈을) 모으다, 저축하다

---

1. 방사선 치료를 받을**까 생각 중이야.**
   ▶ **I'm looking at getting radiation therapy.**

2. 부모님께 커밍아웃 할**까 생각 중이야.**
   ▶ **I'm looking at coming out to my parents.**

3. 그 회의를 추진할**까 생각 중이야.**
   ▶ **I'm looking at going ahead with the meeting.**

4. 조기 퇴직할**까 생각 중이야.**
   ▶

5. 그에게 그 사건을 줄**까 생각 중이야.**
   ▶

6. 합의서에 서명할**까 생각 중이야.**
   ▶

7. 그룹 치료에 들어갈**까 생각 중이야.**
   ▶

8. 우리의 절차를 변경할**까 생각 중이야.**
   ▶

9. 그녀에게 100만 달러의 보상금을 지급할**까 생각 중이야.**
   ▶

10. 원점으로 돌아가서 다시 시도해 볼**까 생각 중이야.**
    ▶

✦ 정답은 소책자 34쪽에

1 radiation therapy 방사선 치료   2 come out to sb ~에게 커밍아웃 하다   3 go ahead with sth ~을 추진하다
6 agreement 합의, 합의서   7 enter 들어가다   8 procedure 절차   9 reward 보상금, 상금
10 go back to square one 원점으로 돌아가다

~을 찾고 있어.

# I'm looking for....

🎧 137.mp3

look for는 '~을 찾다'라는 뜻이에요. I'm looking for....라고 하면 내가 찾고 있는 사람이나 물건이 무엇인지를 말할 때 쓰는 표현이 되는데요. 이것은 가게에 가서 점원에게 찾는 물건이 무엇인지를 말할 때도 흔히 사용하는 표현입니다.

| | |
|---|---|
| A  Welcome to Giovanni's. Can I help you? | A  지오반니에 잘 오셨습니다. 도와드릴까요? |
| B  Yes, **I'm looking for** the owner of the place. | B  네, 이곳의 주인분을 **찾고 있는데요.** |
| A  Mr. Giovanni is out of town. | A  지오반니 씨는 다른 도시에 계세요. |
| B  Can you tell me when he left? | B  언제 떠나셨는지 얘기해 주실래요? |

〈CSI: Las Vegas〉 중에서

＊owner 주인

1. 비밀 요리책을 찾고 있어. ▶ I'm looking for **the secret recipe book.**

2. 널 위해 좋은 수양 가족을 찾고 있어. ▶ I'm looking for **a good foster family for you.**

3. 인상착의와 일치하는 사람을 찾고 있어. ▶ I'm looking for **someone who matches the description.**

4. 도전할 만한 일을 찾고 있어. ▶

5. 없어진 열쇠를 찾고 있어. ▶

6. 떠날 변명거리를 찾고 있어. ▶

7. 그 건축가의 수첩을 찾고 있어. ▶

8. 책임자를 찾고 있어. ▶

9. 그 일에 알맞은 적임자를 찾고 있어. ▶

10. 연구소를 지키는 보안 직원들을 찾고 있어. ▶

✧ 정답은 소책자 34쪽에

**잠깐만요!**    **2** foster family 수양 가족   **6** excuse 변명   **7** architect 건축가, diary 수첩, 일기   **8** in charge 책임을 맡은
**10** security staff 보안 직원, guard 지키다

# Unit 14

음성 강의 및 예문 듣기

# **believe**

believe는 '믿다', '생각하다'라는 뜻으로 믿고 있는 것이나 생각하는 바를 말할 때 사용하는 동사예요. 이번 unit에서는 believe 동사를 이용한 대표 패턴을 살펴볼 거예요.

 **I can't believe (that)....**
~라니 놀랍군.

 **I can't believe you....**
네가 ~라니 놀랍군.

 **Nobody would believe someone who....**
~한 사람의 말을 믿으려는 사람은 아무도 없을 거야.

**138**

~라니 놀랍군.

# I can't believe (that)....

 🎧 138.mp3

믿을 수 없는 일이 있을 때는 I can't believe (that)....이라고 합니다. '~라니 믿을 수가 없네.'라고 직역하기도 하지만, '~라니 놀랄 노자로군.', '~라니 놀랍군.'이라고 번역해도 돼요.

| | |
|---|---|
| A **I can't believe that** Romero would do all that for you. | A 로메로가 당신을 위해 그 모든 걸 해 주려고 했다**니 놀랍네요.** |
| B Well, he's got his good sides. | B 음, 그에게도 좋은 면이 있어. |
| A You know, guys don't marry girls because they want to give them insurance coverage for the heck of it. | A 남자들이 그냥 재미 삼아 보험료나 내 주려고 여자들이랑 결혼하는 게 아니라는 거 알면서 그래요. |
| B He just wanted to help me out. | B 그는 날 도와주고 싶어 했던 것뿐이야. |

〈Bates Motel〉 중에서　　　　　　　　　　　　　　*insurance coverage 보험 보장 (범위) | for the heck of it 그냥 재미 삼아

1. 내가 이런 일을 하고 있다**니 놀랍군.**　▶ **I can't believe** I'm doing this.

2. 아무도 개입하지 않았다**니 놀랍군.**　▶ **I can't believe** no one intervened.

3. 우리가 이제 더 이상은 고등학생이 아니라**니 놀랍군.**　▶ **I can't believe** we're not in high school anymore.

4. 그가 자백했다**니 놀랍군.**　▶ _____

5. 이런 일이 벌어지고 있다**니 놀랍군.**　▶ _____

6. 내가 그렇게 오래 걸렸다**니 놀랍군.**　▶ _____

7. 내가 이런 말을 하게 될 거라**니 놀랍군.**　▶ _____

8. 기자들이 알아냈다**니 놀랍군.**　▶ _____

9. 살인범이 단서를 그렇게 많이 남겼다**니 놀랍군.**　▶ _____

10. 우리가 그것을 관철하지 않을 거라**니 놀랍군.**　▶ _____

✦ 정답은 소책자 34쪽에

잠깐만요!　　2 intervene 개입하다　8 reporter 기자　10 go through with sth ~을 관철하다

네가 ~라니 놀랍군.

# I can't believe you....

🎧 139.mp3

상대방이 평소와는 다른 행동을 했다거나 그렇게 보지 않았는데 뜻밖의 행동이나 성격을 드러내서 어안이 벙벙해지는 경우가 종종 있는데요. 그럴 때는 이 패턴을 사용하면 됩니다.

| | |
|---|---|
| **A** I can't believe you hijacked a helicopter today. | **A** 당신이 오늘 헬리콥터를 납치했다니 놀랍군. |
| **B** Please. I've seen you hijack an ambulance for a doughnut. | **B** 제발 그만해. 난 당신이 도넛 하나 먹으려고 앰뷸런스를 납치하는 것도 봤거든요. |
| **A** You came with me, remember? | **A** 당신도 나랑 같이 갔잖아, 기억나? |
| **B** No. Not at all. | **B** 아니, 전혀 기억 없는데. |

〈Code Black〉 중에서

＊hijack (비행기, 차량 등을) 납치하다

1. 네가 내내 알고 있었다니 **놀랍군**. ▶ I can't believe you **knew all along.**

2. 네가 그의 청혼을 거절했다니 **놀랍군**. ▶ I can't believe you **turned him down.**

3. 네가 학교에서 쫓겨났다니 **놀랍군**. ▶ I can't believe you **got kicked out of school.**

4. 네가 거절했다니 **놀랍군**. ▶

5. 네가 나한테 총을 쏘다니 **놀랍군**. ▶

6. 네가 그런 일을 하고 있다니 **놀랍군**. ▶

7. 네가 그 모든 걸 저버렸다니 **놀랍군**. ▶

8. 네가 시내를 가로질러 거기까지 갔다니 **놀랍군**. ▶

9. 네가 아직 보안 카메라를 확인하지 않았다니 **놀랍군**. ▶

10. 네가 네 환자들을 더 이상 신경 쓰지 않는다니 **놀랍군**. ▶

✤ 정답은 소책자 35쪽에

잠깐만요!

**2** turn sb down ~의 청혼을 거절하다  **3** get kicked out of school 학교에서 쫓겨나다  **5** shot 총을 쏘다
**8** across ~을 가로질러  **9** security camera 보안 카메라

~한 사람의 말을 믿으려는 사람은 아무도 없을 거야.

# Nobody would believe someone who....

🎧 140.mp3

형사물 미드에서 전과자가 자신의 결백을 증명하고 싶어도 자신이 이전에 저지른 일이나 행동 때문에 아무도 자신의 무죄를 믿어 주지 않을 거라고 항변하는 장면을 많이 보셨을 텐데요. 이럴 때 자주 나오는 표현이 바로 이 패턴입니다.

| | |
|---|---|
| A We can defend this as a clear-cut case of self defense. | A 우리는 이걸 명백한 정당방위 사건으로 변호할 수 있어. |
| B Maybe, but why would a banker steal from a homeless man? | B 어쩌면. 하지만 은행 간부가 왜 노숙자한테서 도둑질을 하려고 했을까? |
| A I'd say it depends on what was stolen. | A 그건 뭘 훔쳤는지에 따라 다르다고 말해야겠는데. |
| B Still, **nobody would believe someone who** lives on the street. | B 그래도 거리에서 사**는 사람의 말을 믿으려는 사람은 아무도 없을 거야.** |

〈Boston Legal〉 중에서     *clear-cut 명백한 | self defense 정당방위 | banker 은행 간부 | depend on ~에 따라 다르다

1. 커닝하다 걸린 사람의 말을 믿으려는 사람은 아무도 없을 거야.
   ▶ Nobody would believe someone who **was caught cheating.**

2. 술에 취해 싸움을 일삼는 사람의 말을 믿으려는 사람은 아무도 없을 거야.
   ▶ Nobody would believe someone who **is always drunk and fighting.**

3. 정신병 이력이 있는 사람의 말을 믿으려는 사람은 아무도 없을 거야.
   ▶ Nobody would believe someone who **has a history of mental illness.**

4. 교도소에 있는 사람의 말을 믿으려는 사람은 아무도 없을 거야.
   ▶ _____

5. 마약을 거래하는 사람의 말을 믿으려는 사람은 아무도 없을 거야.
   ▶ _____

6. 가족을 떠난 사람의 말을 믿으려는 사람은 아무도 없을 거야.
   ▶ _____

7. 여기서 태어나지 않은 사람의 말을 믿으려는 사람은 아무도 없을 거야.
   ▶ _____

8. 몸 파는 사람의 말을 믿으려는 사람은 아무도 없을 거야.
   ▶ _____

9. 항상 간에 붙었다 쓸개에 붙었다 하는 사람의 말을 믿으려는 사람은 아무도 없을 거야.
   ▶ _____

10. 아동 학대로 고발당한 사람의 말을 믿으려는 사람은 아무도 없을 거야.
    ▶ _____

✧ 정답은 소책자 35쪽에

잠깐만요!

1 be caught 잡히다, 걸리다. cheat 커닝하다   2 drunk 술에 취한   3 mental illness 정신병   5 deal drugs 마약을 거래하다
8 prostitute oneself 몸을 팔다   9 change sides 간에 붙었다 쓸개에 붙었다 하다   10 child abuse 아동 학대

# Unit 15

음성 강의 및 예문 듣기

# mind / care

mind나 care는 '신경 쓰다', '상관하다'라는 뜻으로 사용되는데요. 특히 mind 동사는 Would you mind ~?나 Do you mind ~?의 패턴으로 요청하는 표현에서 많이 사용되죠.

141 **Would you mind -ing?**
～해 주겠니?

142 **Mind if I...?**
내가 ～해도 될까?

143 **So, you wouldn't mind if I...?**
그럼 내가 ～해도 괜찮은 거지?

144 **I don't care....**
난 ～ 상관없어.

~해 주겠니?

# Would you mind -ing?

이 패턴은 상대방에게 아주 정중하게 무언가를 요청할 때 사용합니다. 직역하면 '~하는 것을 꺼릴 거니?'라는 뜻이지만, '~해 주겠니?'라는 의미로 이해하면 됩니다.

| | |
|---|---|
| A **Would you mind stepping** back a couple of paces? I can't concentrate on this. | A 두어 걸음 뒤로 물러나 **주겠어요?** 이 일에 집중을 할 수가 없네요. |
| B You've got a lot on your mind. All the stuff that happened with the detective. | B 머릿속에 생각이 많군요. 그 형사한테 일어난 일들로 머리가 꽉 찬 거잖아요. |
| A It's utterly irrelevant to breaking into a car. | A 그건 자동차 문 따는 것과 전혀 상관없어요. |
| B Obviously. | B 분명한데도 그러네요. |

〈Elementary〉 중에서

＊step back 뒤로 물러서다 | irrelevant 상관없는 | break into a car (자동차 문을) 억지로 따다

**1.** 나한테 이유를 말해 **주겠니?** ▶ Would you mind telling **me why**?

**2.** 내 말 좀 막지 말아 **주겠니?** ▶ Would you mind **not** interrupting **me**?

**3.** 우리가 얘기 좀 하게 밖으로 나가 **주겠니?** ▶ Would you mind stepping **outside so we can talk**?

**4.** 나 좀 혼자 있게 **해 주겠니?** ▶ _____

**5.** 우리에게 잠깐 시간 좀 내**주겠니?** ▶ _____

**6.** 좀 크게 말해 **주겠니?** ▶ _____

**7.** 내 사무실에서 기다려 **주겠니?** ▶ _____

**8.** 내 시야를 가리지 말아 **주겠니?** ▶ _____

**9.** 더 가까이 오지 말아 **주겠니?** ▶ _____

**10.** 네가 어질러 놓은 것 좀 치워 **주겠니?** ▶ _____

✦ 정답은 소책자 35쪽에

2 interrupt 방해하다, 가로막다   3 step outside 밖으로 나가다   6 speak up 더 크게 말하다
8 block one's view ~의 (앞에 서서) 시야를 가리다   10 pick up after sb ~가 어질러 놓은 것을 치우다

내가 ~해도 될까?

# Mind if I...?

문법적으로는 Do you mind if I...?가 옳은 표현이지만, 구어에서는 You mind if I...?나 Mind if I...?의 형태로 사용하는 경우도 흔해요. 상대방에게 허락을 구할 때 쓰는 표현입니다.

| | |
|---|---|
| **A** Do you know where Dino Brant is? | **A** 디노 브랜트가 어디 있는지 알아요? |
| **B** Dino? Uh, I think he's in the back taking a smoke break. | **B** 디노요? 어, 뒤에서 담배 피우며 쉬고 있을 걸요. |
| **A** **Mind if I** head on back there? We're old friends. | **A** **내가** 뒤쪽으로 가 **봐도 되죠?** 우린 오래된 친구 사이거든요. |
| **B** Prison? AA? | **B** 교도소에서요? 알코올 중독자 모임에서요? |

〈Lethal Weapon〉 중에서    *take a smoke break 담배 피우며 잠깐 쉬다 | AA 알코올 중독자 모임 (= Alcoholic Anonymous)

---

1. 내가 좀 둘러봐도 될까?
   ▶ **Mind if I look around?**

2. 내가 그걸 내 인스타그램에 포스팅 해도 될까?
   ▶ **Mind if I post it on my Instagram?**

3. 내가 아이들을 데려와도 될까?
   ▶ **Mind if I bring the children with me?**

4. 내가 담배를 피워도 될까?
   ▶ _____

5. 내가 들어가도 될까?
   ▶ _____

6. 내가 의자를 뒤로 젖혀도 될까?
   ▶ _____

7. 내가 솔직하게 말해도 될까?
   ▶ _____

8. 내가 이걸 잠시 가지고 있어도 될까?
   ▶ _____

9. 내가 이 케이크를 하나 먹어 봐도 될까?
   ▶ _____

10. 내가 질문을 몇 개 해도 될까?
    ▶ _____

✦ 정답은 소책자 35쪽에

 **잠깐만요!**    6 lean back 뒤로 기대다. 의자를 뒤로 젖히다   8 awhile 잠시   9 try 먹어 보다, 시식하다

143

그럼 내가 ~해도 괜찮은 거지?

# So, you wouldn't mind if I...?

 143.mp3

어떤 일을 벌이기에 앞서 상대방의 의사를 재차 확인하고 허락을 구할 때 쓰는 패턴이에요. 문자 그대로 해석하면 '그럼 내가 ~해도 꺼리지 않을 거지?'라는 뜻이지만, '그럼 내가 ~해도 되는 거지?'라는 의미로 해석하는 것이 자연스럽습니다.

| | |
|---|---|
| A  Hey Jerry, who was that guy I saw you with? | A  이봐 제리, 너랑 어떤 남자랑 같이 있던데 누구야? |
| B  You mean Keith Hernandez? He thought you were cute. | B  키스 헤르난데즈 말하는 거야? 그 친구가 네가 귀여운 것 같다던데. |
| A  Oh my god, not the baseball player? | A  세상에, 그 야구 선수는 아니지? |
| B  **So, you wouldn't mind if I** gave him your number? | B  그럼 내가 네 전화번호를 그에게 줘도 괜찮은 거지? |

〈Seinfeld〉 중에서

1. 그럼 내가 네 자리를 차지해도 괜찮은 거지? ▶ So, you wouldn't mind if I **took your place**?

2. 그럼 내가 이 물건을 치워도 괜찮은 거지? ▶ So, you wouldn't mind if I **removed this stuff**?

3. 그럼 내가 저 위스키를 좀 마셔도 괜찮은 거지? ▶ So, you wouldn't mind if I **had some of that whiskey**?

4. 그럼 내가 엿들어도 괜찮은 거지? ▶ _____

5. 그럼 내가 그녀를 집에 데려다 줘도 괜찮은 거지? ▶ _____

6. 그럼 내가 이 트럭을 몰아도 괜찮은 거지? ▶ _____

7. 그럼 내가 화학 요법을 그만 둬도 괜찮은 거지? ▶ _____

8. 그럼 내가 그에게 졸업 무도회에 가자고 해도 괜찮은 거지? ▶ _____

9. 그럼 내가 널 모른 척해도 괜찮은 거지? ▶ _____

10. 그럼 내가 그들에게 정보를 좀 줘도 괜찮은 거지? ▶ _____

✦ 정답은 소책자 36쪽에

 잠깐만요! **1** take one's place ~의 자리를 차지하다  **3** whiskey 위스키  **4** listen in 엿듣다  **7** chemo 화학 요법

179

난 ~ 상관없어.

# I don't care....

🎧 144.mp3

I don't care.는 '나는 신경 안 써.', '나는 상관 안 해.'라는 뜻인데요. 여기에 「about+명사」 혹은 if나 의문사가 이끄는 절을 덧붙일 수도 있어요.

| | |
|---|---|
| A We're gonna be able to spend the whole weekend alone. **I don't care** if they burn the house down. | A 우리끼리만 온 주말을 보낼 수 있는 거잖아. **난** 애들이 집을 다 태워먹든 말든 **상관없어.** |
| B We never should have started with Katie. | B 케이티랑 가장 먼저 얘기해선 절대 안 됐는데. |
| A You're right. She's too smart. We need to go to the dumb one. | A 당신 말이 맞아. 그 애는 너무 똑똑하니까. 우린 멍청한 애한테 가야 해. |
| B I don't think any of our kids are dumb. But I will follow you to Teddy's room. | B 난 우리 애들 중 누가 멍청하다고는 생각 안 해. 하지만 당신을 따라 테디 방으로 갈게. |

〈Man with a Plan〉 중에서

＊burn sth down ~을 전소시키다 | dumb 멍청한

1. 난 내일은 어떻게 되든 **상관없어.** ▸ I don't care **about tomorrow.**

2. 난 네가 그것을 좋아하든 말든 **상관없어.** ▸ I don't care **if you don't like it.**

3. 난 네 이유가 어떤 것이든 **상관없어.** ▸ I don't care **what your reason is.**

4. 난 TV에서 뭘 방영하든 **상관없어.** ▸

5. 난 누가 그것을 알든 **상관없어.** ▸

6. 난 그녀가 무슨 말을 하든 **상관없어.** ▸

7. 난 그것이 어떻게 생겼든 **상관없어.** ▸

8. 난 그녀가 날 해고하든 말든 **상관없어.** ▸

9. 난 그가 나에 대해 무슨 말을 했든 **상관없어.** ▸

10. 난 더 이상 내 머리에 관한 일은 **상관없어.** ▸

✧ 정답은 소책자 36쪽에

⭐ 잠깐만요! **3** reason 이유 **8** fire 해고하다

180

# Part 2

## '미드'에 항상 나오는 감정 표현 핵심패턴

우리나라 사람들은 내가 굳이 말로 표현을 안 해도 상대방이 내 마음을 알아 줄 거라고 생각하는 경우가 많은 것 같은데요. 이에 반해 미국 사람들은 감정 표현을 잘 해요. 특히 미안하거나 고마운 감정은 즉각 말로 표현하죠. Part 2에서는 감정을 나타낼 때 사용하는 패턴들을 살펴보겠습니다.

# Unit 16

음성 강의 및 예문 듣기

# **sorry**

sorry는 미안하거나 유감스러운 일을 말할 때 사용해요. 우리말 자막이 들어 있는 미드를 보다 보면, 유감스러운 일을 말하면서 I'm sorry.라고 한 것도 무조건 '미안해.'라고 오역한 경우가 많은데요. 이번 unit에서 sorry의 두 가지 의미를 확실히 구분해서 알아두세요.

**145** **I'm sorry about....**
~에 대해서는 미안해/유감이야.

**146** **I'm sorry (that)....**
~해서 미안해/유감이야.

**147** **I'm so sorry for....**
~해서 정말 미안해/유감이야.

**148** **I'm sorry. I shouldn't....**
미안해. 내가 ~해서는 안 되는 건데.

**149** **I'm very sorry, but we have to....**
정말 미안하지만 우리는 ~해야 해.

**150** **Sorry if I....**
내가 ~라면 미안해.

~에 대해서는 미안해/유감이야.

# I'm sorry about....

🎧 145.mp3

sorry는 '미안한', '유감스러운'의 의미로 쓰여요. 그래서 I'm sorry about....이라고 하면 사과하는 표현도 되지만 애석한 일에 대해 유감의 뜻을 전하는 표현도 됩니다.

| | |
|---|---|
| A **I'm sorry about** your husband, Mrs. Alvarez. | A 알바레즈 부인, 부군 일**은 유감입니다**. |
| B He didn't do this. Do you understand me? | B 그 사람은 이런 짓을 하지 않았어요. 제 말 아시겠어요? |
| A Ma'am, I'm exploring all possibilities. That's why I'm here. | A 부인, 전 모든 가능성을 조사하고 있는 겁니다. 그 때문에 제가 여기 있는 거고요. |
| B Tell me, what do you want to know? | B 말씀하세요. 뭘 알고 싶으신 건데요? |

〈Lethal Weapon〉 중에서

＊explore 조사하다

1. 어젯밤 일에 대해서는 미안해.
▶ **I'm sorry about** last night.

2. 불편을 준 것에 대해서는 미안해.
▶ **I'm sorry about** the inconvenience.

3. 네가 일자리를 잃은 것에 대해서는 유감이야.
▶ **I'm sorry about** your losing your job.

4. 기다리게 한 것에 대해서는 미안해.
▶

5. 그 냄새에 대해서는 미안해.
▶

6. 너희 아버지 일에 대해서는 유감이야.
▶

7. 네가 입은 손실에 대해서는 유감이야.
▶

8. 이 모든 난장판에 대해서는 유감이야.
▶

9. 네게 생긴 일에 대해서는 유감이야.
▶

10. 요전 날에 그렇게 헤어진 것에 대해서는 미안해.
▶

✧정답은 소책자 36쪽에

잠깐만요!

**2** inconvenience 불편  **3** lose one's job 일자리를 잃다  **5** smell 냄새  **7** loss 손실, 손해
**10** break sth off 관계를 갑작스럽게 끝내다

# 146

~해서 미안해/유감이야.

# I'm sorry (that)....

Pattern 145와 마찬가지로 이 패턴도 두 가지 의미로 쓸 수 있는데요. 대신 「about+명사」가 아니라 「that+주어+동사」를 사용한 거예요. 정말 미안하거나 유감이라는 뜻을 전하고 싶을 때는 I'm so sorry (that)....이나 I'm really sorry (that)....이라고 하면 돼요.

| | |
|---|---|
| **A** **I'm sorry that** we have to meet again under these circumstances. | **A** 이런 상황에서 다시 만나게 돼서 **유감입니다**. |
| **B** Us, too. | **B** 우리도 그래요. |
| **A** Look, we think the man you're harboring is a prime suspect, but you're convinced he's innocent. Tell us why. | **A** 저기요, 우린 당신들이 숨겨 주고 있는 남자를 유력한 용의자라고 생각해요. 헌데 당신들은 그가 무죄라고 확신하고 있죠. 이유를 말해 주세요. |
| **B** Because he told me so. | **B** 그 사람이 그렇게 말했으니까요. |

〈Hawaii Five-O〉 중에서

＊circumstance 상황 | harbor (죄인을) 숨겨 주다 | convinced 확신하는

---

1. 그런 일이 너한테 일어나서 **유감이야**.
   ▶ I'm sorry **that happened to you.**

2. 갑자기 집으로 쳐들어 갔던 **것은 미안해**.
   ▶ I'm sorry **I broke into your house.**

3. 너한테 미친놈처럼 군 **것은 미안해**.
   ▶ I'm sorry that **I went psycho on you.**

4. 우리가 늦어서 **미안해**.
   ▶ _____

5. 이런 걸 물어봐야 해서 **유감이야**.
   ▶ _____

6. 아들이 체포된 **것은 유감이야**.
   ▶ _____

7. 그렇게 일찍 널 깨웠던 **것은 미안해**.
   ▶ _____

8. 그가 네게 그런 짓을 **해서 유감이야**.
   ▶ _____

9. 네 시간을 낭비해야 했던 **것은 미안해**.
   ▶ _____

10. 네가 어머니를 못 만나게 돼서 **유감이야**.
    ▶ _____

✤ 정답은 소책자 36쪽에

잠깐만요! 3 go psycho on sb ~에게 미친 사람처럼 굴다  9 waste one's time ~의 시간을 낭비하다

~해서 정말 미안해/유감이야.

# 147 I'm so sorry for....

 147.mp3

sorry 뒤에 「for+명사/동명사」를 사용하여 미안하거나 유감스러운 감정을 전할 수도 있어요. 예를 들어, '늦어서 (정말) 미안하다.'라고 하려면 I'm (so) sorry for being late.라고 하면 됩니다.

| | |
|---|---|
| A **I'm so sorry for** the gun in your face. | A 당신 얼굴에 총을 들이대서 **정말 미안해요**. |
| B People do things when they're afraid. | B 사람들은 겁이 나면 여러 가지 일을 하죠. |
| A Not that it was entirely unjustified. You did get us into this. | A 그게 완전히 부당하기만 한 것은 아니었어요. 당신이 우리를 이 지경에 처하게 한 장본인이니까요. |
| B I'm trying my best to get us out. | B 우리가 밖으로 나갈 수 있게 하려고 전 최선을 다하고 있어요. |

〈The Walking Dead〉 중에서　　　*entirely 완전히 | unjustified 정당하지 않은 | get sb into sth ~을 …에 처하게 하다 | try one's best 최선을 다하다

---

1. 그 스캔들에 대해서는 정말 유감이야. ▶ **I'm so sorry for** the scandal.

2. 답장하는 데 시간이 아주 오래 걸려서 정말 미안해. ▶ **I'm so sorry for** taking so long to reply.

3. 이성을 잃어서 정말 미안해. ▶ **I'm so sorry for** losing control of myself.

4. 네 가족 일은 정말 유감이야. ▶

5. 너를 의심해서 정말 미안해. ▶

6. 혼동이 생긴 점에 대해서는 정말 유감이야. ▶

7. 널 혼자 둬서 정말 미안해. ▶

8. 그 끔찍한 비극적 사건에 대해서는 정말 유감이야. ▶

9. 기다리게 해서 정말 미안해. ▶

10. 너희들에게 소리쳐서 정말 미안해. ▶

✦ 정답은 소책자 37쪽에

 잠깐만요!　　1 scandal 스캔들　2 reply 답장하다, 대답하다　3 lose control of oneself 이성을 잃다　6 confusion 혼동
8 awful 끔찍한, tragedy 비극　10 scream at sb ~에게 소리치다

# I'm sorry. I shouldn't....

I shouldn't....는 하면 안 되는 일을 하는 것에 대한 후회를 나타내는 표현입니다. 그래서 하면 안 되는 일을 하는 것에 대해 사과할 때는 이 패턴을 쓸 수 있습니다.

| | |
|---|---|
| **A** Carrie, he's a married man! | **A** 캐리, 그 남자는 유부남이야! |
| **B** I know, but he's married to a real dragon lady. | **B** 알아, 하지만 그 남자는 진짜 포악한 여자랑 결혼했어. |
| **A** **I'm sorry. I shouldn't** be so judgmental. | **A** **미안해. 내가** 그렇게 딱 잘라 비난**해서는 안 되는 건데.** |
| **B** Neither should I, I guess. | **B** 나도 그러면 안 되겠지. |

〈Sex and the City〉 중에서　　　　　　　　　　　　*dragon lady 포악한 여자 | judgmental 비난을 잘하는

1. 미안해. 내가 아무것도 결정해서는 안 되는 건데.
   ▶ I'm sorry. I shouldn't **decide anything.**

2. 미안해. 내가 기증자랑 대화를 하고 있어서는 안 되는 건데.
   ▶ I'm sorry. I shouldn't **be talking to the donor.**

3. 미안해. 내가 네 일에 쓸데없이 간섭해서는 안 되는 건데.
   ▶ I'm sorry. I shouldn't **poke my nose into your affairs.**

4. 미안해. 내가 무례하게 굴어서는 안 되는 건데.
   ▶ _____

5. 미안해. 내가 모든 공적을 가져가서는 안 되는 건데.
   ▶ _____

6. 미안해. 비 오는데 내가 개를 산책시켜서는 안 되는 건데.
   ▶ _____

7. 미안해. 내가 그녀에게 수작을 걸고 있어서는 안 되는 건데.
   ▶ _____

8. 미안해. 내가 그들의 편만 들어서는 안 되는 건데.
   ▶ _____

9. 미안해. 내가 네 인생에 감 내라 배 내라 해서는 안 되는 건데.
   ▶ _____

10. 미안해. 내가 당직실에서 자고 있어서는 안 되는 건데.
    ▶ _____

✤ 정답은 소책자 37쪽에

**잠깐만요!**　3 poke one's nose into sth ~에 쓸데없이 간섭하다　**5** credit 공로, 공적　**6** walk 산책시키다　**7** put a move on sb ~에게 (성적인 목적을 위해) 수작을 걸다　**8** biased in favor of sb ~에게 유리한 쪽으로 편파적인　**10** on-call room 당직실

정말 미안하지만 우리는 ~해야 해.

# I'm very sorry, but we have to....

149.mp3

상대방에게 미안하다는 것은 알지만 어쩔 수 없이 해야 하는 일도 있죠? 이럴 때는 이 패턴을 사용하여 '정말 미안하지만 우리는 ~해야 해.'라는 뜻을 전달해 보세요.

| | |
|---|---|
| A What did the X-rays show? Is the cancer gone? | A 엑스레이 결과는 어땠나요? 암이 없어진 건가요? |
| B **I'm very sorry, but we have to** operate again. | B **정말 죄송합니다만 우리는** 재수술을 **해야 합니다.** |
| A I don't know if his body can take it. | A 그의 몸이 견뎌줄지 전 모르겠어요. |
| B We will do everything we can. | B 저희는 최선을 다할 거예요. |

〈House〉 중에서                                                                 *operate 수술하다

---

1. 정말 미안하지만 우리는 그곳을 폐쇄해야 해.
   ▶ I'm very sorry, but we have to **shut it down.**

2. 정말 미안하지만 넌 나가 줘야 해.
   ▶ I'm very sorry, but we have to **ask you to leave.**

3. 정말 미안하지만 우리는 그녀의 과거를 그만 캐야 해.
   ▶ I'm very sorry, but we have to **stop digging into her past.**

4. 정말 미안하지만 우리는 서둘러야 해.
   ▶ _____

5. 정말 미안하지만 우리는 그것을 가져가야 해.
   ▶ _____

6. 정말 미안하지만 우리는 문을 닫아야 해.
   ▶ _____

7. 정말 미안하지만 우리는 너를 퇴원시켜야 해.
   ▶ _____

8. 정말 미안하지만 우리는 그것에 시간을 좀 더 할애해야 해.
   ▶ _____

9. 정말 미안하지만 우리는 네 부모님과 얘기해야 해.
   ▶ _____

10. 정말 미안하지만 우리는 그를 구금시켜야 해.
    ▶ _____

✦정답은 소책자 37쪽에

잠깐만요!   1 shut sth down ~을 폐쇄시키다   4 hurry 서두르다   6 gate 문, 대문   10 take sb into custody ~을 구금시키다

## 150

내가 ~라면 미안해.

# Sorry if I....

내가 무심코 한 말이 상대방의 기분을 상하게 한 것 같은 기분이 들 때가 간혹 있는데요. 이럴 때는 얼른 이 패턴을 사용하여 상대방의 기분이 풀리도록 애써 보세요. I'm sorry if I....라고 해도 됩니다.

| | |
|---|---|
| A Jim, that's my stapler. | A 짐, 그거 내 스테이플러야. |
| B It is? It looks like it could be anyone's. | B 그래? 주인이 따로 없는 것 같은데. |
| A Well, it's not. It's mine. | A 그게 그렇지 않아. 그건 내 거야. |
| B **Sorry if I** overstepped my bounds, Dwight. | B **내가** 내 권한 밖의 일에 참견했다**면 미안해**, 드와이트. |

〈The Office〉 중에서

＊stapler 스테이플러 | overstep one's bounds 월권하다

1. 내가 널 실망시켰다**면 미안해**. ▶ **Sorry if I** let you down.

2. 내가 틀린 말을 했다**면 미안해**. ▶ **Sorry if I** said anything wrong.

3. 내가 온통 이런 얘기들로 널 지루하게 하고 있는 거라**면 미안해**. ▶ **Sorry if I**'m boring you with all this stuff.

4. 내가 널 화나게 했다**면 미안해**. ▶ _____

5. 내가 널 무섭게 했다**면 미안해**. ▶ _____

6. 내가 널 깜짝 놀라게 했다**면 미안해**. ▶ _____

7. 내가 너무 오래 있었다**면 미안해**. ▶ _____

8. 내가 이해하지 못했다**면 미안해**. ▶ _____

9. 내가 우리의 하루를 망치고 있는 거라**면 미안해**. ▶ _____

10. 내가 네 어머님을 모욕했다**면 미안해**. ▶ _____

✦ 정답은 소책자 37쪽에

1 let sb down ~을 실망시키다  3 bore 지루하게 하다  5 scare 무섭게 하다  6 alarm 깜짝 놀라게 하다  9 spoil 망치다
10 insult 모욕하다

188

# Unit 17

음성 강의 및 예문 듣기

# thank / appreciate

고마운 일을 말할 때는 Thank you for....나 I appreciate....라는 패턴을 사용하는데요. thank 뒤에는 「for+명사/동명사」가 나와야 하지만 appreciate 뒤에는 전치사 없이 목적어가 바로 나온다는 것에 유의하여 고마움을 전하는 패턴을 내 것으로 만들어 보세요.

**151** **Thank you/Thanks for....**
~해 줘서 고마워.

**152** **I appreciate....**
~을 고맙게 생각하고 있어요.

**153** **I'd really appreciate it if you could....**
~해 줄 수 있다면 정말 고마울 거예요.

# 151

~해 줘서 고마워.

# Thank you/Thanks for....

🎧 151.mp3

감사 인사를 할 때 가장 많이 사용되는 패턴입니다. Thanks나 Thank you 뒤에 「for+고마운 일의 내용」을 넣어 말해 보세요. 단, for 뒤에는 명사나 동명사를 써야 한다는 점에 주의하세요.

| | |
|---|---|
| A I'm sorry. I feel like I let you down. | A 죄송해요. 제가 실망시켜 드린 것 같아요. |
| B You just wanted to keep your brother safe. | B 넌 그저 동생을 안전하게 지키고 싶었던 것뿐이잖아. |
| A All I can say is **thank you for** looking out for me once again. **Thanks for** trusting me. | A 제가 드릴 말씀은 또 한 번 절 지켜 **주셔서 감사하다는** 것뿐이에요. 절 믿어 **주셔서 감사해요.** |
| B Hey. **Thank you for** being someone that I could trust. | B 이봐, 내가 믿을 수 있는 사람이 돼 **줘서 고마워.** |

〈Lethal Weapon〉 중에서          *look out for sb (나쁜 일이 안 생기도록) ~을 지키다 | once again 또 한 번

1. 조언해 줘서 고마워.           ▶ Thank you for **the tip.**

2. 시간 내 줘서 고마워.          ▶ Thank you for **your time.**

3. 나한테 상기시켜 줘서 고마워.    ▶ Thank you for **reminding me.**

4. 이전 일에 대해서는 고마워.      ▶ _____

5. 와 줘서 고마워.              ▶ _____

6. 알아봐 줘서 고마워.           ▶ _____

7. 도와줘서 고마워.             ▶ _____

8. 앤디에게 말 안 해 줘서 고마워.   ▶ _____

9. 협조해 줘서 고마워.           ▶ _____

10. 약속 지켜 줘서 고마워.        ▶ _____

✦ 정답은 소책자 38쪽에

잠깐만요!          **9** cooperation 협조 **10** keep one's word ~의 약속을 지키다

190

~을 고맙게 생각하고 있어요.

🎧 152.mp3

# I appreciate....

appreciate는 '고맙게 생각하다'라는 뜻이에요. Thank you for....나 Thanks for....가 가볍게 사용할 수 있는 표현인 데 반해 I appreciate....
는 좀 더 격식을 차려 감사의 뜻을 전할 때 사용할 수 있어요.

| | |
|---|---|
| A **I appreciate** you stepping in on story duty. | A 책 읽어 주는 일을 도와**주신 것을** 감사하게 생각하고 있어요. |
| B I stopped in to say good night. You missed dinner. Where were you? | B 잘 자라고 인사하려고 잠깐 들렀던 거야. 너 저녁을 걸렀더구나. 어디 있었니? |
| A Went for a walk in the woods. | A 숲에 산책하러 갔어요. |
| B You went out there? Unaccompanied? | B 밖에 나갔다고? 동행도 없이? |

⟨The Walking Dead⟩ 중에서     *step in 개입하다, 돕고 나서다 | unaccompanied 동행이 없는

1. 물어봐 준 것을 고맙게 생각하고 있어요.
   ▶ **I appreciate you asking.**

2. 해 주신 모든 일을 고맙게 생각하고 있어요.
   ▶ **I appreciate everything you've done.**

3. 우리 집 전통을 존중해 준 것을 고맙게 생각하고 있어요.
   ▶ **I appreciate you respecting my home.**

4. 최근 소식을 전해 준 것을 고맙게 생각하고 있어요.
   ▶ _____

5. 그렇게 말해 준 것을 고맙게 생각하고 있어요.
   ▶ _____

6. 친절한 제안을 고맙게 생각하고 있어요.
   ▶ _____

7. 날 믿어 준 것을 고맙게 생각하고 있어요.
   ▶ _____

8. 우리에게 이런 선물을 준 것을 고맙게 생각하고 있어요.
   ▶ _____

9. 내게 아주 솔직하게 말해 준 것을 고맙게 생각하고 있어요.
   ▶ _____

10. 친구가 되어 주고 조언도 해 준 것을 고맙게 생각하고 있어요.
    ▶ _____

✦ 정답은 소책자 38쪽에

⭐ 잠깐만요!     **3** respect 존중하다  **4** update 최근 소식  **10** counsel 조언

**153**

~해 줄 수 있다면 정말 고마울 거예요.

🎧 153.mp3

# I'd really appreciate it if you could....

상대방이 이미 해 준 일에 대한 감사가 아니라 상대방이 해 주면 좋을 일에 대해 미리 감사의 뜻을 전하면서 그 일을 해 달라고 에둘러 요청하고 싶을 때는 이 패턴을 사용하면 됩니다.

| | |
|---|---|
| A How's the blind date going, Charlotte? | A 샬롯, 소개팅은 어떻게 되어 가고 있니? |
| B Ugh, he's the worst; boring and full of himself. | B 어, 이 남자 최악이야. 따분한 데다 자기주장이 강해. |
| A Too bad. You have three hours to go. | A 정말 안 됐다. 앞으로 3시간이나 남았어. |
| B **I'd really appreciate it if you could** get me out of here. | B 네가 나 좀 여기서 빼내 **줄 수 있다면 정말 고마울 거야.** |

〈Sex and the City〉 중에서

＊full of oneself 자기주장이 강한

---

1. 그녀를 내려 **줄 수 있다면 정말 고마울 거예요.**
   ▶ I'd really appreciate it if you could **drop her off.**

2. 저 대신 그걸 가지러 가 **줄 수 있다면 정말 고마울 거예요.**
   ▶ I'd really appreciate it if you could **pick it up for me.**

3. 내가 그 약속을 지킬 수 있도록 도와줄 **수 있다면 정말 고마울 거예요.**
   ▶ I'd really appreciate it if you could **help me keep that promise.**

4. 내게 전화를 다시 걸어 **줄 수 있다면 정말 고마울 거예요.**
   ▶ _____

5. 사라를 데려와 **줄 수 있다면 정말 고마울 거예요.**
   ▶ _____

6. 저한테 계속 소식을 전해 **줄 수 있다면 정말 고마울 거예요.**
   ▶ _____

7. 내가 그걸 사용할 수 있게 허락해 **줄 수 있다면 정말 고마울 거예요.**
   ▶ _____

8. 기소 내용을 줄여 **줄 수 있다면 정말 고마울 거예요.**
   ▶ _____

9. 이걸 우리끼리만 아는 비밀로 해 **줄 수 있다면 정말 고마울 거예요.**
   ▶ _____

10. 내 가설을 확인해 **줄 수 있다면 정말 고마울 거예요.**
    ▶ _____

✦ 정답은 소책자 38쪽에

**잠깐만요!** 1 drop sb/sth off ~을 (차에서) 내려주다  2 pick sb/sth up ~을 데리러/가지러 가다  8 charge 기소, 혐의
10 confirm 확인하다, hypothesis 가설

192

음성 강의 및 예문 듣기

# wish / hope

소망하거나 바라는 일이 있을 때는 wish나 hope 동사를 사용하여 표현하는데요. 그런데 wish 는 주로 이룰 수 없는 소망을 말할 때 쓰고 hope는 이루어질 가능성이 있는 일에 사용하죠. 이 에 유의하여 I wish....와 I hope....의 쓰임을 알아보세요.

  **I wish....**
154  ~하면 좋겠어./~하면 좋(았)을 텐데.

  **I hope....**
155  ~하기를 바라.

  **I hope I'm not -ing.**
156  내가 ~하고 있는 게 아니길 바라.

~하면 좋겠어./~하면 좋(았)을 텐데.

# I wish....

🎧 154.mp3

상대방의 행운이나 건강을 빌어 줄 때는 「I wish+명사.」 패턴을 사용합니다. 한편 이루어질 가능성이 없는 일을 바랄 때는 「I wish+주어+과거 동사/had+과거완료 동사.」 패턴을 쓰면 됩니다.

| | | | |
|---|---|---|---|
| A | **I wish** you all the best with your patients, and I thank you for coming by. | A | 당신 환자들에게 최선을 다해 주**면 좋겠네요.** 들러 줘서 고맙고요. |
| B | Wait, hold on a minute. A woman is dying. You have to take responsibility for this. | B | 잠깐만요. 기다려 보세요. 한 여자가 죽어 가고 있어요. 당신은 이 일에 책임을 져야 해요. |
| A | It's not my responsibility. Do not pursue this any further. | A | 그건 내 책임이 아닙니다. 더 이상 이 일을 추궁하지 마세요. |
| B | I'm not gonna let you cover this up. | B | 당신이 이 일을 은폐하게 놔두진 않겠어요. |

〈Pure Genius〉 중에서 　　　　　*come by 들르다 | Hold on a minute. 잠깐만요. | pursue 추궁하다, 계속 조사하다

1. 내가 그런 생각을 했다**면 좋았을 텐데.** ▶ I wish I'd thought of that.

2. 우리가 시간을 되돌릴 수 있다**면 좋을 텐데.** ▶ I wish we could turn back time.

3. 네가 건강하고 행복하**면 좋겠어.** ▶ I wish you health and happiness.

4. 그게 그렇게 쉽다**면 좋을 텐데.** ▶ _____

5. 내가 그 말을 철회할 수 있다**면 좋을 텐데.** ▶ _____

6. 그들에게 행운이 따라 준다**면 좋겠어.** ▶ _____

7. 그가 그런 머저리가 아니라**면 좋을 텐데.** ▶ _____

8. 우리가 할 수 있는 일이 더 있다**면 좋을 텐데.** ▶ _____

9. 내가 널 위해 거기 있었다**면 좋았을 텐데.** ▶ _____

10. 우리가 너에 대해서도 똑같은 말을 할 수 있다**면 좋을 텐데.** ▶ _____

✧ 정답은 소책자 38쪽에

잠깐만요!　　**2** turn back time 시간을 되돌리다　**3** happiness 행복　**5** take sth back ~을 철회하다　**7** dick 머저리, 병신

~하기를 바라.

# I hope....

「I wish+주어+과거 동사/had+과거완료 동사」가 현실적으로 이루어질 가능성이 없는 것을 바랄 때 쓰는 표현이라면 「I hope+주어+현재 동사」는 현실적으로 이루어질 가능성이 있는 것을 바랄 때 쓰는 표현입니다. 현재동사 대신 「will+동사원형」을 쓰기도 해요.

| | |
|---|---|
| A I'm ready. | A 난 준비됐어. |
| B Remember, this will get cold enough to kill you. So if something feels wrong, it's not working…. | B 기억해 둬. 이건 널 죽일 수 있을 만큼 차가워질 거야. 그러니까 뭔가 잘못됐다는 느낌이 들면 그건 효과가 없는 거니까…… . |
| A It's going to work. | A 효과가 있을 거야. |
| B **I hope** you're not saying that because you think I know what I'm doing. | B 내가 지금 뭘 하고 있는지 알고 있다고 생각해서 그런 말을 하고 있는 건 아니**길 바라.** |

〈Teen Wolf〉 중에서

---

**1.** 하와이에서 즐겁게 머물**기를 바라.** ▶ **I hope** you enjoy your stay in Hawaii.

**2.** 아주 재미있는 일을 계획해 놨**기를 바라.** ▶ **I hope** you have something very fun planned.

**3.** 내 상사에게 말해서 내 경력을 망치지 않**기를 바라.** ▶ **I hope** you don't tell my boss and ruin my career.

**4.** 우리가 택시를 잡을 수 있**기를 바라.** ▶ _____

**5.** 내 머리 모양이 괜찮아 보이**기를 바라.** ▶ _____

**6.** 즐거운 휴가를 보내**기를 바라.** ▶ _____

**7.** 네 가발이 벗겨지지 않**기를 바라.** ▶ _____

**8.** 상황이 곧 호전되**기를 바라.** ▶ _____

**9.** 네가 사과하**기를 바라.** ▶ _____

**10.** 내가 너를 정말 사랑한다는 걸 알**기를 바라.** ▶ _____

✦ 정답은 소책자 39쪽에

잠깐만요! **4** cab 택시 **7** come off 벗겨지다 **9** make an apology 사과하다

195

**156**

내가 ~하고 있는 게 아니길 바라.

# I hope I'm not -ing.

내가 하는 일이 상대방에게 피해를 줄지도 모른다거나 문제를 크게 만들지도 모른다고 염려될 때가 있죠? 이런 경우에 상대방을 배려하는 마음으로 '내가 ~하고 있는 게 아니길 바라.'라는 뜻의 이 패턴을 사용할 수 있습니다.

| | | | |
|---|---|---|---|
| A | What did you say is wrong with your pipes, Edie? | A | 이디, 배관이 뭐가 잘못됐다고 했죠? |
| B | They make a clanging noise now and then. | B | 이따금씩 탕탕거리는 소음이 나요. |
| A | I'll take a quick look, but then I need to get over to Susan's. | A | 빨리 살펴볼게요. 그 다음에 수잔의 집에 가 봐야 해서요. |
| B | I hope I'm not hogging your time. | B | 내가 당신의 시간을 다 잡아먹고 있는 게 아니길 바라요. |

〈Desperate Housewives〉 중에서 　　　　　　　　　　　　　　　　　　　　　　　　　　　　　　　*hog 독차지하다

1. 내가 방해**하고 있는 게 아니길 바라.**　　▶ **I hope I'm not** intruding.

2. 내 말이 너무 장황한 **게 아니길 바라.**　　▶ **I hope I'm not being** too long-winded.

3. 내가 네 사생활을 꼬치꼬치 캐고 있는 게 아니길 바라.　　▶ **I hope I'm not** prying into your personal life.

4. 내가 간섭하고 있는 게 아니길 바라.　　▶ _____

5. 내가 네 길을 막고 있는 게 아니길 바라.　　▶ _____

6. 내가 너희 기분을 상하게 하고 있는 게 아니길 바라.　　▶ _____

7. 내가 사건을 잘못 다루고 있는 게 아니길 바라.　　▶ _____

8. 내가 널 말썽에 휘말리게 하고 있는 게 아니길 바라.　　▶ _____

9. 내가 네가 일을 못하게 방해하고 있는 게 아니길 바라.　　▶ _____

10. 내가 민감한 주제를 다루고 있는 게 아니길 바라.　　▶ _____

✦ 정답은 소책자 39쪽에

 잠깐만요!　1 intrude 방해하다　2 long-winded 말이 장황한　3 pry into sth ~을 꼬치꼬치 캐다　4 interfere 간섭하다
5 block one's way (앞에 서서) ~의 길을 막다　7 mishandle 잘못 다루다　8 get sb into trouble ~을 말썽에 휘말리게 하다
9 keep sb from sth ~가 …하지 못하게 방해하다　10 touchy 민감한

# Unit 19

음성 강의 및 예문 듣기

# sure

sure는 '확신하는'이라는 뜻인데요. 확신한다고 장담하는 I'm sure....나 확신하는지 물어볼 때
사용하는 Are you sure...?는 미드에서 가장 많이 들을 수 있는 기본 패턴이죠.

**157** **I'm sure (that)....**
분명 ~.

**158** **Are you sure about...?**
~에 대해 확신하니?

**159** **Are you sure (that)...?**
~라는 게 확실해?

**160** **Make sure you....**
꼭 ~하도록 해.

분명 ~.

# I'm sure (that)....

🎧 157.mp3

무언가에 대한 확신이 설 때, 또는 상대방에게 확신을 주어 어떤 일을 하도록 격려하려고 할 때는 이 패턴 표현을 사용할 수 있어요. '분명 ~', '틀림없이 ~'라는 뜻입니다.

| | | | | |
|---|---|---|---|---|
| A | I heard you had some tentative travel plans. | | A | 너한테 잠정적인 여행 계획이 있다는 얘긴 들었다. |
| B | Actually, we just booked our flight over the Internet. | | B | 실은요, 인터넷으로 비행편을 막 예약했어요. |
| A | Mmm. Potable water. We take this stuff for granted stateside, don't we? | | A | 음. 휴대용 생수 말인데, 우리가 미국 내에서는 생수에 대해 고마운 줄 모르고 당연시하는 것 같지 않니? |
| B | It's a five-star resort. **I'm sure** we'll be fine. | | B | 그곳은 5성급 리조트예요. **분명** 우리는 괜찮을 거예요. |

〈Modern Family〉 중에서                    ＊tentative 잠정적인 | take sth for granted ~을 고마운 줄 모르고 당연시하다 | stateside 미국의: 미국에서는

---

1. **분명** 그게 최선이야.
   ▶ I'm sure **it's for the best.**

2. **분명** 그는 이겨낼 거야.
   ▶ I'm sure **he'll pull through.**

3. **분명** 거기가 내가 그를 내려 준 곳이야.
   ▶ I'm sure **that's where I dropped him off.**

4. **분명** 너무 오랜만이지.
   ▶ _____

5. **분명** 난 전에 그를 본 적이 있어.
   ▶ _____

6. **분명** 이곳에서 살인 사건이 있었어.
   ▶ _____

7. **분명** 넌 그게 진짜가 아니란 걸 알고 있잖아.
   ▶ _____

8. **분명** 넌 가석방 규칙을 어기고 있어.
   ▶ _____

9. **분명** 너의 직장 동료들은 기뻐할 거야.
   ▶ _____

10. **분명** 내가 다시 소식을 듣기까지 시간이 좀 있을 거야.
    ▶ _____

✧ 정답은 소책자 39쪽에

잠깐만요!

2 pull through (병, 부상, 수술 등을) 이겨내다   6 foul play 살인   8 violate 위반하다, parole 가석방
9 coworker 직장 동료   10 hear back 다시 (이야기, 소식 등을) 듣다

**158**

~에 대해 확신하니?

# Are you sure about...?

 158.mp3

상대방은 확신을 하지만, 나는 이에 대해 의심 가는 구석이 있어 마음이 찜찜할 때가 있죠? 이럴 때 상대방에게 확신을 하는지 다시 한 번 확인하기 위해 이 패턴을 씁니다.

| | |
|---|---|
| A I saw the whole thing from my regular spot on the corner. | A 그 모퉁이에 내가 늘 있는 자리에서 모든 걸 봤어요. |
| B Tell me what you saw. | B 당신이 본 것을 말씀해 보세요. |
| A The woman was attacked from behind by a kangaroo. | A 그 여자는 캥거루한테 뒤에서 공격을 당했어요. |
| B **Are you sure about** your memory of the incident? | B 그 사건에 대한 기억이 **확실한 겁니까**? |

〈Boston Legal〉 중에서

＊regular spot 고정적으로 다니는 장소 | memory 기억 | incident 사건

---

**1.** 그의 불륜에 대해 확신하니? ▶ Are you sure about **his infidelity**?

**2.** 네가 본 것에 대해 확신하니? ▶ Are you sure about **what you saw**?

**3.** 이 독감 치료제에 대해 확신하니? ▶ Are you sure about **this cure for the flu**?

**4.** 그녀의 의도에 대해 확신하니? ▶ _____

**5.** 그의 무죄에 대해 확신하니? ▶ _____

**6.** 너의 진단에 대해 확신하니? ▶ _____

**7.** 네가 하려는 일에 대해 확신하니? ▶ _____

**8.** 그가 한 진술에 대해 확신하니? ▶ _____

**9.** 불면증에 대한 약초 치료에 대해 확신하니? ▶ _____

**10.** 그가 뇌물을 수수했다는 혐의에 대해 확신하니? ▶ _____

 ✥ 정답은 소책자 39쪽에

잠깐만요!

1 infidelity (배우자에 대한) 부정, 불륜 3 flu 독감, 유행성 감기 5 innocence 무죄 9 herbal remedy 약초 치료, insomnia 불면증 10 accusation 혐의, 고발, take a bribe 뇌물을 수수하다

~라는 게 확실해?

# Are you sure (that)...?

Pattern 158과 같은 경우에 사용하는 표현이에요. 단, Pattern 158에서는 about 뒤에 명사가 오지만, Pattern 159에서는 that절이 나온다는 점이 다르죠.

A  Are you sure he's gonna help you?
B  No. We've had a complicated relationship, but I've done him a favor once before.
A  I hope he remembers.
B  Me too.

A  그가 당신을 도와줄 거라는 건 확실해?
B  아니. 우리는 복잡한 관계이긴 했는데, 내가 전에 그를 한 번 도와준 적이 있어.
A  그가 그걸 기억하고 있기를 바라.
B  나도 그래.

〈Banshee〉 중에서

1. 그들이 같이 있는 걸 본 게 확실해?  ▶ Are you sure **you saw them together**?

2. 그 외투가 네 어머니 거였다는 게 확실해?  ▶ Are you sure **that coat belonged to your mother**?

3. 네가 던진 동전이 앞면이 나왔다는 게 확실해?  ▶ Are you sure that **the coin you flipped came up heads**?

4. 그걸 하고 싶은 게 확실해?  ▶ _____

5. 그녀의 암이 불치라는 게 확실해?  ▶ _____

6. 네가 이 슛을 할 수 있는 게 확실해?  ▶ _____

7. 네가 괜찮을 거라는 게 확실해?  ▶ _____

8. 네가 무슨 일을 하려는 건지 확실히 알고 있는 거야?  ▶ _____

9. 그들과 얘기하고 싶지 않은 게 확실해?  ▶ _____

10. 내 입장에서 하는 이야기를 알고 싶지 않은 게 확실해?  ▶ _____

✦ 정답은 소책자 39쪽에

 잠깐만요!

2 belong to sb ~의 소유이다  3 flip 던지다, 튀기다, heads 동전의 앞면  5 incurable 불치의
6 make a shot 슛을 하다  10 side 쪽, 편, 입장

꼭 ~하도록 해.

# Make sure you....

🎧 160.mp3

Make sure....는 '꼭 ~해.' '반드시 ~해.'라는 뜻이에요. 그래서 이 패턴은 상대방이 잊지 않고 실행하도록 다시 한 번 당부하고 싶은 일이 있을 때 사용할 수 있어요.

| | |
|---|---|
| A  When you call the lab, **make sure you** deal with Sue. She gets the blood and tissue samples analyzed faster…. | A  연구실에 전화하면 **꼭** 수가 처리**하게 해.** 수가 혈액 샘플이랑 조직 샘플을 더 빨리 분석해 줄 건데…….|
| B  Maggie, I know how to do this. Sorry if you feel like I'm stepping on your toes. | B  매기, 이 일을 어떻게 하는지는 알고 있어요. 제가 기분 상하게 하는 것 같은 느낌이 든다면 미안해요. |
| A  You're not. It's just…my responsibility. | A  그런 건 아니야. 그것이 그냥 내 책임이라서 그래. |
| B  Okay, just let me handle this. | B  알았어요. 그냥 제가 이 일을 처리하게 해 주세요. |

〈Chicago Med〉 중에서　　　　　　　　　　　　　　　　　　　　　　　\*step on one's toes ~의 기분을 상하게 하다

1.  꼭 그가 잘 있는지 확인**하도록 해.**　▶ **Make sure you check on him.**

2.  꼭 네가 지나간 흔적을 없애**도록 해.**　▶ **Make sure you cover your tracks.**

3.  꼭 지나친 흥분은 삼가**도록 해.**　▶ **Make sure you refrain from too much excitement.**

4.  꼭 집에서 쉬**도록 해.**　▶ _____

5.  꼭 그 문제를 해결**하도록 해.**　▶ _____

6.  꼭 다른 방법을 찾**도록 해.**　▶ _____

7.  꼭 그의 인질처럼 보이**도록 해.**　▶ _____

8.  꼭 흑인 속어를 사용하지 않**도록 해.**　▶ _____

9.  꼭 그 서약을 진지하게 받아들이**도록 해.**　▶ _____

10. 꼭 합법적인 체포를 하**도록 해.**　▶ _____

✦정답은 소책자 40쪽에

잠깐만요!　　1 check on sb ~가 잘 있는지 확인하다  2 cover one's tracks ~이 지나간 흔적을 없애다  3 refrain 삼가다.
excitement 흥분  7 hostage 인질  8 N-word 흑인 속어  9 vow 서약  10 legitimate 합법적인

# Part 3

## 쉽다고 무시할 수 없는
## '미드' 핵심패턴

Part 3에서는 가장 많이 사용되는 「주어+동사」를 이용한 패턴들을 공부할 거예요. 아래쪽에 있는 unit 제목만 봐서는 '이런 게 뭐 공부할 게 있겠어?'라고 생각하실 수도 있지만 방심은 금물이에요. 입에 익지 않으면 아무리 쉬운 표현들이라도 막상 말로 꺼내는 건 어려우니까요. 이번 part에서 확실하게 내 패턴으로 만들어 보세요.

# Unit 20

음성 강의 및 예문 듣기

# It's

It's는 '그것은 ~이다'라는 뜻이지만요. It은 가주어나 비인칭 주어로 사용되어 번역되지 않는 경우도 많아요. 문법 용어가 어렵다고요? 그럼 이번 unit에서 어려운 문법 빼고 패턴으로 배워 보세요.

그건 ~와 같아.

# It's like....

 🎧 161.mp3

확실하지는 않지만 어떤 예감이 드는 일이 있는데요. 이럴 때는 '~인 것 같아.'라는 뜻으로 이 패턴 표현을 사용하면 됩니다.

| | |
|---|---|
| A Mommy, I'm scared. | A 엄마, 무서워요. |
| B Oh sweetie, I know, but everything's gonna be fine. You're gonna be asleep, and the doctors take out your appendix. **It's like** pulling out a tooth. | B 오 얘야, 엄마도 알지만 다 괜찮아질 거야. 넌 잠이 들 테고 의사 선생님들이 네 맹장을 떼어 내는 거야. **그건** 이를 뽑는 것**과 같단다.** |
| A But that hurts. | A 하지만 그거 아프잖아요. |
| B Yeah, that was a terrible example. | B 그렇지. 나쁜 예를 들었구나. |

〈This Is Us〉 중에서  *take sth out ~을 제거하다 | appendix 맹장 | pull sth out ~을 뽑다 | example 예

1. **그건** 그들에게 한 줄기 희망**과 같아.**
   ▶ **It's like** a ray of hope for them.

2. 그가 난데없이 나왔던 것 **같아.**
   ▶ **It's like** he came out of nowhere.

3. **그건** 건초 더미에서 바늘을 찾는 것**과 같아.**
   ▶ **It's like** looking for a needle in a haystack.

4. **그건** 나쁜 꿈과 **같아.**
   ▶

5. 그녀가 그것을 계획한 것 **같아.**
   ▶

6. **그건** 쇠귀에 경 읽기 **같아.**
   ▶

7. 그들의 영혼을 쏙 파낸 것 **같아.**
   ▶

8. 경찰이 그를 함정에 빠뜨리려고 했던 것 **같아.**
   ▶

9. 일석이조 **같아.**
   ▶

10. 내 이름이 명단에서 고의로 누락된 것 **같아.**
    ▶

✦ 정답은 소책자 40쪽에

 잠깐만요!

1 a ray of 한 줄기의   2 come out of nowhere 난데없이 나오다   3 needle 바늘, haystack 건초 더미
6 brick wall 벽돌로 지은 벽   7 soul 영혼, hollow sth out ~을 쏙 파내다   8 set sb up ~을 함정에 빠뜨리다
9 kill two birds with one stone 일석이조   10 deliberately 고의로, leave sth off ~을 누락시키다

162

그건 ~라는 말 같아.

# It sounds like....

🎧 162.mp3

sound like는 '~처럼 들리다'라는 뜻입니다. 이 패턴은 '~라는 말인 것 같군.', '~인 것 같군.'이라는 의미로 쓰여요.

| | | | |
|---|---|---|---|
| A | I wanted to take a special someone to the villa in Cabo for the weekend. | A | 주말 동안 카보에 있는 별장에 특별한 사람을 데려가고 싶어. |
| B | I'm listening. | B | 계속 얘기해 봐. |
| A | It's right on the water. Swimming, relaxing on the beach, the best tasting seafood…. | A | 별장은 물가에 있어. 수영, 해변에서의 휴식, 최고로 맛있는 해산물……. |
| B | **It sounds like** the best weekend of my life, but I can't. It's family time. | B | **그건** 내 생애 최고의 주말일 **것 같지**만 난 못 가. 그날은 가족과 보내는 시간이거든. |

〈Modern Family〉 중에서

＊villa 별장 | seafood 해산물

1. 그건 최악의 상황은 끝났다는 말 같아.　▶ It sounds like **the worst is over.**

2. 그건 네 문제가 해결됐다는 말 같아.　▶ It sounds like **your problem was solved.**

3. 그건 그들이 공연을 중단시켰다는 말 같아.　▶ It sounds like **they pulled the plug on the show.**

4. 그건 포기한다는 말 같아.　▶

5. 그건 아주 좋은 생각인 것 같아.　▶

6. 그건 신랑 들러리가 이겼다는 말 같아.　▶

7. 그건 그녀가 가출 중이라는 말 같아.　▶

8. 그건 너희들은 같이 일을 할 수 없다는 말 같아.　▶

9. 그건 공범이 있었다는 말 같아.　▶

10. 그건 누가 날 지켜주고 있다는 말 같아.　▶

✧ 정답은 소책자 40쪽에

잠깐만요!　**3** pull the plug on sth ~을 중단시키다　**6** best man 신랑 들러리　**9** accomplice 공범

### 163

그건 ~ 같은 맛이 나.

# It tastes like....

 163.mp3

taste는 '~한 맛이 나다'라는 뜻이에요. 그래서 이 패턴은 '그건 ~ 같은 맛이 나.'라는 뜻으로 사용할 수 있습니다.

| | |
|---|---|
| A Try a little homemade wine, Carrie. | A 캐리, 집에서 만든 와인을 좀 마셔 봐. |
| B **It tastes like** grain alcohol. | B **그건 에탄올 같은 맛이 나요.** |
| A I'm perfecting the recipe. Last year it tasted like vinegar. | A 양조법을 개량하고 있는 중이거든. 작년엔 식초 같은 맛이 났어. |
| B I'm not sure you're moving in the right direction. | B 당신이 제대로 하고 있다는 확신이 안 서네요. |

〈Sex and the City〉 중에서

\*homemade 집에서 만든 | grain alcohol 에탄올 | perfect 개량하다 | vinegar 식초 | move in the right direction 올바른 방향으로 움직이다

1. 그건 김빠진 맥주 **같은 맛이 나.**
   ▶ It tastes like **stale beer.**

2. 그건 후추가 들어 있는 것 **같은 맛이 나.**
   ▶ It tastes like **it contains pepper.**

3. 그건 할머니가 만들어 주시던 음식 **같은 맛이 나.**
   ▶ It tastes like **my grandmother's recipe.**

4. 그건 건강한 것 **같은 맛이 나.**
   ▶

5. 그건 석쇠에 구운 소고기 **같은 맛이 나.**
   ▶

6. 그건 쓴 약초 **같은 맛이 나.**
   ▶

7. 그건 썩은 사과 **같은 맛이 나.**
   ▶

8. 그건 바닐라 아이스크림 **같은 맛이 나.**
   ▶

9. 그건 뭔가 빠진 **듯한 맛이 나.**
   ▶

10. 그건 독주에 담가 놓았던 것 **같은 맛이 나.**
    ▶

 ✦ 정답은 소책자 40쪽에

잠깐만요!

1 stale 김빠진  2 pepper 후추  4 healthy 건강한  5 grilled 석쇠에 구운, beef 소고기  6 bitter 맛이 쓴
7 rotten 썩은  8 vanilla 바닐라  10 soak 담가 놓다, strong liquor 독주

**164**

내가 보기에 넌 ~인 게 분명해.

# It's clear to me you....

 164.mp3

내가 보기에 분명한 사실을 말할 때는 It's clear to me....라는 표현을 사용합니다. It's clear to me you....라고 하면 '내가 보기에 넌 ~인 게 분명해.'라는 뜻이 되겠죠.

| | |
|---|---|
| A  Do you think the jury will believe me? | A  배심원들이 제 말을 믿을 거라고 생각해요? |
| B  Yes, I do. **It's clear to me you** were not involved. | B  네. **제가 보기에는 당신이** 개입되지 않았다**는 게 분명하니까요.** |
| A  What about my sister's testimony? | A  제 여동생의 증언은 어떤가요? |
| B  Your sister is not a credible witness for a number of reasons. | B  동생분은 여러 가지 이유로 신빙성 있는 증인이 아니에요. |

〈Boston Legal〉 중에서

＊the jury 배심원단 | credible 신빙성 있는 | a number of 많은

1. 내가 보기에 넌 이곳 출신이 아닌 게 분명해.
   ▶ It's clear to me you**'re not from here.**

2. 내가 보기에 넌 술이 세지 않은 게 분명해.
   ▶ It's clear to me you **can't hold your liquor.**

3. 내가 보기에 넌 모든 결정 사항마다 딴지를 거는 게 분명해.
   ▶ It's clear to me you **question every single decision.**

4. 내가 보기에 넌 어린애처럼 굴고 있는 게 분명해.
   ▶

5. 내가 보기에 네가 방아쇠를 당겼던 게 분명해.
   ▶

6. 내가 보기에 넌 미행을 당하고 있는 게 분명해.
   ▶

7. 내가 보기에 네가 그들의 저녁 시간을 망쳤던 게 분명해.
   ▶

8. 내가 보기에 넌 자기가 한 말은 지키는 남자인 게 분명해.
   ▶

9. 내가 보기에 넌 보수적인 여자인 게 분명해.
   ▶

10. 내가 보기에 넌 우리가 생각하는 사람인 게 분명해.
    ▶

✦ 정답은 소책자 41쪽에

잠깐만요!

2 can hold one's liquor 술이 세다   3 single 단 하나의   5 pull the trigger 방아쇠를 당기다   6 follow 따라 가다
9 conservative 보수적인

어쩌면 그건 일종의 ~일 뿐일 거야.

# Maybe it's just some sort of....

🎧 165.mp3

some sort of는 '일종의 ~'라는 뜻이에요. 추측을 나타내는 maybe가 쓰인 이 패턴은 뭐가 뭔지 확실하지는 않지만 그래도 어느 정도 짐작이 가는 것을 말할 때 사용할 수 있습니다.

| | |
|---|---|
| **A** Someone keeps ringing my phone in the middle of the night. | **A** 누가 한밤중에 계속 저한테 전화를 걸고 있어요. |
| **B** Do you know who it is? | **B** 누군지 알고 계세요? |
| **A** No, and it's starting to scare me. | **A** 아뇨, 그것 때문에 겁이 나기 시작해요. |
| **B** Maybe it's just some sort of prank. | **B** **어쩌면 그건 일종의** 장난 전화**일 뿐일 거예요.** |

〈CSI: Las Vegas〉 중에서

＊ring a phone 전화를 걸다 | in the middle of the night 한밤중에 | prank 장난

1. 어쩌면 그건 일종의 망상일 뿐일 거야.
   ▶ Maybe it's just some sort of **delusion.**

2. 어쩌면 그건 일종의 정신 장애일 뿐일 거야.
   ▶ Maybe it's just some sort of **mental disorder.**

3. 어쩌면 그건 일종의 일회성 이벤트일 뿐일 거야.
   ▶ Maybe it's just some sort of **one-shot event.**

4. 어쩌면 그건 일종의 시험일 뿐일 거야.
   ▶ _____

5. 어쩌면 그건 일종의 암호일 뿐일 거야.
   ▶ _____

6. 어쩌면 그건 일종의 비열한 속임수일 뿐일 거야.
   ▶ _____

7. 어쩌면 그건 일종의 필요한 수리일 뿐일 거야.
   ▶ _____

8. 어쩌면 그건 일종의 오락거리일 뿐일 거야.
   ▶ _____

9. 어쩌면 그건 일종의 하룻밤 즐기고 마는 섹스일 뿐일 거야.
   ▶ _____

10. 어쩌면 그건 일종의 오해일 뿐일 거야.
    ▶ _____

✧ 정답은 소책자 41쪽에

잠깐만요!

1 delusion 망상  3 one-shot 일회성의  6 dirty trick 비열한 속임수  8 entertainment 오락, 오락거리
9 one-night stand 하룻밤 섹스, 하룻밤 섹스 상대  10 misunderstanding 오해

**~하는 건 어려워.**

# It's hard to....

 166.mp3

하기 힘든 일이나 어려운 일이 많다고 느끼시나요? 이럴 때는 이 패턴을 사용해서 표현해 보세요. It's hard to.... 대신 It's difficult to....를 사용해도 되는데요. to 뒤에는 어렵다고 생각하는 일을 넣어 말하면 됩니다.

| | |
|---|---|
| A I'm sorry to interrupt you, do you have any idea when you'll be finished here? | A 방해해서 죄송하지만, 혹시 이곳 일이 언제 끝날지 아시나요? |
| B **It's hard to** tell, ma'am. Probably not till Friday. | B 부인. 말씀 드리**기가 어려운데요.** 아마 금요일 전에는 안 끝날 거예요. |
| A Uh, really, that long? | A 어, 정말이세요? 그렇게 오래 걸려요? |
| B Sorry, ma'am. | B 죄송합니다. 부인. |

〈Criminal Minds〉 중에서

＊interrupt 방해하다

1. 냉정을 유지하**는 건 어려워.** ▶ It's hard to **keep cool.**

2. 십대 아이들을 다루**는 건 어려워.** ▶ It's hard to **handle teenagers.**

3. 그의 말문을 여**는 건 어려워.** ▶ It's hard to **loosen his tongue.**

4. 진실을 마주하**는 건 어려워.** ▶ _____

5. 그 목표에 다다르**는 건 어려워.** ▶ _____

6. 그 계획을 고수하**는 건 어려워.** ▶ _____

7. 범죄에서 손 씻고 사**는 건 어려워.** ▶ _____

8. 그 피해자의 신원을 확인하**는 건 어려워.** ▶ _____

9. 그에게 인내심을 발휘하**는 건 어려워.** ▶ _____

10. 천연덕스런 얼굴을 하고 있**는 건 어려워.** ▶ _____

✦ 정답은 소책자 41쪽에

 잠깐만요!

1 keep cool 냉정을 유지하다   3 loosen one's tongue ~의 말문을 열다   5 reach a goal 목표에 다다르다
6 stick to sth ~을 고수하다   7 clean up one's life 범죄에서 손 씻고 살다   10 keep a straight face 천연덕스런 얼굴을 하다

~하는 게 훨씬 더 쉬워.

# It's so much easier to....

 167.mp3

예전에 비해 하기 쉬워진 일도 있고, 안 하는 것보다 하는 게 더 쉬운 일도 있는데요. 이럴 때는 이 패턴을 사용하면 됩니다. so much는 '훨씬'의 뜻으로 easier의 의미를 강조하는 표현입니다.

A What did we ever do before we had GPS?
B We worked a lot harder at finding people, that's for sure.
A Technology's great. **It's so much easier to** locate someone.
B Hey Sara, I think we've found her.

A GPS가 없었을 땐 도대체 우리가 어떻게 일을 했지?
B 사람을 찾느라 훨씬 더 열심히 일했지. 그건 확실해.
A 과학 기술은 대단한 거야. 사람의 위치를 추적하**는 게 훨씬 더 쉽잖아.**
B 이봐 사라, 우리가 그녀를 찾은 것 같아.

〈CSI: Las Vegas〉 중에서

＊for sure 확실히 | technology 과학 기술 | locate 위치를 찾다

---

1. 지금은 그것을 치우**는 게 훨씬 더 쉬워.**
   ▶ It's so much easier to **take it away now.**

2. 그 약을 먹은 후에는 숨 쉬**는 게 훨씬 더 쉬워.**
   ▶ It's so much easier to **breathe after taking the medicine.**

3. 그를 상속자로 인정하는 것보다 무시하**는 게 훨씬 더 쉬워.**
   ▶ It's so much easier to **ignore him than recognize him as an heir.**

4. 지금은 그녀를 용서하**는 게 훨씬 더 쉬워.**
   ▶

5. 우리가 데이트하고 있는 척하**는 게 훨씬 더 쉬워.**
   ▶

6. 전에 생각했던 것보다 거짓말하**는 게 훨씬 더 쉬워.**
   ▶

7. 요즘은 운전하면서 길을 찾**는 게 훨씬 더 쉬워.**
   ▶

8. 실수를 받아들이는 것보다 부인하**는 게 훨씬 더 쉬워.**
   ▶

9. 네가 생각하는 것보다 정보를 모으**는 게 훨씬 더 쉬워.**
   ▶

10. 현장에 나가는 것보다 사무실 근무를 하**는 게 훨씬 더 쉬워.**
    ▶

✦ 정답은 소책자 41쪽에

 잠깐만요!    **1** take sth away ~을 제거하다, 치우다    **3** recognize 인정하다. heir 상속자    **9** gather 모으다

210

어쩌면 그건 ~와는 관계없을지도 몰라.

# 168

# Maybe it's not about....

 168.mp3

직역하면 '어쩌면 그것은 ~에 관한 것은 아닐 거야.'라는 뜻인데요. 확실하지는 않지만 어떤 일과 관계없는 일이라고 생각될 때 '어쩌면 그것은 ~와는 관계없을지도 몰라.'라는 의미로 이 패턴을 사용할 수 있습니다.

| | |
|---|---|
| **A** I don't think it's working out with this new guy I'm seeing. | **A** 내가 새로 만나는 남자랑은 잘 안 풀리고 있는 것 같아. |
| **B** What's not to work out? He looks like a sex machine. | **B** 뭐가 잘 안 풀리는데? 섹스 머신처럼 생겼던데. |
| **A** **Maybe it's not about** having the best sex ever. | **A** **어쩌면 그건** 역대 최고의 섹스를 하는 것**과는 관계없을 지도 몰라.** |
| **B** Bite your tongue! | **B** 입 다물고 있어! |

⟨Sex and the City⟩ 중에서　　　　　　　　　＊work out 잘 풀리다 | bite one's tongue (하고 싶은 말을 하지 않고) 입을 다물고 있다

1. 어쩌면 그건 그게 얼마나 어려운지와는 관계없을지도 몰라.
▶ Maybe it's not about **how hard it is.**

2. 어쩌면 그건 프로듀서들을 골탕 먹이는 것과는 관계없을지도 몰라.
▶ Maybe it's not about **screwing the producers.**

3. 어쩌면 그건 내 충동구매 습관과는 관계없을지도 몰라.
▶ Maybe it's not about **my impulse buying habit.**

4. 어쩌면 그건 그 거래를 받아들이는 것과는 관계없을지도 몰라.
▶

5. 어쩌면 그건 LA의 범죄율과는 관계없을지도 몰라.
▶

6. 어쩌면 그건 그 아이를 입양하는 것과는 관계없을지도 몰라.
▶

7. 어쩌면 그건 크리스마스 선물과는 관계없을지도 몰라.
▶

8. 어쩌면 그건 회사의 수익과는 관계없을지도 몰라.
▶

9. 어쩌면 그건 네가 이 모든 일에 얼마나 미안해하는지와는 관계없을지도 몰라.
▶

10. 어쩌면 그건 우리가 서로를 사랑하는지 사랑하지 않는지와는 관계없을지도 몰라.
▶

⟡ 정답은 소책자 42쪽에

잠깐만요!　2 screw 골탕 먹이다　3 impulse buying 충동구매　5 crime rate 범죄율　7 present 선물　8 profit 이익, 수익

**169**

그건 네가 ~하는 태도에 관한 거야.

# It's about how you....

🎧 169.mp3

상대방의 태도에 대해 상대방이 듣기 언짢은 말을 시작할 때, '그건 네가 ~하는 태도에 대한 얘기야.'라고 미리 말한 다음 구체적인 얘기를 할 수 있는데요. 이 패턴은 이런 경우에 사용합니다.

| | |
|---|---|
| A Can we talk, Calleigh? | A 캘리, 얘기 좀 할까요? |
| B Sure, what's about? | B 그래요. 무슨 얘긴데요? |
| A **It's about how you** act like you're better than the rest of us. | A **당신이** 우리보다 더 잘났다는 듯이 행동하**는 태도에 관한** 얘기예요. |
| B That's crazy. I don't think I'm better than you. | B 말도 안 돼요. 난 당신들보다 내가 잘났다고 생각하지 않아요. |

〈CSI: Miami〉 중에서

＊rest 나머지 | crazy 말도 안 되는

---

1. 그건 네가 말대꾸하는 태도에 관한 거야. ▶ It's about how you **answer back.**

2. 그건 네가 자식을 키우는 태도에 관한 거야. ▶ It's about how you **raise your kids.**

3. 그건 네가 늘 쉬운 길만 택하는 태도에 관한 거야. ▶ It's about how you **always take the easy way out.**

4. 그건 네가 낯선 사람들을 대하는 태도에 관한 거야. ▶ _____

5. 그건 네가 전화 통화하는 태도에 관한 거야. ▶ _____

6. 그건 네가 내 말을 절대 들으려고 하지 않는 태도에 관한 거야. ▶ _____

7. 그건 네가 네 몸을 혹사하고 있는 태도에 관한 거야. ▶ _____

8. 그건 네가 계획 없이 일을 추진하는 태도에 관한 거야. ▶ _____

9. 그건 네가 항상 비난에 과잉 반응하는 태도에 관한 거야. ▶ _____

10. 그건 네가 피해자 가족에게 나쁜 소식을 전하는 태도에 관한 거야. ▶ _____

✦ 정답은 소책자 42쪽에

**잠깐만요!**

1 answer back 말대꾸하다  3 take the easy way out 쉬운 길을 택하다  7 abuse 학대하다, 혹사하다
8 push ahead 추진하다  9 overreact 과잉 반응하다, criticism 비난  10 break the news to sb ~에게 나쁜 소식을 전하다

내가 ~하는 게 더 나아.

# 170
# It's better for me to....

 170.mp3

다른 사람이 아니라 '내가 ~하는 게 더 나아.'라고 말하고 싶거나 다른 사람은 몰라도 '나는 ~하는 게 더 나아.'라고 말하고 싶다면 이 패턴을 써 보세요.

A  Do you want me to talk to Lindsay about what she saw?
B  **It's better for me to** talk to her.
A  You're right. She'll probably respond better to a woman.
B  That little girl has been through a lot in the last 24 hours.

A  내가 린지하고 그녀가 본 것에 대해 얘기해 볼까?
B  **내가** 린지랑 얘기**하는 게 더 나아.**
A  네 말이 맞아. 아마 여성한테 더 잘 대답할 거야.
B  그 어린애가 지난 24시간 동안 많은 걸 겪었잖아.

〈Law & Order: SVU〉 중에서

＊respond 대답하다, 응답하다

1. 내가 뒤에 남는 게 더 나아.
   ▶ It's better for me to **stay behind.**

2. 내가 그녀에게서 떨어져 있는 게 더 나아.
   ▶ It's better for me to **be apart from her.**

3. 내가 그가 기억을 회복하도록 돕는 게 더 나아.
   ▶ It's better for me to **help him get his memory back.**

4. 내가 그냥 가는 게 더 나아.
   ▶ _____

5. 내가 계속 바쁜 게 더 나아.
   ▶ _____

6. 내가 차를 운전하는 게 더 나아.
   ▶ _____

7. 내가 그를 그곳에 데려다주는 게 더 나아.
   ▶ _____

8. 내가 그것을 그에게 설명하는 게 더 나아.
   ▶ _____

9. 내가 이 일에 대해 입을 다물고 있는 게 더 나아.
   ▶ _____

10. 내가 순진한 척하는 게 더 나아.
    ▶ _____

◇ 정답은 소책자 42쪽에

잠깐만요!

1 stay behind 뒤에 남다  2 be apart from sb/sth ~에(게)서 떨어져 있다
3 get one's memory back ~의 기억을 회복하다  10 innocent 순진한

213

그게 ~하는 것보다는 더 나아.

# It's better than -ing.

 171.mp3

아무것도 안 하고 후회하는 것보다는 가능성 있는 일을 시도해 보는 게 낫고, 하고 싶은 말을 마음속에 꾹꾹 담아 놓았다가 울화병이 걸리는 것보다는 속 시원하게 말을 해 버리는 게 낫겠죠? 이럴 때 이 패턴을 사용하면 됩니다.

| | |
|---|---|
| A You need to tell her how you feel, Derek. | A 데릭, 그녀한테 네 감정을 말해야 해. |
| B I'm not sure I can. She's made it clear how she feels. | B 내가 할 수 있을지 모르겠어. 그녀가 자기감정을 분명히 밝혔거든. |
| A **It's better than having** regrets later on. | A **그렇게 하는 게 나중에 후회하는 것보다는 더 낫잖아.** |
| B What if I regret telling her how I feel? | B 내 감정을 그녀한테 말한 것을 후회하면 어떡해? |

〈Grey's Anatomy〉 중에서                                                    *later on 나중에

---

1. 그게 외출 금지 당하는 것보다는 더 나아. ▶ It's better than getting **grounded.**

2. 그게 다시 솔로가 되는 것보다는 더 나아. ▶ It's better than being **single again.**

3. 그게 아무것도 안 하고 앉아 있는 것보다는 더 나아. ▶ It's better than sitting **doing nothing.**

4. 그게 그녀를 잃는 것보다는 더 나아. ▶ _____

5. 그게 혼자 술 마시는 것보다는 더 나아. ▶ _____

6. 그게 다치는 것보다는 더 나아. ▶ _____

7. 그게 마음속에 꾹꾹 담아 놓기만 하는 것보다는 더 나아. ▶ _____

8. 그게 그 생각을 버리는 것보다는 더 나아. ▶ _____

9. 그게 부모님 집에서 사는 것보다는 더 나아. ▶ _____

10. 그게 겨울철 우울증에 걸리는 것보다는 더 나아. ▶ _____

 ✧ 정답은 소책자 42쪽에

 잠깐만요! 　6 hurt oneself 다치다　7 bottle sth up (감정 등을) 묻어 두다, 억누르다　10 mid-winter blues 겨울철 우울증

~하려면 그게 유일한 방법이야.

# It's the only way to....

🎧 172.mp3

어떤 일을 하는 데 여러 가지 방법이 있는 게 아니라 택할 수 있는 방법이 하나뿐일 때는 이 패턴 표현을 사용하여 말해 보세요. to 뒤에는 '~을 하려면'에 해당하는 말이 오면 됩니다.

| | | | |
|---|---|---|---|
| A | How long will it take for the FDA to approve the drug? | A | FDA가 그 약을 승인하려면 얼마나 걸릴까요? |
| B | Six to twelve months. | B | 6개월에서 12개월이요. |
| A | Well, Louis doesn't have anywhere near that long. **It's the only way to** save his life. | A | 저기요, 루이스한테는 그렇게 오랜 시간이 남아 있지 않아요. 그의 목숨을 살리**려면 그게 유일한 방법이에요.** |
| B | It's not that simple, Nina. | B | 니나, 그게 그렇게 간단한 게 아니에요. |

〈Pure Genius〉 중에서 　　　　　　　　　　　　　　　　　　　　　　　＊approve 승인하다 | simple 간단한

1. 그의 위치를 알아내**려면 그게 유일한 방법이야.**
   ▶ It's the only way to **pull up his location.**

2. 그녀의 관심을 끌**려면 그게 유일한 방법이야.**
   ▶ It's the only way to **attract her attention.**

3. 그를 그런 삶에서 멀어지게 **하려면 그게 유일한 방법이야.**
   ▶ It's the only way to **keep him away from that life.**

4. 그 소년을 살려 두**려면 그게 유일한 방법이야.**
   ▶

5. 네가 원하는 것을 얻으**려면 그게 유일한 방법이야.**
   ▶

6. 위협을 제거**하려면 그게 유일한 방법이야.** ▶

7. 그가 확실히 말을 하게 **하려면 그게 유일한 방법이야.**
   ▶

8. 그의 마음을 활짝 열어 두**려면 그게 유일한 방법이야.**
   ▶

9. 그를 감옥에 가두**려면 그게 유일한 방법이야.**
   ▶

10. 네 형량을 줄이**려면 그게 유일한 방법이야.**
    ▶

✧ 정답은 소책자 43쪽에

1 pull sth up ~을 끄집어내다　2 attract one's attention ~의 관심을 끌다
3 keep sb away from sth ~을 …에서 멀어지게 하다　6 threat 위협
8 keep one's heart open ~의 마음을 활짝 열어 두다　9 put sb behind bars ~을 감옥에 가두다

215

…에 대해서는 ~해 봤자야.

# It's not worth -ing (~) about....

173.mp3

이제 와서 걱정하거나 이미 벌어진 일을 수습하려고 해 봤자 소용없는 일도 있는데요. 이럴 때는 '~해 봤자 소용없다'라는 의미로 이 패턴 표현을 사용할 수 있습니다. about 뒤에는 후회하는 일이나 소용없는 일이 무엇인지 밝히면 됩니다.

| | |
|---|---|
| **A** Will you ask Michael how many of us will be laid off? | **A** 네가 마이클한테 우리들 중 몇 명이 정리 해고당할지 물어 볼래? |
| **B** No, **it's not worth irritating** him **about** the merger. | **B** 싫어, 합병 건**에 대해서는** 그를 짜증 나게 **해 봤자야.** |
| **A** I think we have a right to know. | **A** 난 우리한테 알아야 할 권리가 있다고 생각해. |
| **B** Then you ask him. I have enough anxiety right now. | **B** 그럼 네가 물어보든가. 나는 지금 내 걱정만으로도 충분해. |

〈The Office〉 중에서

*lay sb off ~을 정리 해고하다 | merger 합병 | anxiety 걱정

1. 네 나이**에 대해서는** 거짓말해 **봤자야.**
▶ It's not worth lying about **your age.**

2. 그들이 하는 말**에 대해서는** 신경 써 **봤자야.**
▶ It's not worth caring about **what they say.**

3. 그에게 책임감**에 대해서** 말해 **봤자야.**
▶ It's not worth talking **to him** about **responsibility.**

4. 정치**에 대해서는** 논쟁해 **봤자야.**
▶

5. 그 돈**에 대해서는** 생각해 **봤자야.**
▶

6. 강도 사건**에 대해서는** 그녀에게 물어**봤자야.**
▶

7. 네 딸**에 대해서는** 걱정해 **봤자야.**
▶

8. 그가 한 일**에 대해서는** 속상해해 **봤자야.**
▶

9. 소음**에 대해서는** 그들에게 불평해 **봤자야.**
▶

10. 융자를 받는 것**에 대해서는** 그를 귀찮게 해 **봤자야.**
▶

✧ 정답은 소책자 43쪽에

잠깐만요!  **1** age 나이  **2** care about sb/sth ~에 대해 신경 쓰다  **4** politics 정치  **6** robbery 강도 사건  **10** mortgage 융자

# Unit 21

음성 강의 및 예문 듣기

---

# There's

이번 unit에서는 '있다/없다' 패턴을 배워 볼 거예요. There is 뒤에는 단수 주어가, There are 뒤에는 복수 주어가 나온다는 점에 유의하여 각 패턴을 공부해 보세요.

---

~이 있어.

# There is/are....

🎧 174.mp3

'~이 있다.'라고 할 때는 There is....나 There are....를 씁니다. There is 뒤에는 단수 명사가 오고, There are 뒤에는 복수 명사가 온다는 점에 유의해서 이 패턴을 사용해 보세요.

| | |
|---|---|
| A **There is** a male's voice on the tape. I think it's the killer's. | A 테이프에 남자 목소리가 **있군**. 살인범일 거야. |
| B Why do they think that? | B 왜 그렇게 생각하세요? |
| A **There is** a young girl's voice too. You hear him press the shutter? | A 어린 여자아이 목소리**도 있군**. 범인이 셔터 누르는 소리 들려? |
| B It gives us his voice anyway. It connects the killings. | B 어쨌거나 범인의 목소리는 얻었네요. 살인과 연결되네요. |

〈Cardinal〉 중에서

＊press the shutter 셔터를 누르다 | connect 연결되다

1. 서두를 건 없어. ▶ **There is no rush.**

2. 정전이 있어. ▶ **There is a power outage.**

3. 네가 믿을 수 있는 사람들이 있어. ▶ **There are people you can trust.**

4. 다른 사람들이 있어. ▶ _____

5. 피가 많이 있어. ▶ _____

6. 또 하나의 가능성이 있어. ▶ _____

7. 실종된 아이가 셋 있어. ▶ _____

8. 심장 마비의 징후는 없어. ▶ _____

9. 너와 나 사이에는 차이가 있어. ▶ _____

10. 우리는 너무 많고 너희는 너무 적어. ▶ _____

✧ 정답은 소책자 43쪽에

 잠깐만요! **1** rush 서두름 **2** power outage 정전 **8** predictor 징후, 예측 변수, heart attack 심장 마비 **9** difference 차이

**175**

~ 가능성이 높아.

# There's a good chance (that)....

There's a chance (that)....은 '~할 가능성이 있다.'는 뜻인데요. '~할 가능성이 높다.'고 할 때는 There's a good chance (that)....이라고 하면 됩니다.

| | |
|---|---|
| A We were able to resuscitate your husband, although his heart is weak. | A 남편분을 심폐소생술로 살려낼 수는 있었습니다만 심장은 약해진 상태입니다. |
| B Oh, thank you! I was sure he wouldn't make it. | B 아, 고맙습니다! 전 분명 그가 살아나지 못할 줄 알았어요. |
| A **There's a good chance** it's not over yet. We'll monitor him closely. | A 아직 다 끝난 것은 아닐 **가능성이 높습니다.** 저희가 면밀히 관찰하겠습니다. |
| B Please keep me informed, will you? | B 계속 상태를 알려주세요. 네? |

〈ER〉 중에서

＊resuscitate (심폐소생술로) 소생시키다

1. 넌 해킹 당했을 **가능성이 높아.**
   ▶ There's a good chance **you were hacked.**

2. 뭔가 잘못됐을 **가능성이 높아.**
   ▶ There's a good chance **something went wrong.**

3. 약이 듣고 있지 않을 **가능성이 높아.**
   ▶ There's a good chance **the medication isn't working.**

4. 아무도 우리를 못 봤을 **가능성이 높아.**
   ▶ _____

5. 그가 무심코 비밀을 누설했을 **가능성이 높아.**
   ▶ _____

6. 우리가 그녀를 다시 만나게 될 **가능성이 높아.**
   ▶ _____

7. 그가 그것을 혼자서 하려고 했을 **가능성이 높아.**
   ▶ _____

8. 그녀가 정상으로 돌아올 **가능성이 높아.**
   ▶ _____

9. 그가 친구들을 모두 끊어 내고 있을 **가능성이 높아.**
   ▶ _____

10. 그녀가 중독 관리에 성공할 **가능성이 높아.**
    ▶ _____

✧ 정답은 소책자 43쪽에

잠깐만요!

5 spill the beans 무심코 비밀을 누설하다   7 solo 혼자서   8 get back to normal 정상으로 돌아오다
9 cut sb/sth off ~을 끊어 내다   10 succeed in -ing ~하는 것에 성공하다. manage 관리하다

219

내가 ~할 수 있는 방법이 있니?

# There's a way I can...?

'내가 ~할 수 있는 방법이 있니?'를 문법에 맞게 쓰려면 Is there a way I can...?이라고 해야 하지만, 구어에서는 주어와 동사의 위치를 바꾸지 않고 문장 끝의 어조만 올려 말해서 의문문으로 만들기도 합니다.

| | |
|---|---|
| A I'm sorry I interrupted your date, Jerry. | A 제리, 자네 데이트를 방해해서 미안해. |
| B You should be. She was really into me. | B 당연히 그래야지. 그 여자가 나한테 푹 빠져 있었단 말이야. |
| A **There's a way I can** make it up to you? | A **내가 자네에게 보상할 수 있는 방법이 있을까?** |
| B I'm sure I'll think of something. | B 내가 분명 뭔가 생각해 내게 될 거야. |

〈Seinfeld〉 중에서

＊be into sb ~에게 푹 빠져 있다

---

1. 내가 그들을 잡아둘 수 있는 방법이 있니? ▶ There's a way I can **hold them back**?

2. 내가 이 집값을 감당할 수 있는 방법이 있니? ▶ There's a way I can **afford this house**?

3. 내가 그녀의 열을 내릴 수 있는 방법이 있니? ▶ There's a way I can **lower her temperature**?

4. 내가 시험에 통과할 수 있는 방법이 있니? ▶

5. 내가 그녀를 설득할 수 있는 방법이 있니? ▶

6. 내가 그를 합법적으로 잡을 수 있는 방법이 있니? ▶

7. 내가 너의 신뢰를 회복할 수 있는 방법이 있니? ▶

8. 내가 체중을 좀 줄일 수 있는 방법이 있니? ▶

9. 내가 세금 공제를 요청할 수 있는 방법이 있니? ▶

10. 내가 내 이름을 명단에 넣을 수 있는 방법이 있니? ▶

✧ 정답은 소책자 44쪽에

★ 잠깐만요!

1 hold sb back ~을 잡아두다　2 can afford ~을 경제적으로 감당할 수 있다
3 lower one's temperature ~의 열을 내리다　5 persuade 설득하다　6 legally 합법적으로　7 regain 다시 얻다
8 lose weight 체중을 줄이다　9 claim 요청하다, tax deduction 세금 공제

~ 뭔가가 있어.

# 177

# There's something....

🎧 177.mp3

정확하게 무엇이 있다고 말할 수는 없지는 않지만, 무언가가 있기는 하다고 말할 때는 이 패턴 표현을 사용하는데요, 미드를 볼 때 There's something you don't know.나 There's something you should know.는 이 패턴을 사용한 표현 중 가장 많이 들을 수 있는 것이기도 합니다.

| | |
|---|---|
| A I know that you're a good tracker. | A 자네가 훌륭한 추적자인 걸 알고 있네. |
| B I'm so flattered. | B 과찬이세요. |
| A If **there's something** in this profile that you don't agree with, I'd like to know what it is. | A 이 프로파일에 자네가 동의하지 않는 **게 있다면** 난 그게 뭔지 알고 싶네. |
| B You're not gonna like it. | B 마음에 안 드실 거예요. |

〈Criminal Minds〉중에서　　　　　　　　　　　　*tracker 추적자 | flatter 아첨하다 | profile 프로파일, 범죄 심리 분석

**1.** 그것에는 **뭔가가** 더 있어.　　▶ There's something **more to it.**

**2.** 내가 모르는 게 있어.　　▶ There's something **I don't know.**

**3.** 몬티와 맥주를 한잔해야 할 **일이 있어.**　　▶ There's something **about a beer with Monty.**

**4.** 그밖에 도난당한 **물건이 있어.**　　▶
_____

**5.** 여기에서 진행되고 있는 게 있어.　　▶
_____

**6.** 내가 너한테 말해야 할 게 있어.　　▶
_____

**7.** 네가 알아야 할 게 있어.　　▶
_____

**8.** 네게 보여 주고 싶은 게 있어.　　▶
_____

**9.** 네가 있으면 진정되는 그런 게 있어.　　▶
_____

**10.** 네 진술에 모순되는 게 있어.　　▶
_____

✤ 정답은 소책자 44쪽에

잠깐만요!　　**9** calming 진정되는, presence 존재, 있음　**10** contradictory 모순되는

**178**

~ 아무것도 없어.

# There's nothing....

'~이 없다'는 There isn't....나 There aren't....라고 하는데요. '아무것도 없다.'라고 하려면 There's nothing....이라고 하면 됩니다. nothing 뒤에는 어떠한 것이 없다는 건지를 나타낼 수 있는 형용사, 부사(구), that절 등이 옵니다.

| | |
|---|---|
| **A** What's going on? | **A** 무슨 일이죠? |
| **B** I was walking by; I heard a boom like something exploded. It came from back there. | **B** 걸어가고 있는데, 뭔가 쾅 하고 폭발하는 것 같은 소리를 들었어요. 저 뒤쪽에서 났어요. |
| **C** **There's nothing** on the gas detector. | **C** 가스 탐지기에는 **아무 이상 없어.** |
| **A** Let's check it out anyway. Mask up. | **A** 어쨌든 확인해 보자. 마스크 써. |

〈Chicago Fire〉 중에서          *boom 쾅 하는 소리 | gas detector 가스 탐지기

1. 두려워할 것은 **아무것도 없어.**
   ▶ **There's nothing** to be afraid of.

2. 네가 할 수 있었던 것은 **아무것도 없어.**
   ▶ **There's nothing** you could have done.

3. 그와 탈주자를 연결 지을 것은 **아무것도 없어.**
   ▶ **There's nothing** linking him to the fugitive.

4. 내가 더 원하는 것은 **아무것도 없어.**
   ▶

5. 걱정할 것은 **아무것도 없어.**
   ▶

6. 네가 지금 당장 할 수 있는 것은 **아무것도 없어.**
   ▶

7. 너를 위해서라면 내가 못할 것은 **아무것도 없어.**
   ▶

8. 경비원들에 대해서는 내가 할 수 있는 게 **아무것도 없어.**
   ▶

9. 그의 재정 상태에 정도를 넘은 것은 **아무것도 없어.**
   ▶

10. 그 외에 내가 이 여자에게서 알아낼 수 있는 것은 **아무것도 없어.**
    ▶

✧ 정답은 소책자 44쪽에

잠깐만요!

3 link A to B A와 B를 연결 짓다, fugitive 탈주자, 도망자   8 guard 경비원   9 out of line 선을 넘은, 정도를 넘은, financials 재정 상태   10 get out of sb ~에게서 (정보 등을) 알아내다

~ 방법은 없어.

# There's no way....

179.mp3

글자 그대로의 의미는 '(~일/~할) 방법이 없다.'는 의미인데요. 이 표현은 '(~하는 것은) 불가능해.'나 '(~일) 리가 없다.'라는 뜻으로 의역하여 쓸 수도 있어요.

| | |
|---|---|
| A  Peter Lewis took the list of patients. | A  피터 루이스가 환자 명단을 가져갔어요. |
| B  Tara, **there's no way** we could have predicted this. | B  타라, 우리가 이걸 예측할 수 있었던 **방법은 없어**. |
| C  We're shooting this bastard on sight. | C  이 개자식을 발견하는 대로 총을 쏴 줄 겁니다. |
| B  Chief, if you do that, we lose our best lead on Peter Lewis. | B  서장님, 만약 그렇게 하시면 우리는 피터 루이스에 대한 최고의 단서를 잃어버리는 겁니다. |

〈Criminal Minds〉 중에서

＊predict 예측하다 | bastard 개자식 | on sight 발견하는 대로

**1.** 그것을 내부적으로 처리할 **방법은 없어**. ▶ There's no way **to handle it internally.**

**2.** 그녀가 이 수술에서 살아남는 **방법은 없어**. ▶ There's no way **she survives this operation.**

**3.** 우리가 보안 시스템을 통과할 수 있는 **방법은 없어**. ▶ There's no way **we can go through security.**

**4.** 그녀가 25살일 **리가 없어**. ▶ _____

**5.** 지금 우리가 그만둘 수 있는 **방법은 없어**. ▶ _____

**6.** 암호를 해독할 **방법은 없어**. ▶ _____

**7.** 그런 일이 다시 일어날 **리는 없어**. ▶ _____

**8.** 내가 다시 저 안으로 들어갈 수 있는 **방법은 없어**. ▶ _____

**9.** 그에게 그가 원하는 것을 줄 **방법은 없어**. ▶ _____

**10.** 네가 그녀를 구할 수 있었던 **방법은 없어**. ▶ _____

✦ 정답은 소책자 44쪽에

잠깐만요!   **1** internally 내부적으로  **2** survive 살아남다, operation 수술  **3** security 보안 (시스템)  **6** break a code 암호를 해독하다

더 빨리 ~할 방법이 있어.

# There's a quicker way to....

 180.mp3

어떤 일을 할 때 차근차근 한 걸음씩 단계를 밟는 방법도 있지만, 편법을 써서 좀 더 빠르게 일을 처리하는 방법도 있잖아요. 이런 경우에 '더 빨리 ~할 방법이 있어.'라는 의미로 이 패턴을 사용합니다.

| | |
|---|---|
| **A** If I hang in there, work the tough cases for a few years, I'll make partner. | **A** 내가 꿋꿋이 버티면서 몇 년 동안 힘든 사건을 해결한다면 파트너가 될 거야. |
| **B** You know, **there's a quicker way to** the top. | **B** 있지, 정상에 **더 빨리** 오를 **방법이 있어**. |
| **A** What's that? | **A** 그게 뭔데? |
| **B** Sleep with the boss. | **B** 사장이랑 자는 거지. |

〈Boston Legal〉 중에서                                    * hang in there 꿋꿋이 버티다

---

1. 더 빨리 남자의 마음을 얻을 **방법이 있어**.   ▶ There's a quicker way to **a man's heart.**

2. 더 빨리 그 시스템에 접속할 **방법이 있어**.   ▶ There's a quicker way to **access the system.**

3. 더 빨리 그 돈을 세탁할 **방법이 있어**.   ▶ There's a quicker way to **launder the money.**

4. 더 빨리 석방될 **방법이 있어**.   ▶

5. 더 빨리 큰돈을 벌 **방법이 있어**.   ▶

6. 더 빨리 네 대답을 얻어낼 **방법이 있어**.   ▶

7. 더 빨리 언어를 배울 **방법이 있어**.   ▶

8. 더 빨리 여기에서 그 해변까지 갈 **방법이 있어**.   ▶

9. 더 빨리 불법 거주자들을 쫓아낼 **방법이 있어**.   ▶

10. 더 빨리 그 문제를 처리할 **방법이 있어**.   ▶

♦ 정답은 소책자 44쪽에

잠깐만요!   **3** launder 세탁하다   **5** make a fortune 큰돈을 벌다   **7** language 언어   **9** squatter 불법 거주자

**181**

~한 사람이 또 있어.

# There's someone else who....

어떤 일을 필요로 하거나 어떤 일을 할 능력이 있는 사람이 더 있는데, 그 사람이 누구인지는 명확하게 밝히지 않고 이러이러한 사람이 있다고만 말할 때 이 패턴 표현을 사용하면 돼요. who 뒤에는 어떠한 사람인지를 구체적으로 말해 주면 됩니다.

| | |
|---|---|
| A | We've stabilized the man who was hit by a bus. |
| B | **There's someone else who** needs help. |
| A | Who? Where? |
| B | His little girl is in the waiting room. She saw the whole thing. |

| | |
|---|---|
| A | 버스에 치인 남자는 안정시켰어. |
| B | 도움이 필요**한 사람이 또 있어.** |
| A | 누군데? 어디 있어? |
| B | 그의 딸이 대기실에 있어. 그 애가 모든 걸 다 봤어. |

〈ER〉 중에서

＊stabilize 안정시키다 | waiting room 대기실

1. 이 음모에 가담**한 사람이 또 있어.** ▶ There's someone else who **is part of this conspiracy.**

2. 그에게 원한을 가진 **사람이 또 있어.** ▶ There's someone else who **has a grudge against him.**

3. 그 결정을 무효로 만들 수 있**는 사람이 또 있어.** ▶ There's someone else who **can overrule that decision.**

4. 거기 있었던 **사람이 또 있어.** ▶

5. 그의 빚을 승계한 **사람이 또 있어.** ▶

6. 너를 찾고 있었던 **사람이 또 있어.** ▶

7. 우리와 같이 가고 싶어 **하는 사람이 또 있어.** ▶

8. 그들을 떠나게 할 수 있**는 사람이 또 있어.** ▶

9. 안젤로에게 반대 증언을 **할 사람이 또 있어.** ▶

10. 그녀의 어린 시절을 아**는 사람이 또 있어.** ▶

✦ 정답은 소책자 45쪽에

잠깐만요!

1 conspiracy 음모  2 have a grudge against sb ~에게 원한을 갖다  3 overrule 무효로 만들다, 기각하다
5 inherit 물려받다, 승계하다, debt 빚  10 childhood 어린 시절

225

네가 ~할 게 한 가지 있어.

# There's one thing you....

 182.mp3

There's one thing은 '한 가지가 있다'라는 뜻인데요. 뒤에 you can...을 넣으면 '네가 할 수 있는 게 한 가지 있다'라는 뜻이 되고요. you should...를 넣으면 '네가 ~해야 할 게 한 가지 있다'라는 뜻이 됩니다.

| | |
|---|---|
| A We need to keep this quiet. | A 우리는 이것을 비밀로 해 둬야 해요. |
| B I agree. No need to start widespread panic. | B 동의해요. 공포를 확산시키기 시작할 필요가 없죠. |
| A **There's one thing you** can release to the press—that he's a cab driver. | A **당신이** 언론에 발표할 수 있**는 게 한 가지 있는데,** 그자가 택시 기사라는 거예요. |
| B I guess in the interest of public safety that makes sense. | B 대중의 안전을 위해 그렇게 하는 게 합당하겠군요. |

〈Law & Order〉 중에서

∗widespread 널리 퍼진 | panic 극심한 공포 | in the interest of sb/sth ~을 위해 | public 대중의

1. 네가 날 위해 할 수 있**는 게 한 가지 있어.** ▶ There's one thing you **can do for me.**

2. 네가 알아야 **할 게 한 가지 있어.** ▶ There's one thing you **need to be aware of.**

3. 네가 항상 명심해야 **할 게 한 가지 있어.** ▶ There's one thing you **should always keep in mind.**

4. 오늘 밤에 **너한테** 필요한 게 **한 가지 있어.** ▶

5. 네가 아직 모르고 있**는 게 한 가지 있어.** ▶

6. 네가 잊지 말아야 **할 게 한 가지 있어.** ▶

7. 네가 처리해야 **할 게 한 가지 있어.** ▶

8. 네가 집중해야 **할 게 한 가지 있어.** ▶

9. 네가 우리를 정말로 도와줄 수 있**는 게** **한 가지 있어.** ▶

10. 네가 그 이야기에서 배울 수 있**는 게** **한 가지 있어.** ▶

✧ 정답은 소책자 45쪽에

 **2** be aware of sb/sth ~을 알다   **3** keep sb/sth in mind ~을 명심하다, 기억해 두다   **6** forget 잊다

내가 ～하는 이유가 있어.

# There's a reason I....

🎧 183.mp3

내가 앞으로 하려고 하는 일이나 과거에 했던 일, 또는 믿고 있는 일의 이유를 대려고 한다면 이 패턴을 사용하면 됩니다. '내가 (～하려는/～한 것에는) 이유가 있어.'라는 뜻이에요.

| | |
|---|---|
| A I'm surprised you're giving the speech and not Dr. House, Wilson. | A 하우스 선생이 아니라 당신이 연설을 하게 되어서 놀랐어요, 윌슨. |
| B **There's a reason I**'m gonna give the speech. | B **내가 연설을 하려고 하는 데에는 이유가 있어요.** |
| A I'm sure I can guess that reason. | A 그 이유는 확실히 짐작할 수 있어요. |
| B You know, House, he's apt to say something inappropriate. | B 그게, 하우스가 걸핏하면 해서는 안 될 말을 하잖아요. |

〈House〉 중에서                                         *give a speech 연설하다 | be apt to 걸핏하면 ～하다

---

1. 내가 그간 술을 끊은 이유가 있어.
   ▶ There's a reason I've stopped drinking.

2. 내가 몸매를 가꾸는 이유가 있어.
   ▶ There's a reason I look after my figure.

3. 내가 그녀가 제정신이 아니라고 믿는 이유가 있어.
   ▶ There's a reason I believe that she's insane.

4. 내가 경찰이 되고 싶었던 이유가 있어.
   ▶ _____

5. 내가 널 안아 주려는 이유가 있어.
   ▶ _____

6. 내가 이 파티를 열려는 이유가 있어.
   ▶ _____

7. 내가 그에게 좋다고 말하려는 이유가 있어.
   ▶ _____

8. 내가 너한테 그녀를 만나 달라고 부탁하려는 이유가 있어.
   ▶ _____

9. 내가 계속 체중을 늘리고 있는 이유가 있어.
   ▶ _____

10. 내가 명단에서 그녀의 이름을 뺀 이유가 있어.
    ▶ _____

✦ 정답은 소책자 45쪽에

잠깐만요!

**2** look after one's figure ～의 몸매를 가꾸다   **3** insane 제정신이 아닌   **5** give sb a hug ～을 안아 주다
**6** throw a party 파티를 열다   **9** gain weight 체중을 늘리다

227

**~이 있니?**

# Is there...?

🎧 184.mp3

'~이 있니?'라고 물을 때는 Is there...?라고 하는데요. 대개 Is there any...?의 형태로 쓰이는 경우가 많습니다.

---

A  So, can you help us? **Is there** anything you want to say to me?

B  If I help you, I want a reduced sentence.

A  I'll talk to my department head about it. You know how to hack computers?

B  Well, I hack everything else.

A  그래서 우리를 도와줄 수 있는 거야? 나한테 말하고 싶은 거라도 **있어?**

B  내가 당신들을 도와준다면 감형해 줘요.

A  그것에 대해서는 부서장한테 말해 볼게. 컴퓨터를 해킹하는 방법은 알지?

B  그게, 난 모든 걸 다 해킹해요.

⟨MacGyver⟩ 중에서

＊department head 부서장 | hack 해킹하다

---

1. 그녀의 입을 다물게 할 방법**이 있니?**
▶ **Is there** a way to shut her up?

2. 내가 너를 도와줄 수 있는 게 **있니?**
▶ **Is there** something that I can help you with?

3. 나한테 말 안 하고 있는 게 또 **있니?**
▶ **Is there** anything else you're not telling me?

4. 내가 할 수 있는 게 **있니?**
▶

5. 우리를 지켜보고 있는 사람**이 있니?**
▶

6. 그곳에 갈 시간**은** 충분히 **있니?**
▶

7. 오늘 밤에 7번 방에 묵는 사람**이 있니?**
▶

8. 장례식보다 더 안 좋은 게 **있니?**
▶

9. 나한테 말하고 싶은 게 **있니?**
▶

10. 네가 그녀에게 말을 걸 수 있는 방법**이 있니?**
▶

✧ 정답은 소책자 45쪽에

**잠깐만요!**   1 shut sb up ~의 입을 다물게 하다   5 watch 지켜보다

228

# Unit 22

음성 강의 및 예문 듣기

# That's

이번 unit에서는 That's에 how, why, where, what 같은 의문사가 연결된 패턴을 배워 볼 거예요. 대화할 때 이런 패턴들을 활용해 주면 한층 더 세련된 영어를 구사할 수 있어요.

그렇게 ~하는 거야.

# That's how....

🎧 185.mp3

어떤 일이 이루어진 경위나 어떤 일을 하는 방법을 알게 되었을 때 사용하는 패턴인데, how 뒤에는 현재 동사나 과거 동사가 올 수 있어요.

| | |
|---|---|
| **A** You know all about the Ghost Riders. How do we get Stiles and the others back? | **A** 네가 유령 기사들에 대해 전부 알고 있잖아. 스타일즈와 다른 사람들을 어떻게 다시 데려오는 거야? |
| **B** You can't. The Wild Hunt comes. The Wild Hunt goes. **That's how** it works. | **B** 너희들은 못해. 유령 사냥은 왔다가 가 버리거든. **그렇게** 그게 작동**하는 거야.** |
| **A** But they're still here. And they're still taking people. | **A** 하지만 그들은 아직 여기 있어. 그리고 아직도 사람들을 데려가고 있다고. |
| **B** That's not possible. They never stay at one place for a long time. | **B** 그건 불가능해. 그들은 결코 한 곳에 오래 머물지 않아. |

〈Teen Wolf〉 중에서　　　　　　　　　　　　　　　　　　　　　　　*Wild Hunt 유령 사냥

---

**1.** 그렇게 우리가 만났던 **거야.**　　▶ **That's how we met.**

**2.** 그렇게 내가 그 공허감을 채웠던 **거야.**　　▶ **That's how I filled that void.**

**3.** 그렇게 그녀가 그들의 이름을 기억**하는 거야.**　　▶ **That's how she remembers their names.**

**4.** 그렇게 그가 탈출**했던 거야.**　　▶ _____

**5.** 그렇게 네가 그것을 **하는 거구나.**　　▶ _____

**6.** 그렇게 그들이 그것을 계획**했던 거야.**　　▶ _____

**7.** 그렇게 그가 그들을 구조**했던 거야.**　　▶ _____

**8.** 그렇게 그들이 그를 추방**했던 거야.**　　▶ _____

**9.** 그렇게 네가 마약과의 전쟁에서 승리**하는 거야.**　　▶ _____

**10.** 그렇게 내가 응급실에 실려 갔**던 거야.**　　▶ _____

✧ 정답은 소책자 46쪽에

 **잠깐만요!**　　**2** fill 채우다, void 공허감　**8** expel 추방하다, 제명하다, 퇴학시키다　**10** emergency room 응급실

**186**

그래서 ~한 거야.

# That's why....

186.mp3

앞서 말한 것에 대해 '그래서 ~한 거야.'라고 이유를 대거나 어떤 일에 대해 이해가 되었을 때 '그래서 ~인 거로구나.'라는 의미로 사용합니다.

| | |
|---|---|
| A  Why did you come back to this small town? | A  왜 이렇게 작은 마을로 다시 돌아오셨어요? |
| B  Algonquin Bay's my home. | B  알곤퀸 베이는 내 고향이야. |
| A  Yeah, but I mean you were a decorated big city detective. That's a lot to leave behind. | A  그렇긴 하지만 제 말은 훈장까지 받은 대도시 형사셨잖아요. 그건 뒤로 하기엔 대단한 거잖아요. |
| B  My wife has bipolar disorder. **That's why** we moved back. I thought the slower pace would be good for her. | B  내 아내가 양극성 장애를 가지고 있어. **그래서** 다시 이사온 **거야**. 속도를 좀 늦추는 게 그녀에게 좋을 거라고 생각했거든. |

〈Cardinal〉 중에서　　　　　　　　　　　　　　*decorated 훈장을 받은 | bipolar 양극성의, 조울증의 | disorder 장애

1. 그래서 우리가 여기 있**는 거야**. ▶ That's why **we're here.**

2. 그래서 우리가 모두 연락이 끊겼**던 거야**. ▶ That's why **we all lost touch.**

3. 그래서 네가 절대로 나이를 밝히지 않**는구나**. ▶ That's why **you never reveal your age.**

4. 그래서 그게 강철 케이블**인 거구나**. ▶

5. 그래서 네가 나한테 배를 판 **거구나**. ▶

6. 그래서 네가 치료를 받아야 **하는 거야**. ▶

7. 그래서 내가 많은 돈을 받**는 거야**. ▶

8. 그래서 그가 음식을 훔치고 있었**던 거야**. ▶

9. 그래서 내가 직장 사람들에게 절대 말하지 않았**던 거야**. ▶

10. 그래서 그의 인생에 여자가 필요**한 거야**. ▶

✧ 정답은 소책자 46쪽에

잠깐만요!　　2 lose touch 연락이 끊기다　3 reveal 밝히다　4 steel 강철, cable 케이블, 전선　7 big bucks 많은 돈

231

187

바로 그래서 내가 ~한 거야.

# That's exactly the reason I....

 187.mp3

상대방이 한 말이 내가 무엇을 하려는 이유를 정곡으로 찔렀을 때는 '바로 그래서 내가 ~인 거야.'라는 뜻으로 이 패턴 표현을 사용합니다. exactly는 '정확히, 꼭'이라는 뜻이에요.

A So, you emptied your parent's bank account to buy drugs?
B Yes, many times. I also sold their possessions.
A And when you hit rock bottom, you started stealing from their friends?
B Yes. **That's exactly the reason I** couldn't face them.

A 그래서 넌 마약을 사려고 부모님 은행 계좌를 탈탈 비운 거야?
B 네, 여러 번 그랬어요. 부모님 소지품도 팔았고요.
A 그리고 바닥까지 추락했을 때, 넌 부모님 친구분들한테서 도둑질을 하기 시작했고?
B 네. **바로 그래서 제가** 그분들을 대면할 수 없**는 거예요.**

〈Boston Legal〉 중에서 　　　*empty 비우다 | bank account 은행 계좌 | possessions 소지품 | hit rock bottom 바닥까지 추락하다

1. **바로 그래서 내가** 너랑 결혼하고 싶**은 거야.** ▶ That's exactly the reason I **want to marry you.**

2. **바로 그래서 내가** 이력서에 거짓말을 한 **거야.** ▶ That's exactly the reason I **lied on my résumé.**

3. **바로 그래서 내가** 무전기를 켰**던 거야.** ▶ That's exactly the reason I **turned the CB-radio on.**

4. **바로 그래서 내가** 여기에 있**는 거야.** ▶

5. **바로 그래서 내가** 그녀와 이혼을 한 **거야.** ▶

6. **바로 그래서 내가** 패스트푸드를 좋아하**는 거야.** ▶

7. **바로 그래서 내가** 여기에서 이사를 나갔**던 거야.** ▶

8. **바로 그래서 내가** 예일대에 가지 않았**던 거야.** ▶

9. **바로 그래서 내가** 용의자가 이 남자라고 생각하**는 거야.** ▶

10. **바로 그래서 내가** 널 그동안 거기에 남겨 뒀**던 거야.** ▶

✤ 정답은 소책자 46쪽에

잠깐만요!　　2 résumé 이력서　3 CB-radio 단거리 무전기 (= Citizen's Band radio)　7 move out 이사를 나가다

그곳이 ～한 곳이야./그게 ～한 부분이야.

# That's where....

where는 장소를 나타내는 의문사인데요. '곳, 장소'의 뜻 외에, '부분'의 의미로도 쓸 수 있어요. 그래서 That's where....라고 하면 '그곳이 ～한 곳이야.'라는 뜻으로 특정 장소를 나타낼 수도 있고, '그게 ～한 부분이야.'라는 뜻으로 어떤 일의 진행 과정의 한 부분을 나타낼 수도 있어요.

| | |
|---|---|
| A | I think I'm winning my battle of embarrassment with Dwight. |
| B | How did you know Dwight wears pantyhose? |
| A | He left his diary in the break room. |
| B | **That's where** he slipped up. |

| | |
|---|---|
| A | 드와이트랑 한 창피 주기 싸움에서 내가 이기고 있는 것 같아. |
| B | 드와이트가 스타킹을 신는지 어떻게 알았어? |
| A | 휴게실에 일기를 놓고 갔더라고. |
| B | **그게** 그가 실수를 했던 **부분이구나.** |

〈The Office〉 중에서    *battle 싸움, 전투 | embarrassment 창피, 수치 | pantyhose 스타킹 | break room 휴게실 | slip up 실수하다

1. 그곳이 그가 묻혀 있는 **곳이야.**   ▶ That's where **he's buried.**

2. 그게 그 정책이 역효과를 냈던 **부분이야.**   ▶ That's where **the policy backfired.**

3. 그게 내가 네 생각에 동의할 수 없는 **부분이야.**   ▶ That's where **I can't agree with you.**

4. 그게 네가 틀린 **부분이야.**   ▶

5. 그곳이 드루가 일했던 **곳이야.**   ▶

6. 그게 그들이 그것을 망쳤던 **부분이야.**   ▶

7. 그곳이 우리가 가려는 **곳이야.**   ▶

8. 그곳이 그녀가 반지를 잃어버린 **곳이야.**   ▶

9. 그곳이 내가 아는 모든 욕설을 배웠던 **곳이야.**   ▶

10. 그게 그녀가 성공적인 경력을 쌓을 수 있었던 **부분이야.**   ▶

✧ 정답은 소책자 46쪽에

잠깐만요!    **1** bury 묻다   **2** backfire 역효과를 내다   **3** agree with sb ～의 의견에 동의하다   **8** ring 반지   **9** swear word 욕설
**10** career 경력, 이력

189

그게 ~하는 거야.

# That's what....

🎧 189.mp3

That's what....은 '그게 (~하는/~인) 거야.'라는 뜻인데요. That's what I'm saying.은 동감임을 나타낼 때 쓰는 대표 표현입니다.

| | | | |
|---|---|---|---|
| A | We're from the FBI. You reported Cherry Rollins missing? | A | 우린 FBI에서 나왔어요. 체리 롤린스가 실종됐다고 신고하셨죠? |
| B | FBI's here about Cherry? She's really in trouble, isn't she? You wouldn't be here if she wasn't. | B | 체리 때문에 FBI가 여기 왔다고요? 그 애가 진짜 심각한 곤경에 처한 거네요. 그렇죠? 그렇지 않다면 당신들이 오지는 않을 테니까요. |
| A | Well, **that's what** we're trying to find out. When was the last time you two spoke? | A | 음, **그게** 우리가 알아보려고 **하는 거죠.** 두 사람이 마지막으로 대화한 게 언제였나요? |
| B | Two days ago. | B | 이틀 전이었어요. |

〈Criminal Minds〉 중에서

1. 그게 내가 말하고 있는 거야. ▶ That's what **I'm saying.**

2. 그게 내가 어제 그녀에게 읽어 주었던 거야. ▶ That's what **I read to her yesterday.**

3. 그게 캠프에서 그들이 내게 가르쳐 주었던 거야. ▶ That's what **they taught me at camp.**

4. 그게 그가 좋아하는 거야. ▶

5. 그게 우리가 하려는 거야. ▶

6. 그게 내가 약속 받은 거야. ▶

7. 그게 내가 듣고 싶었던 말이야. ▶

8. 그게 그녀가 이해하지 못했던 거야. ▶

9. 그게 그 어린 소녀에게 일어났던 일이야. ▶

10. 그게 내가 널 발견했을 때 네가 하고 있었던 거야. ▶

✧ 정답은 소책자 47쪽에

 잠깐만요! **3 camp** 캠프, 야영장

234

# Unit 23

음성 강의 및 예문 듣기

# I'm

이번 unit에서 배우는 것은 우리가 영어를 공부할 때 가장 먼저 배웠던 I'm....패턴인데요. I'm 을 이용하여 내 감정과 목적, 생각, 행선지 등을 말하는 표현을 배워 보세요.

190 **I'm not really....**
내가 진짜로 ~인 건 아니야.

191 **I'm here....**
난 ~ 여기 왔어./난 ~ 여기 있는 거야.

192 **I'm just asking you to....**
부탁하는데 그냥 ~해 줘.

193 **I'm (just) trying to....**
난 (그저) ~하려는 거야.

194 **I'm headed over to....**
난 ~로 출발할게.

195 **I was wondering if....**
~할까 생각 중이었어.

내가 진짜로 ~인 건 아니야.

# I'm not really....

🎧 190.mp3

I'm....은 '난 ~야.'라는 뜻으로 내 상태나 감정을 나타낼 때 쓰는 표현이에요. I'm not....이라고 하면 '난 ~ 아니야.'라는 뜻이고요. 그런데 I'm not really....라고 really를 덧붙여 말하면 '내가 진짜로 ~인 것은 아니야.'라는 뜻으로, 예를 들어 화가 난 것처럼 보이지만 실제로는 화가 나지 않은 경우에 쓸 수 있는 패턴이에요.

| | |
|---|---|
| **A** You seem pretty upset about this. | **A** 너 이 일로 아주 화가 난 것 같아. |
| **B** **I'm not really** angry. Just disappointed. | **B** **내가 진짜로** 화가 난 **건 아니야.** 그냥 실망했을 뿐이야. |
| **A** Did you know he was seeing other people? | **A** 그가 다른 사람들과 데이트하고 있는 건 알았어? |
| **B** I suspected, but wasn't sure until now. | **B** 의심은 했지만, 지금까지는 확신을 못 했었지. |

⟨Desperate Housewives⟩ 중에서

＊suspect 의심하다

| | | |
|---|---|---|
| **1.** | 내가 진짜로 가정적인 남자**인 건 아니야.** | ▶ I'm not really **a family guy.** |
| **2.** | 내가 진짜로 그 일에 마음이 편한 **건 아니야.** | ▶ I'm not really **comfortable with it.** |
| **3.** | 내가 진짜로 긁는 복권에 중독된 **건 아니야.** | ▶ I'm not really **addicted to lottery scratchers.** |
| **4.** | 내가 진짜로 겁에 질린 **건 아니야.** | ▶ |
| **5.** | 내가 진짜로 너한테 열 받은 **건 아니야.** | ▶ |
| **6.** | 내가 진짜로 그것에 매료된 **건 아니야.** | ▶ |
| **7.** | 내가 진짜로 요리를 잘하는 **건 아니야.** | ▶ |
| **8.** | 내가 진짜로 친절하게 굴려고 애쓰는 **건 아니야.** | ▶ |
| **9.** | 내가 진짜로 이름 기억하는 것에 젬병인 **건 아니야.** | ▶ |
| **10.** | 내가 진짜로 너만큼 놀란 **건 아니야.** | ▶ |

✧ 정답은 소책자 47쪽에

 잠깐만요!

3 lottery scratcher 긁는 복권  4 terrified 겁에 질린  6 attracted to sb/sth ~에(게) 매료된  7 be good at sth ~을 잘하다
9 be lousy with sth ~에 서투르다

236

난 ~ 여기 왔어./난 ~ 여기 있는 거야.

# I'm here....

이 패턴은 내가 여기 온 목적을 밝히고자 할 때 사용해요. 반대로 '여기 온 이유가 ~ 때문은 아니야.'라고 말할 때는 I'm not here....라고 하면 됩니다.

| | |
|---|---|
| A Ellie, I'm a cop. I will help. | A 엘리, 난 경찰이야. 내가 도와줄게. |
| B What? | B 뭐라고요? |
| A That's why I'm here. **I'm here** to find out about Sam. | A 그래서 내가 여기 있는 거야. 샘에 대해 알아내려고 **여기 온 거지.** |
| B Then where's your badge? | B 그럼 배지는 어디 있는데요? |

〈Chicago PD〉 중에서 　　　　　　　　　　　　　　　　　　　　　　　　　　　*badge 배지

---

1. 난 널 만나러 **여기 왔어.**　　▶ **I'm here** to see you.

2. 난 진행 과정의 매 단계마다 널 위해 **여기 있는 거야.**　　▶ **I'm here** for you every step of the way.

3. 난 2008년에 있었던 살인 사건 파일 때문에 **여기 왔어.**　　▶ **I'm here** about your files for the 2008 murders.

4. 내가 너와 함께 **여기 있잖아.**　　▶ _____

5. 난 그 아이를 위해 **여기 왔어.**　　▶ _____

6. 난 일을 하려고 **여기 왔어.**　　▶ _____

7. 난 널 도와주러 **여기 왔어.**　　▶ _____

8. 난 네 아들 때문에 **여기 왔어.**　　▶ _____

9. 난 그 일자리에 지원하러 **여기 왔어.**　　▶ _____

10. 난 네가 필요한 건 무엇이든 해 주려고 **여기 왔어.**　　▶ _____

✧ 정답은 소책자 47쪽에

잠깐만요!　　**2** step 단계　**3** file 파일　**9** apply for sth ~에 지원하다

부탁하는데 그냥 ~해 줘.

# I'm just asking you to....

상대방에게 많은 것을 바라는 것은 아니고 그저 한두 가지 바라는 것이 있을 때 이 패턴 표현을 사용할 수 있어요.

| | |
|---|---|
| **A** What if the suspect hopped on a bus after the robbery? | **A** 용의자가 강도짓을 한 후에 버스에 올라탔다면 어떻게 되는 거야? |
| **B** That seems far-fetched. It would have to be timed perfectly. | **B** 그건 억지스러운 것 같아. 타이밍을 완전히 딱 맞추어야 했을 테니까. |
| **A** **I'm just asking you to** hear me out. It is possible, isn't it? | **A** **부탁하는데 그냥** 내 이야기를 끝까지 들어 **줘**. 그런 일도 가능하긴 하지, 안 그래? |
| **B** I suppose so. | **B** 그런 것 같아. |

〈CSI: Miami〉 중에서

＊far-fetched 억지스러운 | time 타이밍을 맞추다

---

**1.** **부탁하는데 그냥** 에린의 멘토가 되어 **줘**. ▶ I'm just asking you to **mentor Erin.**

**2.** **부탁하는데 그냥** 우리 둘만 있게 해 **줘**. ▶ I'm just asking you to **leave us two alone.**

**3.** **부탁하는데 그냥** 나를 가능한 정직하게 평가해 **줘**. ▶ I'm just asking you to **evaluate me as honestly as you can.**

**4.** **부탁하는데 그냥** 옷 좀 제대로 입어 **줘**. ▶

**5.** **부탁하는데 그냥** 좀 앉아 **줘**. ▶

**6.** **부탁하는데 그냥** 이걸 좀 심각하게 받아들여 **줘**. ▶

**7.** **부탁하는데 그냥** 그걸 내 파일에 넣어 **줘**. ▶

**8.** **부탁하는데 그냥** 내 아들의 대부가 되어 **줘**. ▶

**9.** **부탁하는데 그냥** 그 차를 범죄 연구소에 가져가 **줘**. ▶

**10.** **부탁하는데 그냥** 에이든이랑 내가 만날 시간을 정해 **줘**. ▶

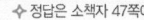 ✧ 정답은 소책자 47쪽에

잠깐만요! 　**1** mentor ~의 멘토가 되다　**3** evaluate 평가하다　**4** dress up 옷을 차려 입다　**8** godfather 대부

난 (그저) ~하려는 거야.

# I'm (just) trying to....

I'm trying to....는 '난 ~하려는 거야.'라는 뜻으로 사용하는 패턴이에요. 그런데 다른 의도가 있는 것은 아니고 '그냥 ~하려는 것뿐이야.'라는 의미로 말하고 싶다면 just를 추가해 I'm just trying to....라고 하면 됩니다.

| | | | |
|---|---|---|---|
| A | Hey, Luke. How are you doing? | A | 안녕, 루크. 어떻게 지내니? |
| B | Hey, Uncle Mitchell. I really can't talk. **I'm trying to** watch a movie. | B | 안녕하세요, 미첼 삼촌. 대화하기 곤란한데요. 영화를 보**려고 하거든요.** |
| A | Oh okay, well, I just wanted to drop off this bag of junk food. | A | 아, 알았어. 저기, 난 그저 이 불량식품 가방을 내려놓고 가고 싶었을 뿐이야. |
| B | Go on. | B | 계속 말씀해 보세요. |

〈Modern Family〉 중에서

＊junk food 불량식품

1. 난 그저 친절하게 굴려는 것뿐이야.  ▶ **I'm just trying to be nice.**

2. 난 익명으로 남으려는 거야.  ▶ **I'm trying to remain anonymous.**

3. 난 그저 타코로 널 유혹하려는 것뿐이야.  ▶ **I'm just trying to seduce you with a taco.**

4. 난 자기계발을 하려는 거야.  ▶ _____

5. 난 뱃속을 진정시키려는 거야.  ▶ _____

6. 난 내 중독을 통제하려는 거야.  ▶ _____

7. 난 떠나는 것을 쉽게 하려는 거야.  ▶ _____

8. 난 그저 내 가족을 보호하려는 것뿐이야.  ▶ _____

9. 난 그저 좋은 일을 하려는 것뿐이야.  ▶ _____

10. 난 그저 조직에서 한 단계 위로 올라가려는 것뿐이야.  ▶ _____

✦ 정답은 소책자 48쪽에

잠깐만요!

2 anonymous 익명의  3 seduce 유혹하다, taco 타코 (멕시코 음식 이름)  4 improve oneself 자기계발을 하다
5 settle one's stomach ~의 뱃속을 진정시키다  10 step up 한 단계 위로 올라가다, organization 조직

난 ~로 출발할게.

# I'm headed over to....

🎧 194.mp3

「head over to+장소」는 '~로 향하다'라는 뜻인데요. I'm head over to....라고 하면 '난 ~로 출발할게.'라는 의미가 됩니다. to 뒤에는 반드시 장소를 나타내는 말을 써야 해요.

| | | | |
|---|---|---|---|
| A | I haven't heard from Susan for a while. | A | 한동안 수잔한테서 연락이 없어. |
| B | **I'm headed over to** her house now. | B | **내가** 지금 그녀의 집**으로 출발할게.** |
| A | Wait up, I'll go with you. | A | 기다려 봐, 나도 갈게. |
| B | Actually, I wanted to speak with her in private. | B | 실은 수잔하고 단둘이 얘기하고 싶었거든. |

〈Desperate Housewives〉 중에서                    * in private 다른 사람이 없는 데서

---

1. 난 시체 안치소**로 출발할게.**
   ▶ I'm headed over to **the morgue.**

2. 난 부검 때문에 토론토로 **출발할게.**
   ▶ I'm headed over to **Toronto for the autopsy.**

3. 난 어머니 댁**으로 출발해서** 그를 태워 올게.
   ▶ I'm headed over to **my mother's to pick him up.**

4. 난 아동 복지국**으로 출발할게.**
   ▶ _____

5. 난 배케트 스트리트**로 출발할게.**
   ▶ _____

6. 난 콘서트장**으로 출발할게.**
   ▶ _____

7. 난 법원**으로 출발할게.**
   ▶ _____

8. 난 폐기물 처리장**으로 출발할게.**
   ▶ _____

9. 난 경찰서**로 출발할게.**
   ▶ _____

10. 난 이민국 사무소**로 출발할게.**
    ▶ _____

✦ 정답은 소책자 48쪽에

잠깐만요!

1 morgue 시체 안치소   4 Child Services 아동 복지국   6 concert hall 콘서트장   7 courthouse 법원
8 disposal site 폐기물 처리장   9 police station 경찰서   10 immigration 이민

~할까 생각 중이었어.

# I was wondering if....

 195.mp3

wonder에는 '궁금해하다, 의아해하다'라는 뜻도 있지만 '생각하다'라는 뜻도 있어요. 그래서 I was wondering if....라고 하면 '~인지 궁금해하고 있었어.'라는 의미도 되고 '~할까 생각 중이었어.'라는 뜻도 된답니다.

| | |
|---|---|
| A  Good afternoon. I'm calling on Sherlock Holmes. | A  안녕하세요. 셜록 홈즈를 찾아 왔는데요. |
| B  He's not here right now. How can I help you? | B  지금은 없는데요. 제가 뭘 도와드리면 될까요? |
| A  My name is Holder. **I was wondering if** I might leave something with you. | A  제 이름은 홀더인데요. 뭘 맡겨 두고 가도 될**까 생각하고 있었거든요.** |
| B  No problem. | B  아무 문제없어요. |

〈Elementary〉 중에서                                                   * call on sb ~을 방문하다

1. 부탁을 하나 해도 될**까 생각 중이었어.**  ▶ I was wondering if **I might ask you a favor.**

2. 지금이 대화를 나누기에 적기일**까 생각 중이었어.**  ▶ I was wondering if **now is a good time to talk.**

3. 그가 혼자 떠났던 것은 아닐**까 생각 중이었어.**  ▶ I was wondering if **he might have left on his own.**

4. 네가 애 보는 것을 도와줄**까 생각 중이었어.**  ▶

5. 내가 신장을 기증할 수 있을**까 생각 중이었어.**  ▶

6. 경찰이 숲을 수색했을**까 생각 중이었어.**  ▶

7. 또 다른 기회가 있을**까 생각 중이었어.**  ▶

8. 근무 후에 암실을 사용할 수 있을**까 생각 중이었어.**  ▶

9. 그가 첫 번째 근무를 무사히 마칠 수 있을**까 생각 중이었어.**  ▶

10. 네가 실험에 나를 끼워 줄**까 생각 중이었어.**  ▶

✧ 정답은 소책자 48쪽에

 잠깐만요!  1 ask sb a favor ~에게 부탁하다  5 donate 기증하다, 기부하다, kidney 신장  6 the woods 숲  8 darkroom 암실
9 make it through sth ~을 통과하다, 무사히 마치다  10 indulge sb in sth ~을 …에 끼워 주다

# Unit 24

음성 강의 및 예문 듣기

# I can

이번에는 '~할 수 있다'라는 뜻의 can 동사를 활용한 I can.... 패턴에 대해서 배울 건데요. can 동사를 이용하여 가능하거나 불가능한 일, 요청하거나 허락을 구하는 표현을 말하는 법을 익혀 보세요.

**I can....**
난 ~할 수 있어.

**197**
**I can't.... /I can barely....**
난 ~ 못해./난 ~할 수 없을 지경이야.

**198**
**I can't wait....**
~ 못 기다려./빨리 ~하고 싶어.

**199**
**I (just) can't help -ing.**
난 (그냥) ~하지 않을 수가 없어.

**200**
**Can I...?**
내가 ~해도 될까?

**201**
**Can you...?**
~해 줄래?

**202**
**How can I...?**
내가 어떻게 ~할 수 있겠어?

**203**
**Where can I...?**
어디에서 ~할 수 있나요?

난 ~할 수 있어.

# I can....

🎧 196.mp3

내가 할 수 있는 일이나 잘할 수 있는 일을 말할 때 이 패턴 표현을 사용합니다. I can speak English fluently.라고 말할 수 있는 날이 올 때까지 열심히 공부해야겠죠?

| | |
|---|---|
| A Have you ever operated on someone? | A 수술해 본 적 있어요? |
| B You're kidding. I'm a psychiatrist, not a surgeon. | B 농담이죠? 난 정신과 의사지 외과 의사가 아니에요. |
| A **I can** do the operation, but I need the equipment that's on the eighth floor. Obviously, we have to take the stairs. | A **내가 수술을 할 수 있지**만 8층에 있는 장비가 필요해요. 우리가 계단으로 가야 하는 건 분명하고요. |
| B Eighth floor? We can do that. | B 8층이요? 그렇게 하면 되죠. |

〈Code Black〉 중에서    *psychiatrist 정신과 의사 | surgeon 외과 의사 | equipment 장비 | floor ~층

1. 난 네가 필요한 것을 네게 사 줄 **수 있어**.    ▶ **I can** get you what you need.

2. 난 내 앞가림을 할 **수 있어**.    ▶ **I can** manage my own affairs.

3. 난 나중에나 널 만날 **수 있겠어**.    ▶ **I can** meet up with you afterwards.

4. 난 얼굴을 기억할 **수 있어**.    ▶

5. 라일라가 확실히 그것을 받도록 **내가 조치할 수 있어**.    ▶

6. 난 널 술로 이길 **수 있어**.    ▶

7. 난 그들이 지르는 비명 소리가 아직도 들려.    ▶

8. 난 아버지가 왜 널 좋아하는지 알**겠어**.    ▶

9. 난 논쟁에서 내 입장을 고수할 **수 있어**.    ▶

10. 난 네가 할 어떤 질문에도 답할 **수 있어**.    ▶

✤ 정답은 소책자 48쪽에

잠깐만요!    2 manage one's own affairs 자기 일을 관리하다   3 meet up with sb (무언가를 같이 하려고) ~와 만나다. afterwards 나중에   6 drink sb under the table ~을 술로 이기다   9 hold one's own ~의 입장을 고수하다

난 ~ 못해./난 ~할 수 없을 지경이야.

# I can't..../I can barely....

197.mp3

할 수 없는 일을 말할 때는 I can't....라고 하는데요. 완전히 할 수 없지는 않고 거의 할 수 없거나 어떤 일을 하고 있기가 힘들 때는 '간신히, 겨우'라는 뜻의 barely를 사용하여 I can barely....라고 합니다.

| | |
|---|---|
| A Why don't I come in for one more drink? | A 들어가서 한잔 더 하면 안 될까? |
| B It's been such a long night. **I can barely** keep my eyes open. Another time. | B 오늘 밤은 오래 같이 있었잖아요. **난 눈을 뜨고 있기도 힘들 지경이에요.** 다음에요. |
| A Sure. Good night. | A 그러지. 잘 자. |
| B Thanks for the lift. | B 태워다 줘서 고마워요. |

〈Banshee〉 중에서

1. 난 내가 쓴 글씨도 **못** 읽겠어.
   ▶ **I can't** read my own writing.

2. 그를 잃는다면 내가 뭘 할지 상상도 **못하겠어.**
   ▶ **I can't** imagine what I'd do if I lost him.

3. 난 녹초가 돼서 서 **있기도 힘들 지경이야.**
   ▶ **I can barely** stand because I'm exhausted.

4. 난 이 짓은 더 이상 **못해.**
   ▶ _____

5. 난 어디에서도 그걸 **못** 찾겠어.
   ▶ _____

6. 난 그걸 보고도 못 본 척은 **못해.**
   ▶ _____

7. 난 화를 억누르고 **있기도 힘들 지경이야.**
   ▶ _____

8. 난 물을 조금 삼키**기도 힘들 지경이야.**
   ▶ _____

9. 난 그가 무슨 일을 겪었을지 상상도 **못하겠어.**
   ▶ _____

10. 난 안개 때문에 도로를 보기 **힘들 지경이야.**
    ▶ _____

✦ 정답은 소책자 49쪽에

잠깐만요!   2 imagine 상상하다   7 contain one's anger ~의 화를 억누르다   8 swallow 삼키다   10 fog 안개

~ 못 기다려./빨리 ~하고 싶어.

# I can't wait....

🎧 198.mp3

이 패턴은 학수고대한 일이 다가오고 있거나 빨리 어떤 일을 하고 싶어 견딜 수 없을 지경일 때 사용합니다. '더 이상은 못 기다려, 빨리 ~하고 싶어.'라는 의미로 사용할 수 있죠.

| | |
|---|---|
| A You did the right thing in coming to the hospital after the attack. | A 폭행을 당한 후 병원으로 오신 건 잘하신 일이에요. |
| B Can we get this over with? I feel filthy. | B 이걸 끝낼 수 있나요? 기분이 아주 더러워요. |
| A We'll make it go quickly. We just need a semen sample. | A 빨리 진행할게요. 정액 표본만 채취하면 돼요. |
| B **I can't wait** to take a shower. | B **빨리 샤워**하고 싶어요. |

〈Law & Order: SVU〉 중에서

\*get sth over with ~을 끝내다 | filthy 기분이 아주 더러운

1. 빨리 봄이 오면 좋겠어.
   ▶ **I can't wait for spring.**

2. 내일까지 **못 기다려.**
   ▶ **I can't wait till tomorrow.**

3. 그의 표정을 **빨리** 보고 싶어.
   ▶ **I can't wait to see the look on his face.**

4. **빨리** 그를 만나고 싶어.
   ▶ _____

5. **빨리** 운전을 시작하고 싶어.
   ▶ _____

6. **빨리** 휴가 때가 되면 좋겠어.
   ▶ _____

7. 너희 두 사람이 **빨리** 입을 다물면 좋겠어.
   ▶ _____

8. 수요일 이야기를 **빨리** 듣고 싶어.
   ▶ _____

9. **빨리** 밸런타인데이가 오면 좋겠어.
   ▶ _____

10. 다음 학기가 **빨리** 시작되면 좋겠어.
    ▶ _____

✦정답은 소책자 49쪽에

잠깐만요!   **1** spring 봄  **3** the look on one's face ~의 표정  **9** Valentine's Day 밸런타인데이  **10** semester 학기

난 (그냥) ~하지 않을 수가 없어.

# I (just) can't help -ing.

🎧 199.mp3

'난 ~하지 않을 수 없어.'라는 뜻으로 선택의 여지가 없이 어떤 일을 해야 할 경우에 이 패턴을 사용할 수 있어요. I can't help -ing. 대신에 「I cannot but+동사원형」이나 「I cannot choose but+동사원형」도 쓸 수는 있지만 구어에서는 help를 이용한 표현을 훨씬 많이 씁니다.

| | | | |
|---|---|---|---|
| A | You need to separate yourself from this child, Olivia. | A | 올리비아, 넌 이 아이랑 떨어질 필요가 있어. |
| B | **I just can't help getting** involved. She needs me. | B | **난 그냥 관여하지 않을 수가 없어.** 그녀한테는 내가 필요해. |
| A | She needs someone, yes, but is that someone you? | A | 그녀한테 누군가가 필요한 건 맞지만, 그 누군가가 너여야 해? |
| B | I don't know. I just know I can't turn my back on her. | B | 모르겠어. 내가 그녀를 외면할 수 없다는 것만 알 뿐이야. |

〈Law & Order: SVU〉 중에서

＊separate A from B A를 B에(게)서 분리시키다

1. 난 그냥 그자를 쫓지 않을 수가 없어. ▶ I just can't help chasing **him.**

2. 난 그 일에 대해 그녀를 탓하지 않을 수가 없어. ▶ I can't help blaming **it on her.**

3. 난 그냥 그녀를 곁눈질하지 않을 수가 없어. ▶ I just can't help glaring **at her.**

4. 난 그냥 재입대하지 않을 수가 없어. ▶ _____

5. 난 그녀에게 공간을 좀 주지 않을 수가 없어. ▶ _____

6. 난 그냥 그녀의 사진을 찍지 않을 수가 없어. ▶ _____

7. 난 그냥 그녀가 돌아오기를 바라지 않을 수가 없어. ▶ _____

8. 난 그 프로그램에 자원하지 않을 수가 없어. ▶ _____

9. 난 그냥 그녀의 매력에 굴복하지 않을 수가 없어. ▶ _____

10. 난 벽에 난 구멍으로 엿보지 않을 수가 없어. ▶ _____

✧ 정답은 소책자 49쪽에

⭐ 잠깐만요!

1 chase 쫓다, 추적하다   2 blame sth on sb/sth ~에 대해 …을 탓하다   3 glare at sb/sth ~을 곁눈질하다
5 space 공간   6 take a picture of sb/sth ~의 사진을 찍다   8 volunteer 자원하다   9 surrender 굴복하다, charm 매력
10 peep through sth ~을 통해 엿보다, chink 작은 구멍

**200**

내가 ~해도 될까?

# Can I...?

상대방에게 허락을 구할 때 가장 많이 사용되는 패턴인데요. May I...?라고 해도 됩니다.

| | |
|---|---|
| A **Can I** ask a stupid question? I don't want to embarrass you. | A **제가** 어리석은 질문을 하나 **해도 될까요?** 당신을 당황스럽게 하고 싶진 않아요. |
| B I'm not easily embarrassed. | B 전 쉽게 당황스러워하는 편은 아닙니다. |
| A Well when I was young, I was told Sikhs carry daggers in their turbans. | A 음, 전 어렸을 때 시크교도들은 터번 안에 단검을 가지고 다닌다는 말을 들었어요. |
| B This is a Kirpan. As you see, we're not wearing them in our turban. | B 이건 키르판입니다. 보시다시피 우리는 터번 안에 그것을 차고 다니지는 않습니다. |

〈Blue Bloods〉 중에서　　　　　　　　　　　　　　　＊Sikh 시크교도 | dagger 단검 | turban 터번

---

**1.** 내가 실례해도 될까? ▶ **Can I** be excused?

**2.** 내가 마실 것 좀 줄까? ▶ **Can I** offer you a drink?

**3.** 내가 아내랑 단 둘이 있어도 될까? ▶ **Can I** be alone with my wife?

**4.** 내가 지금 자러 가도 될까? ▶

**5.** 내가 커피 한 잔 마실 수 있을까? ▶

**6.** 내가 나중에 전화 걸어도 될까? ▶

**7.** 내가 마가리타 한 잔 가져다줄까? ▶

**8.** 내가 이걸 증거로 채택해도 될까? ▶

**9.** 내가 그것에 대해 약을 좀 탈 수 있을까? ▶

**10.** 나한테 시간 좀 내줄 수 있을까? ▶

✦ 정답은 소책자 49쪽에

☆
**잠깐만요!**　　**1** excuse (자리를 비우는 것에 대해) 양해를 구하다　**7** margarita 마가리타 (칵테일의 일종)　**10** moment 잠깐

**201**

~해 줄래?

# Can you...?

🎧 201.mp3

이 패턴은 '~해 줄래?'라는 뜻으로 상대방에게 무언가를 해 달라고 요청할 때 사용하는데요. 때로는 '~할 수 있다'는 뜻의 can의 의미를 그대로 살려 '넌 ~을 할 수 있니?'라는 뜻으로 가능한 일을 묻는 표현으로도 사용됩니다.

| | | | |
|---|---|---|---|
| A | Dino is innocent. | A | 디노는 무죄야. |
| B | **Can you** repeat that? A little slower? | B | 다시 말**해 줄래?** 좀 천천히? |
| A | DNA points to his brother Jerry. | A | DNA가 동생인 제리를 가리키고 있어. |
| B | I should make you get down on your knees and beg for my forgiveness. | B | 당신 무릎을 꿇리고 용서를 구하게 만들어야겠군. |

〈Lethal Weapon〉 중에서

*get down on one's knees ~의 무릎을 꿇다 | beg for one's forgiveness ~의 용서를 빌다

1. 상세하게 설명**해 줄래?** ▶ **Can you elaborate?**

2. 이걸 잘 살펴봐 **줄래?** ▶ **Can you take a good look at this?**

3. 나한테 정확한 위치를 말**해 줄래?** ▶ **Can you give me a precise location?**

4. 그의 말이 이해**가 되니?** ▶ _____

5. 재확인**해 줄래?** ▶ _____

6. 네 행동을 설명**해 줄래?** ▶ _____

7. 내 그네 좀 밀어 **줄래?** ▶ _____

8. 날 병원에 데려다**줄래?** ▶ _____

9. 그의 왼쪽 손목을 확대**해 줄래?** ▶ _____

10. 나중에 이 번호로 나한테 전화**해 줄래?** ▶ _____

✧ 정답은 소책자 49쪽에

1 elaborate 상세하게 설명하다  2 take a good look at sth ~을 잘 살펴보다  3 precise 정확한  4 follow 이해하다
5 double-check 재확인하다  6 action 행동  7 push sb on the swing ~의 그네를 밀어주다
9 zoom in on sth ~을 확대하다, wrist 손목

내가 어떻게 ~할 수 있겠어?

# How can I...?

🎧 202.mp3

이 패턴은 '도대체 내가 어떻게 ~할 수 있겠니?'라는 어감의 패턴 표현입니다. 그래서 전하기 거북한 소식을 누군가에게 전해야 할 때는 이 패턴을 사용하여 How can I break it to them?이라고 말할 수 있습니다.

---

A What do you remember about the night of the murder?

B **How can I** remember when I wasn't there?

A We have a witness who placed you there.

B Ever think your witness might be lying?

A 살인이 있던 밤에 대해 뭘 기억해?

B 거기 있지도 않았는데 **내가 어떻게** 기억할 수 있겠어요?

A 거기서 너를 알아본 증인이 있어.

B 증인이 거짓말을 할지도 모른다는 생각은 안 해요?

---

〈CSI: Las Vegas〉 중에서

*place (신원이나 정체를) 알아보다

---

1. 네가 그렇게 하도록 **내가 어떻게** 내버려 둘 **수 있겠어?**
   ▶ How can I **let you do it**?

2. 초콜릿의 유혹에 **내가 어떻게** 저항할 **수 있겠어?**
   ▶ How can I **resist chocolate**?

3. 내 아이패드 없이 **내가 어떻게** 살 **수 있겠어?**
   ▶ How can I **live without my iPad**?

4. **내가** 그걸 **어떻게** 믿을 **수 있겠어?**
   ▶

5. **내가 어떻게** 널 용서할 **수 있겠어?**
   ▶

6. 그녀가 거짓말을 하고 있는지 **내가 어떻게** 알 **수 있겠어?**
   ▶

7. **내가 어떻게** 제시간 안에 그곳에 갈 **수 있겠어?**
   ▶

8. **내가 어떻게** 사람들 눈에 띄지 않을 **수 있겠어?**
   ▶

9. **내가 어떻게** 내 연구 자료를 두고 갈 **수 있겠어?**
   ▶

10. **내가 어떻게** 그가 숨어 있는 곳을 찾아낼 **수 있겠어?**
    ▶

✦정답은 소책자 50쪽에

잠깐만요! **2** resist 저항하다 **9** research 연구, 연구 자료

어디에서 ~할 수 있나요?

# Where can I...?

🎧 203.mp3

이 패턴은 우리말과 영어의 차이점을 느낄 수 있는 표현 중 하나인데요. 사고 싶은 물건이 있는데 찾지 못한다면 우리는 보통 '~은 어디 있어요?(Where is...?)'라고 말하지만 영어에서는 can I를 이용하여 '~은 어디에서 찾을 수 있어요?(Where can I find...?)', '~은 어디에서 살 수 있어요?(Where can I buy...?)'와 같이 표현합니다.

| | |
|---|---|
| A We've found the reason for your fever. | A 열이 나는 이유를 찾았어요. |
| B Great, what is it? | B 잘 됐네요. 이유가 뭔가요? |
| A A sponge was left inside you during surgery. | A 수술 중에 사용한 스펀지가 몸속에 남아 있어요. |
| B **Where can I** find a good lawyer**?** | B **어디 가면** 유능한 변호사를 찾을 **수 있나요?** |

〈House〉 중에서

＊sponge 스펀지

1. 어디에서 이것을 입어 볼 **수 있나요?**
   ▶ Where can I **try this on?**

2. 어디에서 할인하는 물건들을 좀 살 **수 있나요?**
   ▶ Where can I **pick up a few bargains?**

3. 어디에서 구직 박람회 광고 전단을 받을 **수 있나요?**
   ▶ Where can I **get a leaflet on the job fair?**

4. 이 상자를 **어디에** 두면 **되나요?**
   ▶

5. 어디에서 환불받을 **수 있나요?**
   ▶

6. **어디 가면** 보석을 잡히고 돈을 빌릴 **수 있나요?**
   ▶

7. 어디에서 제 짐을 찾을 **수 있나요?**
   ▶

8. 어디에서 치료를 받을 **수 있나요?**
   ▶

9. 어디에서 크리스마스트리를 살 **수 있나요?**
   ▶

10. 이 근처에서 **어디로 가면** 술을 한잔할 **수 있나요?**
    ▶

✧ 정답은 소책자 50쪽에

잠깐만요!

1 try sth on ~을 입어 보다  2 pick sth up ~을 사다, 수거하다, bargain 할인하는 물건  3 leaflet 광고 전단,
job fair 구직 박람회  5 get a refund 환불받다  6 pawn 전당포에 (물건을) 잡히다, jewelry 보석  10 grab a drink 술 한잔하다

# Part 4

## '미드' 고수만이
## 알고 있는 핵심패턴

이번 part의 unit 제목들을 죽 살펴보면 생소한 것도 있고, 아닌 것도 있을 텐데요. Unit 26의 say나 Unit 28의 What/How/Why처럼 다 알고 있는 것처럼 보이는 것들도 막상 패턴화가 되면 어려운 표현이 되어 버리는 경우가 있어요. 이번 part를 잘 공부하여 자막 없이도 미드를 볼 수 있도록 도전해 보세요.

# Unit 25

음성 강의 및 예문 듣기

# ain't

중학교 1학년 영어 시간에 be동사와 not의 줄임말을 배우면서 am not의 줄임말이 ain't라고 배웠던 것 기억 나세요? 맞아요. ain't는 am not의 줄임말이기도 하고 have not의 의미로도 쓰인답니다.

**204** **I ain't even....**
난 ~도 아니야./난 ~도 못했어.

**205** **I ain't never -ing.**
난 절대로 ~하지 않을 거야.

**206** **We ain't got....**
우린 ~이 없어.

난 ~도 아니야./난 ~도 못했어.

# I ain't even....

🎧 204.mp3

I ain't는 I am not이나 I have not을 뜻하는 비표준어입니다. 대부분의 비표준어는 교육을 많이 받지 못한 사람들이 사용하는 말이지만, ain't 는 구어에서 비교적 많이 사용되는 표현이니 알아두세요.

| | |
|---|---|
| A So, you and your friend stole the car. | A 그래서 너랑 네 친구가 차를 훔친 거잖아. |
| B No, he did. **I ain't even** in on it. | B 아니에요, 친구가 했죠. **전 알지도 못했다고요.** |
| A In on what? | A 뭘 알지도 못했는데? |
| B The armed robbery. | B 무장 강도요. |

〈CSI: Las Vegas〉 중에서

\* be in on sth ~에 대해 알다. ~에 관여되다

1. 난 진실에 가까워지지도 않았어.
   ▶ **I ain't even** close to the truth.

2. 난 내가 왜 여기 있는지도 모르겠어.
   ▶ **I ain't even** sure why I'm here.

3. 난 그녀와 얘기해 볼 기회를 갖지도 못했어.
   ▶ **I ain't even** had a chance to talk to her.

4. 난 부자도 아니야.
   ▶ _____

5. 난 의사도 아니야.
   ▶ _____

6. 난 아직 준비도 안 됐어.
   ▶ _____

7. 난 거기 갔다 오지도 않았어.
   ▶ _____

8. 난 그 얘긴 듣지도 못했어.
   ▶ _____

9. 난 도서관 책을 반납하지도 못했어.
   ▶ _____

10. 난 그 수술을 받을지 결정도 못했어.
    ▶ _____

✧ 정답은 소책자 50쪽에

⭐ 잠깐만요!  **1** close to ~에 가까운  **9** turn sth in ~을 돌려주다

난 절대로 ~하지 않을 거야.

205.mp3

# I ain't never -ing.

얼핏 봐도 부정어가 중복되어 사용된 이 패턴 표현은 틀린 표현이 아닐까 하는 의심이 드는데요. 여기서는 not never가 이중 부정으로서 긍정의 뜻으로 쓰인 것이 아니라 그냥 부정하는 표현이에요. 이렇게 비표준어에서는 단순 부정이 이중 부정으로 나타나기도 한답니다.

| | |
|---|---|
| A  I'm not guilty. | A  전 무죄예요. |
| B  Would you be willing to take a polygraph test? | B  거짓말 탐지기 조사를 받을 용의가 있나? |
| A  **I ain't never taking** a lie detector test. | A  **난 절대로** 거짓말 탐지기 조사는 **안** 받을 **거예요.** |
| B  Sounds like you're afraid of something. | B  뭔가가 두렵다는 말 같군. |

〈Boston Legal〉 중에서                    ＊take a polygraph test 거짓말 탐지기 조사를 받다 (= take a lie detector test)

1. 난 **절대로** 그녀를 쳐다보**지 않을 거야.** ▶ I ain't never having **a look at her.**

2. 난 **절대로** 더 이상은 너와 엮이**지 않을 거야.** ▶ I ain't never messing **with you anymore.**

3. 난 **절대로** 네 뒤치다꺼리하느라 내 목숨을 걸**지는 않을 거야.** ▶ I ain't never risking **my neck to cover your ass.**

4. 난 **절대로** 널 놔주**지 않을 거야.** ▶ _____

5. 난 **절대로** 네게 자비를 베풀**지 않을 거야.** ▶ _____

6. 난 **절대로** 교도소로 돌아가**지 않을 거야.** ▶ _____

7. 난 **절대로** 내 경력을 망치**지 않을 거야.** ▶ _____

8. 난 **절대로** 내 손을 더럽히**지 않을 거야.** ▶ _____

9. 난 **절대로** 다시는 널 데려가**지 않을 거야.** ▶ _____

10. 난 **절대로** 그의 볼링 실력에 의문을 갖**지 않을 거야.** ▶ _____

✦ 정답은 소책자 50쪽에

2 mess with sb ~와 엮이다   3 risk one's neck ~의 목숨을 걸다, cover one's ass ~의 뒤치다꺼리를 하다
5 mercy 자비   10 skill 실력, 기술

우린 ~이 없어.

# 206

# We ain't got....

🎧 206.mp3

We ain't got....은 We haven't got....의 비표준어입니다. 미국 영어에서는 We don't have....라는 표현이 더 많이 사용되기는 하지만, 간혹 미드에서도 등장하는 표현이니 이 기회에 알아두세요.

| | |
|---|---|
| A How are we gonna survive? | A 우리 어떻게 살아가지? |
| B We'll make it, don't worry. | B 우린 해낼 거야. 걱정하지 마. |
| A **We ain't got** a pot to piss in. | A **우린** 깡통 찼다고. |
| B We don't have much, but I'll get us some money soon. | B 가진 게 많진 않지만, 내가 곧 돈을 마련해 올 거야. |

〈Prison Break〉 중에서　　　　　　　　　　　　　　　　　　　　　*haven't got a pot to piss in 찢어지게 가난하다

1. 우린 집세를 낼 돈이 없어. ▶ **We ain't got** our rent money.

2. 우리한테 있는 건 시간뿐이야. ▶ **We ain't got** anything but time.

3. 우린 동성애자에 대한 악감정은 없어. ▶ **We ain't got** anything against gay people.

4. 우린 포주가 없어. ▶

5. 우린 음식이 많지 않아. ▶

6. 우리한텐 여분의 담요가 없어. ▶

7. 오늘 밤엔 빈방이 없어. ▶

8. 우리한텐 세금을 낼 현금이 없어. ▶

9. 우린 그들을 지원할 계획이 없어. ▶

10. 우리한텐 전혀 가망이 없어. ▶

✧ 정답은 소책자 51쪽에

잠깐만요!　　1 rent money 집세 낼 돈　2 but ~ 외에는　3 haven't got anything against sb ~에 대한 악감정이 없다
4 pimp 포주　7 vacancy 빈방　10 haven't got a snowball's chance in hell 전혀 가망이 없다

255

# Unit 26

음성 강의 및 예문 듣기

# say

'말하다'라는 뜻의 say는 would와 같이 사용되면 단정적인 표현이 되는 것을 막을 수 있고요.
let's와 같이 사용하면 가정하는 표현이 되죠. 이번 unit에서는 say 동사를 사용한 고난도의 패
턴들을 배울 거예요.

**207** **I'd just like to say (that)....**
내가 말하고 싶은 건 ~뿐이야.

**208** **I would have to say (that)....**
~라고 말해야겠군.

**209** **I'd say (that)....**
~인 것 같아.

**210** **I wouldn't say (that)....**
~라고는 말 못하겠어.

**211** **It says (that)....**
~라고 하네.

**212** **Let's say (that)....**
~라고 가정해 보자.

**213** **What do you say...?**
~ 어때?

**214** **I was just saying (that)....**
난 ~라고 말한 것뿐이야.

**215** **You said you were....**
네가 ~였다고 했잖아.

**207**

내가 말하고 싶은 건 ~뿐이야.

# I'd just like to say (that)....

I'd like to say....는 '~라고 말하고 싶어.'라는 뜻인데요, 여기에 '다만, 그저'라는 뜻의 just를 넣어 I'd just like to say....라고 하면 '~라고 말하고 싶을 뿐이야.'라는 의미의 표현이 됩니다. All I want to say is....와 유사한 의미죠.

| | |
|---|---|
| A The captain is furious with me. | A 반장이 나한테 무지 열 받아 있어. |
| B **I'd just like to say** I'm sorry I didn't back you up. | B **내가 말하고 싶은 건** 지원 못해 줘서 미안하다는 **것뿐이야.** |
| A Don't worry about it. It's better if you stay out of it. | A 그건 걱정하지 마. 당신은 이 일에 관여하지 않는 게 더 나아. |
| B I just wish you didn't have to take the fall. | B 난 당신이 모든 책임을 다 뒤집어써야 하는 게 아니기를 바랄 뿐이야. |

〈Law & Order: SVU〉 중에서

＊furious 매우 화가 난 | stay out of sth ~에 관여하지 않다

1. **내가 말하고 싶은 건** 그게 날 역겹게 한다는 **것뿐이야.**
   ▶ I'd just like to say **it makes me sick.**

2. **내가 말하고 싶은 건** 그녀가 나아지고 있다는 **것뿐이야.**
   ▶ I'd just like to say **she is getting better.**

3. **내가 말하고 싶은 건** 네가 내 아이들에게 정신적 문제를 안겨 줬다는 **것뿐이야.**
   ▶ I'd just like to say **you messed up my kids.**

4. **내가 말하고 싶은 건** 네가 대단한 여자라는 **것뿐이야.**
   ▶

5. **내가 말하고 싶은 건** 내가 널 재단하려고 하는 게 아니라는 **것뿐이야.**
   ▶

6. **내가 말하고 싶은 건** 우리가 최선을 다했다는 **것뿐이야.**
   ▶

7. **내가 말하고 싶은 건** 이 사람들한테는 네 도움이 필요하다는 **것뿐이야.**
   ▶

8. **내가 말하고 싶은 건** 끝까지 해 줘서 고맙다는 **것뿐이야.**
   ▶

9. **내가 말하고 싶은 건** 내가 다니엘스 요원의 일을 인계받을 거라는 **것뿐이야.**
   ▶

10. **내가 말하고 싶은 건** 네게는 가족을 떠날 이유가 없다는 **것뿐이야.**
    ▶

✧ 정답은 소책자 51쪽에

잠깐만요!

3 mess sb up ~에게 정신적/정서적 문제를 안겨 주다   5 judge (다른 사람의 좋지 않은 면을) 재단하다
8 follow through 끝까지 하다   9 take over for sb ~의 일을 인계받다

257

**208**

~라고 말해야겠군.

# I would have to say (that)....

 208.mp3

would를 빼고 I have to say....라고만 하면 '난 ~라고 말해야 해.'라는 뜻으로 어감이 강해지는데요. 이런 점이 걱정될 때, would를 넣어 좀 더 부드럽게 만든 것이 이 패턴입니다.

| | |
|---|---|
| A You can't prove I was eavesdropping. | A 넌 내가 엿듣고 있었다는 걸 증명할 수 없는 거잖아. |
| B Maybe not, but I can prove you were there. | B 못할지도 모르지만, 네가 거기 있었다는 건 증명할 수 있어. |
| A So? | A 그래서? |
| B **I would have to say** that's enough to convince them. | B 그것만으로도 그들을 설득하기엔 충분하다**고 말해야겠지.** |

⟨Desperate Housewives⟩ 중에서

＊eavesdrop 엿듣다

1. 그건 부담이 크다고 **말해야겠군.**
▸ I would have to say **that's a lot of pressure.**

2. 이 모든 것이 대가를 치르고 얻은 거라고 **말해야겠군.**
▸ I would have to say **all of this came at a cost.**

3. 성적인 활동을 한 징후는 없다고 **말해야겠군.**
▸ I would have to say **there's no indication of sexual activity.**

4. 우리가 동갑이라고 **말해야겠군.**
▸

5. 우리가 그때까지는 못 끝낸다고 **말해야겠군.**
▸

6. 증거는 DNA에 있다고 **말해야겠군.**
▸

7. 네 비밀은 여기서는 안전하다고 **말해야겠군.**
▸

8. 그것들이 방어흔이라고 **말해야겠군.**
▸

9. 그가 얼마나 친절한지는 중요하지 않다고 **말해야겠군.**
▸

10. 그들이 법의학의 최고 전문가라고 **말해야겠군.**
▸

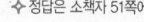 ✧ 정답은 소책자 51쪽에

 **잠깐만요!** 2 at a cost ~의 대가를/희생을 지불하여  3 indication 징후, sexual 성적인  4 be the same age 동갑이다
8 defensive wound 방어흔  10 forensic 법의학의, expert 전문가

258

## 209

~인 것 같아.

# I'd say (that)....

I'd say는 I would say의 줄임말인데요. '난 ~라고 말하는 거야.'라고 단정 지어 말하지 않고 '~인 것 같아.'라는 뜻으로 좀 더 부드럽게 말하고 싶을 때는 I say에 would를 넣어 말하면 돼요.

| | |
|---|---|
| A | Thank you for meeting me on such short notice. |
| B | Of course. You didn't sound so good. If I didn't know better, **I'd say** you think you need a lawyer. |
| A | I think I do need one I can trust. |
| B | Well, you got her. Tell me in detail. |

A 미리 얘기하지 않았는데도 만나 줘서 고마워요.
B 당연하죠. 목소리가 그리 좋게 들리지 않았거든요. 내가 당신을 잘 모른다면 변호사가 필요하다고 생각하는 거냐**고 말할 것 같아요.**
A 믿을 수 있는 사람이 정말 필요한 것 같아요.
B 그렇다면 벌써 구하셨네요. 자세히 말씀해 보세요.

〈Lethal Weapon〉 중에서

＊in detail 자세히

1. 그는 부패한 경찰인 **것 같아.**
   ▶ I'd say he's a crooked cop.

2. 그는 교도소 생활에 적합하지 않은 **것 같아.**
   ▶ I'd say he's not cut out for prison.

3. 결정은 각자의 몫인 **것 같아.**
   ▶ I'd say everybody makes their own decisions.

4. 그들은 오는 중인 **것 같아.**
   ▶ _____

5. 아이들은 흩어진 **것 같아.**
   ▶ _____

6. 그들은 제 할 일을 한 **것 같아.**
   ▶ _____

7. 칼날이 그의 폐를 스친 **것 같아.**
   ▶ _____

8. 네 동생은 구제 불능인 **것 같아.**
   ▶ _____

9. 네가 그를 친구로 만들어야 할 **것 같아.**
   ▶ _____

10. 그들은 창문으로 들어온 **것 같아.**
    ▶ _____

✧ 정답은 소책자 51쪽에

1 crooked 부패한, 부정직한  2 cut out for ~에 적합하여  5 scatter 흩어지다  6 deliver the goods 제 할 일을 하다
7 blade 칼날, graze 스치다, lung 폐  8 imbecile 얼간이  9 pal 친구  10 come in through sth ~을 통해 들어오다/들어가다

259

~라고는 말 못하겠어.

# I wouldn't say (that)....

🎧 210.mp3

어떤 일에 대해서 아니라고 말하고 싶지만, 그게 너무 공격적이고 직접적으로 들린다고 느껴질 때는 I don't say....라고 하지 않고 would를 넣어 I wounldn't say....라고 말하면 돼요.

A Are those our suspect's fingerprints?
B Yes, they are. They were all over the apartment.
A I'd say he's as good as convicted.
B **I wouldn't say** it's cut and dried. There were other fingerprints.

A 저게 우리 용의자의 지문이야?
B 그래. 아파트에 온통 지문이 널려 있어.
A 유죄 판결을 받은 거나 마찬가지라고 해야겠네.
B 확정적이**라고는 말 못하겠어.** 다른 지문들도 있거든.

〈CSI: Las Vegas〉 중에서

＊as good as ~나 마찬가지인 | cut and dried 이미 확정된

1. 그것이 통과 의례**라고는 말 못하겠어.**
   ▶ I wouldn't say **it's a rite of passage.**

2. 그것이 아무것도 아닌 것처럼 보인다**고는 말 못하겠어.**
   ▶ I wouldn't say that **it looks like nothing.**

3. 내가 싫은 일을 떠맡았다**고는 말 못하겠어.**
   ▶ I wouldn't say **I got the short end of the straw.**

4. 그것이 다 끝난 거라고는 말 못하겠어.
   ▶ _____

5. 그가 항복했다고는 말 못하겠어.
   ▶ _____

6. 내가 그 느낌을 안다고는 말 못하겠어.
   ▶ _____

7. 큰 게 항상 더 좋은 거라고는 말 못하겠어.
   ▶ _____

8. 그의 말이 아주 설득력 있었다고는 말 못하겠어.
   ▶ _____

9. 잭이 완전히 자유롭다고는 말 못하겠어.
   ▶ _____

10. 더 나은 후보자들이 있다고는 말 못하겠어.
    ▶ _____

✧ 정답은 소책자 52쪽에

 **잠깐만요!** 1 rite of passage 통과 의례  3 get the short end of the straw 싫은 일을 떠맡다  10 candidate 후보자

~라고 하네.

# It says (that)....

🎧 211.mp3

신문, 표지판, 문서 등에 쓰여 있는 말을 상대방에게 전할 때는 write 동사를 사용하는 것이 아니라 say 동사를 써서 It says....라고 합니다. It's written....이라고 하지 않도록 주의하세요.

| | |
|---|---|
| A Check out what's in the paper this morning. | A 오늘 아침 신문에 뭐가 있는지 살펴봐. |
| B Looks like a story about you. | B 네 이야기가 있는 것 같아. |
| A **It says that** my case has been closed and I'm innocent. | A 내 사건은 종료됐고 난 무죄**라고 하네.** |
| B Do you think it's a trick? | B 그게 속임수라고 생각해? |

〈Prison Break〉 중에서

1. 그가 공갈 협박을 당해 왔다고 하네. ▶ It says he's got blackmailed.

2. 괴롭힘은 지워지지 않는 상처를 남긴다고 하네. ▶ It says bullying leaves lasting scars.

3. 우연히 일어나는 일은 없다고 하네. ▶ It says nothing happens by chance.

4. 그들이 파산했다고 하네. ▶

5. 우리는 여기서 기다려야 한다고 하네. ▶

6. 그가 자살했다고 하네. ▶

7. 변호사가 양형을 거래하고 싶다고 하네. ▶

8. 이건 매우 빠르게 악화될 수도 있었다고 하네. ▶

9. 1975년도의 눈보라보다 훨씬 지독하다고 하네. ▶

10. 그는 수사 중인 살인 사건의 용의자라고 하네. ▶

✦ 정답은 소책자 52쪽에

잠깐만요!

1 blackmail 공갈 협박하다   2 lasting 지속적인, scar 상처, 상흔   3 by chance 우연히   6 commit suicide 자살하다
9 blizzard 눈보라   10 open 수사 중인, 해결되지 않은

**212**

~라고 가정해 보자.

# Let's say (that)....

 212.mp3

복잡하거나 어려운 일을 설명하고자 할 때는 예를 들거나 어떤 상황을 가정하여 말하게 되는데요. 이럴 때 사용하는 패턴입니다.

| | |
|---|---|
| A If she fell down the stairs, why did they find clumps of her hair? | A 만약 그녀가 계단에서 떨어진 거라면 왜 그녀의 머리카락을 몇 줌이나 발견했을까? |
| B Good question. Her husband didn't say anything about that. | B 좋은 질문이야. 남편은 그것에 대해 아무 말도 하지 않았어. |
| A **Let's say** there was a struggle. | A 몸싸움이 있었다고 **가정해 보자고**. |
| B Good point. Should we bring the husband in for questioning? | B 좋은 지적이야. 남편을 불러들여 심문해야 할까? |

〈Law & Order: SVU〉 중에서

＊fall down the stairs 계단에서 떨어지다 | a clump of 한 줌의, 한 무더기의

1. 그들이 셀카를 찍고 있었다고 가정해 보자.
   ▶ **Let's say** they were taking selfies.

2. 미키가 중개자라고 가정해 보자.
   ▶ **Let's say** Mickey is the go-between.

3. 날짜에 혼동이 있었다고 가정해 보자.
   ▶ **Let's say** there was a mix-up over the dates.

4. 그것이 전염성이 있다고 가정해 보자.
   ▶ _____

5. 그녀가 노령으로 사망했다고 가정해 보자.
   ▶ _____

6. 우리가 용의자를 놓쳤다고 가정해 보자.
   ▶ _____

7. 폭설로 교통이 두절된다고 가정해 보자.
   ▶ _____

8. 그들이 온라인에 협박 글을 포스팅 하고 있다고 가정해 보자.
   ▶ _____

9. 그가 추적용 발찌를 풀었다고 가정해 보자.
   ▶ _____

10. 우리 부서가 조사를 받고 있다고 가정해 보자.
    ▶ _____

✦ 정답은 소책자 52쪽에

 잠깐만요!

1 take a selfie 셀카를 찍다  2 go-between 중개자  3 mix-up over sth ~에 대한 혼동  4 contagious 전염성의
7 heavy snowfall 폭설  9 unlock 자물쇠를 풀다, tracking bracelet 추적용 팔찌/발찌
10 department 부서, under investigation 조사 중인

## 213

~ 어때?

# What do you say...?

🎧 213.mp3

내가 말하는 것에 상대방이 동의하는지 알고 싶을 때 '~하자고 하면 뭐라고 할래?', 즉 '(~하는 게) 어때?'라는 뜻으로 사용하는 패턴입니다.

| | |
|---|---|
| A They want you to fight for them, not me. | A 그들은 당신이 그들 편에서 싸워 주기를 원해. 내가 아니라고. |
| B Then **what do you say** we do it together? I'd like to propose a change to the current compensation formula. | B 그럼 우리가 같이 하는 건 **어때요?** 전 현재의 보상 방식에 변경 사항을 제안하고 싶은데요. |
| A How many partners do you have in your pocket if we put your proposal to a vote? | A 우리가 당신의 제안을 투표에 부치면 파트너 중 몇 명이 당신 편에 서는데? |
| B I can get 45%. | B 45%는 얻을 수 있어요. |

〈Suits〉 중에서 　　　　　　　　*compensation 보상 | formula 공식, 방식 | have sb in one's pocket ~을 …의 손아귀에 넣다

1. 우리가 일을 바로잡는 게 **어때?** ▶ What do you say **we set things right**?

2. 다른 길로 도망가는 게 **어때?** ▶ What do you say **to running the other way**?

3. 안전장치를 도로 거는 게 **어때?** ▶ What do you say **to putting the safety back on**?

4. 그것을 고수하는 게 **어때?** ▶ _____

5. 이 집을 임대하는 게 **어때?** ▶ _____

6. 우리가 함께 단서를 따라가는 게 **어때?** ▶ _____

7. 그의 집에 잠깐 들르는 게 **어때?** ▶ _____

8. 이것을 배움의 기회로 삼는 게 **어때?** ▶ _____

9. 우리 관계를 프로답게 유지하는 게 **어때?** ▶ _____

10. 경찰에는 정보를 알리지 않는 게 **어때?** ▶ _____

 ✦ 정답은 소책자 52쪽에

잠깐만요!

3 put the safety on 안전장치를 걸다　4 hold on to sth ~을 지키다, 고수하다　7 drop by sth ~에 잠깐 들르다
10 withhold information 정보를 비밀로 해 두다

난 ~라고 말한 것뿐이야.

# I was just saying (that)....

상대방이 내가 한 말에 대해 오해하고 있는 것 같을 때 '난 ~라고 말할 것뿐이야.'라고 해명을 해서 빨리 오해를 풀어야 하는데요. 이런 경우에 쓸 수 있는 것이 바로 이 패턴 표현입니다.

| | |
|---|---|
| **A** Are you sure you want Betty handling this particular gown? | **A** 베티가 이 특별한 드레스를 다루기를 원하는 게 확실해요? |
| **B** Why not? It's her job, isn't it? | **B** 그러면 안 되는 거야? 그게 베티의 일이잖아, 아니야? |
| **A** **I was just saying** it may be one of a kind. | **A** **전** 그게 다시 구하기 힘들지도 모른다**고 말한 것뿐이에요.** |
| **B** You don't really think she would damage it. | **B** 베티가 그걸 손상시킬 거라고 정말로 생각하는 건 아니지? |

⟨Ugly Betty⟩ 중에서                    *particular 특별한 | one of a kind 다시 찾기 힘든 것

1. **난** 사고는 늘 일어나는 법이**라고 말한 것뿐이야.**
▶ I was just saying **accidents do happen.**

2. **난** 나중에 후회하는 것보다는 조심하는 게 낫다**고 말한 것뿐이야.**
▶ I was just saying **better safe than sorry.**

3. **난** 한 번 너의 더러운 일을 대신 책임져 줬다**고 말한 것뿐이야.**
▶ I was just saying **I took the heat for you once.**

4. **난** 불륜은 범죄가 아니**라고 말한 것뿐이야.** ▶

5. **난** 네가 뭔가를 놓쳤던 게 분명하다**고 말한 것뿐이야.**
▶

6. **난** 네 용기가 고무적이었다**고 말한 것뿐이야.**
▶

7. **난** 머물기로 한 것은 네 결정이었다**고 말한 것뿐이야.**
▶

8. **난** 네가 내가 싫어하는 것은 전부 얘기했다**고 말한 것뿐이야.**
▶

9. **난** 그가 수년간 내 버킷 리스트에 올라 있었다**고 말한 것뿐이야.**
▶

10. **난** 우리가 맺은 합의는 이제 무효라**고 말한 것뿐이야.**
▶

✦ 정답은 소책자 53쪽에

잠깐만요!     **3** take the heat for sb ~의 더러운 일을 대신 책임지다   **6** inspiring 고무적인   **8** name 이름을 말하다
**9** bucket list 버킷 리스트 (죽기 전에 해야 할 일이나 하고 싶은 일을 적은 목록)   **10** arrangement 합의, null and void 무효의

## 215

네가 ~였다고 했잖아.

# You said you were....

이 패턴은 상대방이 앞서 내게 했던 말과 다른 행동을 할 때, 혹은 전에 한 약속을 지키지 않았을 때 '전에 ~라고 말했잖아.'라는 뜻으로 따지듯 물으면서 사용할 수 있습니다.

| | |
|---|---|
| A So, you remember clearly that he arrived alone. | A 그래서 그가 혼자 도착한 걸 분명히 기억한단 말이야? |
| B That's right. | B 맞아요. |
| A **You said you were** a little drunk. | A **네가 좀 취했다고 했잖아.** |
| B Well not really, just tipsy. | B 그게요, 그렇게 취한 건 아니었어요. 약간 알딸딸했죠. |

〈Boston Legal〉 중에서

*tipsy 술이 조금 취해 알딸딸한

1. 네가 스토킹을 당하고 있**었다고 했잖아.** ▶ You said you were **being stalked.**

2. 그녀에 대해서는 **네가** 옳았**다고 했잖아.** ▶ You said you were **right about her.**

3. 그와 비교하면 **넌** 아무것도 아니**었다고 했잖아.** ▶ You said you were **nothing compared to him.**

4. 넌 술집에 있**었다고 했잖아.** ▶ _____

5. 네가 그에게 푹 빠져 있**었다고 했잖아.** ▶ _____

6. 넌 팀 활동을 그만둘 거**라고 했잖아.** ▶ _____

7. 넌 어젯밤 늦게까지 거기 있**었다고 했잖아.** ▶ _____

8. 넌 무언가를 찾고 있**었다고 했잖아.** ▶ _____

9. 넌 다른 사람의 잘못을 덮어 주고 있었던 거**라고 했잖아.** ▶ _____

10. 넌 나랑 같이 책임을 지겠**다고 했잖아.** ▶ _____

✦ 정답은 소책자 53쪽에

1 stalk 스토킹하다  3 compared to sb/sth ~와 비교하면  5 crazy about sb/sth ~에(게) 푹 빠진
10 share the responsibility with sb ~와 같이 책임을 지다

# Unit 27

음성 강의 및 예문 듣기

# suppose

suppose는 '추측하다', '가정하다'라는 뜻의 동사인데요. if의 뜻으로도 사용할 수 있고 be supposed to의 형태로 의무를 나타내는 표현을 만들 수도 있어요.

**216** **She's supposed to....**
그녀는 ~하기로 되어 있어.

**217** **Am I supposed to...?**
내가 ~해야 되는 거야?

**218** **Suppose (that)....**
~라면?

그녀는 ~하기로 되어 있어.

# She's supposed to....

be supposed to는 '~하기로 되어 있다'라는 뜻으로 원래 그렇게 하기로 약속이 되어 있거나 계획이 짜여 있는 경우에 사용해요. 따라서 그 여자가 하기로 되어 있는 일은 She's supposed to....라고 말하면 되는 거예요.

| | |
|---|---|
| **A** Has Neela called in sick again? | **A** 닐라가 아파서 결근한다고 또 전화했어? |
| **B** I don't think so. She's probably still out with the flu. | **B** 그런 것 같진 않아. 아마 독감 때문에 아직 병원 밖일 거야. |
| **A** **She's supposed to** notify the ER. | **A** **그녀는 응급실에 알리기로 되어 있잖아.** |
| **B** True, but I think we can assume this is the case. | **B** 맞는 말이긴 하지만 이게 현실이라고 생각해야 할 것 같아. |

〈ER〉 중에서　　　　　　　　　　　　　　*call in sick 아파서 결근한다고 전화하다 | assume 추정하다 | be the case 실정이다, 현실이다

---

**1.** 그녀는 11시까지 집에 오**기로 되어 있어.** ▶ She's supposed to **be home by 11:00.**

**2.** 그곳에 도착하면 **그녀가** 우리에게 문자를 보내**기로 되어 있어.** ▶ She's supposed to **text us when she gets there.**

**3.** 그녀는 모든 문서의 사본을 만들**기로 되어 있어.** ▶ She's supposed to **make copies of all the documents.**

**4.** 그녀가 우리에게 신호를 주**기로 되어 있어.** ▶ _____

**5.** 그녀는 우리를 뒤따라오**기로 되어 있어.** ▶ _____

**6.** 그녀는 내 룸메이트가 되**기로 되어 있어.** ▶ _____

**7.** 그녀는 우리가 그곳에 도착할 때까지 기다리**기로 되어 있어.** ▶ _____

**8.** 그녀는 역 뒤에서 나와 만나**기로 되어 있어.** ▶ _____

**9.** 그녀는 할아버지 할머니 댁에 묵기로 되어 있어. ▶ _____

**10.** 그녀는 아침에 나와 교대하**기로 되어 있어.** ▶ _____

◈ 정답은 소책자 53쪽에

**2** text 문자 메시지를 보내다　**3** make a copy of sth ~의 사본을 만들다, document 문서　**4** sign 신호
**5** catch up with sb ~을 따라잡다, 뒤따라오다/가다　**6** roommate 룸메이트

267

내가 ~해야 되는 거야?

# Am I supposed to...?

🎧 217.mp3

내가 어떤 일을 당연히 해야 되는 거냐고 물을 때 '내가 ~해야 되는 거야?'라는 뜻으로 이 패턴 표현을 사용합니다. 내가 아니고 상대방이 무엇을 하기로 되어 있는지 물어보려면 Are you supposed to...?라고 하면 되겠죠?

| | |
|---|---|
| **A** Izzie, I want you to look at my patient. | **A** 이지, 내 환자 좀 봐 주면 좋겠는데. |
| **B** Okay, **am I supposed to** look for anything in particular? | **B** 알았어. 특별히 **내가 찾아봐야 되는** 게 있어? |
| **A** I can't figure out why he's still having trouble breathing. | **A** 그가 아직도 호흡이 곤란한 이유를 알 수가 없어. |
| **B** I wonder if he's allergic to the medication. | **B** 약물에 알레르기가 있는 건 아닐까 하는 생각이 들어. |

〈Grey's Anatomy〉 중에서

＊in particular 특별히

1. 내가 네 출근 카드를 찍어 줘야 되는 거야? ▶ Am I supposed to **punch you in**?

2. 내가 그들을 확 겁줘야 되는 거야? ▶ Am I supposed to **scare them straight**?

3. 내가 방문객 출입증을 차야 되는 거야? ▶ Am I supposed to **put on the visitor's pass**?

4. 내가 잔디를 다듬어야 되는 거야? ▶

5. 내가 너한테 전화를 해 줘야 되는 거야? ▶

6. 내가 너한테 보고를 해야 되는 거야? ▶

7. 내가 모든 사람들을 준비시켜야 되는 거야? ▶

8. 내가 식물을 돌봐야 되는 거야? ▶

9. 그녀가 잠들기 전에 **내가** 얘기를 들려줘야 되는 거야? ▶

10. 내가 그와 회의를 잡아야 되는 거야? ▶

✦ 정답은 소책자 53쪽에

1 punch sb in ~의 출근 카드를 찍다 2 scare sb straight ~을 확 겁주다 3 visitor's pass 방문객 출입증
4 trim 다듬다, lawn 잔디 6 report back (부탁받은 사항에 대한 정보를) 보고하다 8 plant 식물
9 bedtime story 잠들기 전에 들려주는 동화나 이야기 10 arrange 마련하다

~라면?

# Suppose (that)....

🎧 218.mp3

Suppose....는 If.... 대신 쓸 수 있는 표현이에요. '~라면'의 의미이지만, If를 사용한 표현에 조건절과 결과에 해당하는 주절이 있는 것과 달리 Suppose를 사용한 표현에는 조건절만 있는 것이 달라요.

| | | | |
|---|---|---|---|
| A | This car's been in an accident. | A | 이 차는 사고에 연루돼 있어. |
| B | Do you think it's the one we're looking for? | B | 우리가 찾고 있는 차라고 생각해? |
| A | Maybe, but **suppose** the car hit an animal. | A | 어쩌면. 하지만 이 차가 동물을 친 거**라면**? |
| B | We need to run DNA tests on these blood spots. | B | 이 핏자국에 대해 DNA 검사를 해 볼 필요가 있겠네. |

〈CSI: Las Vegas〉 중에서                                                         *blood spot 핏자국

1. 내가 망친 거**라면**?
   ▶ Suppose **I screwed up.**

2. 그가 권총을 빼서 내게 들이댄다**면**?
   ▶ Suppose **he pulls a gun on me.**

3. 그녀가 그것을 최고위층까지 가지고 간다**면**?
   ▶ Suppose **she takes it to the top level.**

4. 시간이 더 걸린다**면**?
   ▶ _____

5. 내가 그 바이러스에 감염된 거**라면**?
   ▶ _____

6. 그녀가 그 심장을 얻지 못한다**면**?
   ▶ _____

7. 내가 그 전화를 받지 않았다**면**?
   ▶ _____

8. 그녀가 비통한 척하고 있는 거**라면**?
   ▶ _____

9. 그녀가 괴롭힘을 이유로 너를 고소한다**면**?
   ▶ _____

10. 우리가 그에게 돈 쓴 만큼의 만족감을 주지 못한다**면**?
    ▶ _____

◆ 정답은 소책자 54쪽에

잠깐만요!

1 screw up 망치다   2 pull a gun on sb 권총을 빼서 ~에게 들이대다   3 top level 최고위층   5 contract (병에) 걸리다
8 grieve (누군가의 죽음으로) 비통해하다   9 sue sb for sth ~을 이유로 …을 고소하다
10 give sb a run for sb's money ~에게 돈 쓴 만큼의 만족감을 주다

# Unit 28

음성 강의 및 예문 듣기

# What / How / Why

what, how, why는 사물, 방법, 이유를 묻는 대표적인 의문사이지만, 다른 단어와 합쳐지면 전혀 다른 뜻이 되기도 해요. how come이 이유를 묻는 의문사가 되는 것처럼요. 이번 unit에 서는 이런 패턴들을 살펴보겠습니다.

**219** **What the hell are you...?**
도대체 뭘 ～하고 있는 거야?

**220** **What makes you think (that)...?**
뭐 때문에 ～라고 생각하는 거야?

**221** **What if...?**
～하면 어쩌려고?

**222** **How come...?**
어째서 ～?

**223** **How the hell did...?**
도대체 어떻게 ～한 거야?

**224** **Why don't you...?**
～하는 게 어때?

**225** **Why not...?**
～하는 게 어때?

도대체 뭘 ~하고 있는 거야?

# What the hell are you...?

🎧 219.mp3

What are you -ing?에 강조하는 표현인 the hell을 넣어 '너 도대체 뭘 ~하고 있는 거니?'라는 뜻으로 사용하는 패턴입니다.

| | |
|---|---|
| A | I need something to cauterize the wounds. What's this? |
| B | Nothing. Just some photography equipment. The old man who used to own this place used the bathroom as a darkroom. |
| A | This is it. |
| B | Dude, **what the hell are you** doing? |

A 상처를 지질 게 필요해. 이건 뭐지?
B 별건 아니고 사진 장비일 뿐이야. 이곳을 소유하고 있던 노인네가 암실로 화장실을 사용했거든.
A 바로 이거야.
B 이봐, **도대체 뭐 하고 있는 거야?**

〈Bones〉 중에서

＊cauterize 불로 지지다 | photography 사진술 | own 소유하다

---

1. 도대체 무슨 생각을 하고 있는 거야? ▸ What the hell are you **thinking**?

2. 도대체 뭘 기다리고 있는 거야? ▸ What the hell are you **waiting for**?

3. 도대체 뭐 때문에 나에게 그런 말을 하고 있는 거야? ▸ What the hell are you **telling me for**?

4. 도대체 뭘 보고 있는 거야? ▸

5. 도대체 뭘 찾고 있는 거야? ▸

6. 도대체 여기서 뭘 하고 있는 거야? ▸

7. 도대체 뭘 하려고 하는 거야? ▸

8. 도대체 무슨 얘기를 하고 있는 거야? ▸

9. 도대체 나한테 뭘 숨기고 있는 거야? ▸

10. 도대체 내 전화 가지고 뭘 하고 있는 거야? ▸

✧ 정답은 소책자 54쪽에

잠깐만요! 　4 look at sb/sth ～을 보다 　9 keep sth from sb ～을 …로부터 숨기다

뭐 때문에 ~라고 생각하는 거야?

# What makes you think (that)...?

🎧 220.mp3

What makes you think...?는 Why do you think...?와 같은 의미의 표현이에요. 이유를 묻는 표현이라고 해서 반드시 Why로만 물어야 하는 것은 아니니까 이 표현도 같이 알아두세요.

| | |
|---|---|
| A He didn't leave a suicide note. | A 자살하면서 유서를 남기지 않았네요. |
| B No. I don't think it was a suicide. | B 안 남겼지. 난 자살이 아니라고 생각하네. |
| A **What makes you think** there was foul play? | A **뭐 때문에** 살인이 일어났다고 **생각하시는 건데요?** |
| B Think about it. A writer doesn't leave a suicide note? | B 생각해 보게. 어떤 작가가 자살하면서 유서도 안 남긴다는 말인가? |

⟨Monk⟩ 중에서

* suicide note 자살하면서 남기는 유서

1. 뭐 때문에 그가 오늘 주제넘은 짓을 했다고 생각하는 거야?
   ▶ What makes you think **he was out of line today?**

2. 뭐 때문에 그녀가 꾀병을 부리고 있다고 생각하는 거야?
   ▶ What makes you think **she is pretending to be sick?**

3. 뭐 때문에 그들이 이 집 안에 도청 장치를 심었다고 생각하는 거야?
   ▶ What makes you think **they planted bugs in this house?**

4. 뭐 때문에 그들이 허풍을 떨고 있다고 생각하는 거야?
   ▶

5. 뭐 때문에 그들이 여전히 연락을 하며 지낸다고 생각하는 거야?
   ▶

6. 뭐 때문에 우리가 감시당하고 있다고 생각하는 거야?
   ▶

7. 뭐 때문에 그가 그들을 구별할 수 없다고 생각하는 거야?
   ▶

8. 뭐 때문에 그녀가 문 옆에 있는 걸 싫어했다고 생각하는 거야?
   ▶

9. 뭐 때문에 그녀가 작년의 바로 그 간호사라고 생각하는 거야?
   ▶

10. 뭐 때문에 네가 그 책임의 일부를 져야 마땅하다고 생각하는 거야?
    ▶

✦ 정답은 소책자 54쪽에

잠깐만요!

1 be out of line 주제넘은 짓을 하다   3 plant a bug 도청 장치를 심다   5 in touch 연락하고 지내는
7 tell sb/sth apart ~을 구별하다   10 deserve ~을 받아 마땅하다, blame 비난; 책임

~하면 어쩌려고?

# What if...?

🎧 221.mp3

매사에 걱정거리를 안고 사는 사람이 가장 많이 하는 말을 꼽으라면 바로 이 표현일 텐데요. '만약 ~한다면 어쩌지?'라는 뜻으로 아직 발생하지 않은 일에 대해 걱정할 때나 '~했다면 어쩌려고 그랬어?'라는 뜻으로 과거의 일을 책망할 때, '~라면 어쩔래?'라고 상대방의 의중을 물을 때 쓸 수 있어요.

| | |
|---|---|
| A | Roger, I need to look like his hostage. For that, he needs to have a weapon. |
| B | **What if** things go south? |
| A | None of those things are gonna happen. Give him a gun, Roger. |
| B | Here. Remember, I'm watching you. |

A 로저, 난 인질처럼 보여야 해. 그러려면 그가 무기를 가지고 있어야 해.
B 상황이 안 좋아지**면 어쩌려고?**
A 그런 일은 안 일어날 거야. 로저, 그에게 총을 줘.
B 여기 있어. 내가 널 지켜보고 있다는 거 기억해 둬.

〈Lethal Weapon〉 중에서　　　　　　　　　　　　　　　　　　　　　　　＊go south (상황이) 안 좋아지다

1. 당신이 죽었으**면 어쩌려고 그랬어?** ▶ **What if** you had died?

2. 그들이 찾고 있는 게 나라**면 어쩌려고?** ▶ **What if** it's me they're looking for?

3. 내가 다음 달 내 수수료를 전부 너에게 준다**면 어쩔 거야?** ▶ **What if** I give you all my commission next month?

4. 그게 효과가 없으**면 어쩌려고?** ▶

5. 그가 아직 밖에 있는 거라**면 어쩌려고?** ▶

6. 그들이 경찰견을 쓰**면 어쩌려고?** ▶

7. 반지를 잃어버렸다**면 어쩔 셈이었어?** ▶

8. 내가 남편을 용서하고 싶지 않다**면 어쩌려고?** ▶

9. 기자가 이 정보를 입수한다**면 어쩌려고?** ▶

10. 시스템이 해제됐는지 알 방법이 있다**면 어쩔래?** ▶

✧ 정답은 소책자 54쪽에

잠깐만요!　　3 commission 수수료　6 police dog 경찰견　9 get hold of sth ~을 입수하다, 찾다
10 disarm (무장, 보안 시스템 등을) 해제하다

273

어째서 ~?

# How come...?

🎧 222.mp3

How come...?은 Why...?와 비슷한데요. Why...?가 '왜 ~?'라는 뜻으로 이유를 직접적으로 묻는 반면에 How come...?은 '어떠한 이유 때문에 ~?', '어찌하여 ~?'라는 의미예요. 또한 문법적으로도 How come 뒤에는 주어와 동사가 도치되지 않고 나온다는 게 Why와 다른 점입니다.

| | |
|---|---|
| A Look at her! | A 얘 좀 봐! |
| B Come on. We said no Stella in the bed. | B 그러지 좀 마요. 스텔라는 침대 위에 못 올라오게 하자고 했잖아요. |
| A She's just a little puppy. She probably got scared and snuck in. | A 얘는 조그만 강아지일 뿐이잖아. 아마 겁에 질려서 슬쩍 들어왔을 거야. |
| B Seriously? **How come** when Manny has nightmares you don't let him sneak into the bed? | B 장난해요? 그럼 매니가 악몽을 꿀 때는 **어째서** 침대로 못 들어오게 하는 건데요? |

〈Modern Family〉 중에서

＊sneak in 슬쩍 들어오다

1. 어째서 넌 나를 바람맞힌 거야?
   ▶ How come **you stood me up?**

2. 어째서 그걸 소셜 미디어에다 얘기한 거야?
   ▶ How come **you talked about it on social media?**

3. 어째서 쓰레기 같은 일을 맡는 게 항상 나인 거야?
   ▶ How come **it's always me who gets the crappy jobs?**

4. 어째서 FDA가 그것에 불리한 재결을 한 거야?
   ▶ _____

5. 어째서 넌 계속 그를 찾고 있는 거야?
   ▶ _____

6. 어째서 난 더 이상 그의 말소리가 들리지 않는 거야?
   ▶ _____

7. 어째서 그들이 이 사건을 너한테 준 거야?
   ▶ _____

8. 어째서 우리는 뭐든 합의를 못 보는 거야?
   ▶ _____

9. 어째서 넌 나를 법정에 안 세우려는 거야?
   ▶ _____

10. 어째서 그의 증상들이 그렇게 빨리 진행된 거야?
    ▶ _____

✦ 정답은 소책자 54쪽에

잠깐만요!

1 stand sb up ~을 바람맞히다  3 crappy 쓰레기 같은  4 rule against sb/sth ~에(게) 불리한 재결을 하다
8 agree on sth ~에 대해 합의를 보다  9 put sb on the stand ~을 법정에 세우다  10 symptom 증상,
progress 진행하다, rapidly 빠르게

274

**223**

도대체 어떻게 ~한 거야?

# How the hell did...?

믿기지 않는 일이 있을 때, 어떻게 그 일을 한 건지 물으려면 How did...?라고 하는데요. the hell을 넣어 How the helll did...?라고 하면 '도대체 어떻게 ~한 거야?'라는 의미로 놀람의 의미가 강조됩니다.

| | | | |
|---|---|---|---|
| A | Betty managed to get us a show in Paris. | A | 베티가 우리의 파리 공연을 용케 성사시켰어. |
| B | You're kidding. **How the hell did** she pull it off? | B | 농담이죠? **도대체 어떻게** 그걸 해냈**대요?** |
| A | Apparently, someone owed her a favor. | A | 분명 누가 베티에게 큰 빚을 졌던 거겠지. |
| B | Must have been someone important. | B | 거물이었던 게 분명해요. |

〈Ugly Betty〉 중에서

\* pull sth off ~을 해내다, 성사시키다 | apparently 분명히

---

1. **도대체 어떻게** 빠져나온 **거야?** ▶ **How the hell did** you get away?

2. **도대체 어떻게** 그가 내 개인 휴대 전화 번호를 입수한 **거야?** ▶ **How the hell did** he get my personal cell number?

3. **도대체 어떻게** 그들이 용케 아이들을 계속 조용히 시키는 **거야?** ▶ **How the hell did** they manage to keep the kids quiet?

4. **도대체 어떻게** 그런 일이 일어난 **거야?** ▶

5. **도대체 어떻게** 여기 들어온 **거야?** ▶

6. **도대체 어떻게** 그걸 멈추게 **한 거야?** ▶

7. **도대체 어떻게** 언론이 알아낸 **거야?** ▶

8. **도대체 어떻게** 그들이 그 바이러스를 훔친 **거야?** ▶

9. **도대체 어떻게** 그곳에 혼자 간 **거야?** ▶

10. **도대체 어떻게** 그들이 그 신분증이 가짜란 걸 안 **거야?** ▶

✦ 정답은 소책자 55쪽에

잠깐만요! **2** cell number 휴대 전화 번호 **10** ID card 신분증, fake 가짜

275

## 224

~하는 게 어때?

# Why don't you...?

이 패턴은 상대방에게 어떤 일을 해 보라고 제안할 때 사용해요. '우리 같이 ~하는 게 어때?'라는 뜻의 Why don't we...?와 비교하여 같이 알 아두세요.

| | |
|---|---|
| A Now, **why don't you** tell me how you got a black eye? | A 이제 어쩌다 눈에 멍이 들었는지 내게 얘기해 주는 게 어때? |
| B It isn't your concern. | B 네가 걱정할 일은 아니야. |
| A You know, that's what I do because that's what friends do. | A 있지, 그런 게 친구가 하는 일이니까 내가 할 일이기도 한 거야. |
| B Well, if I tell you, you can't tell my wife, okay? | B 그럼 내가 말해 줄 테니까 내 아내한테 말하면 안 돼, 알았지? |

〈Blue Bloods〉 중에서

＊get a black eye 눈이 멍들다

1. 뒤에 남는 게 어때? ▶ Why don't you **hang back**?

2. 내가 널 우리 집에서 지내게 해 주면 어때? ▶ Why don't you **let me take you in**?

3. 잠시 그것을 곰곰이 생각해 보는 게 어때? ▶ Why don't you **contemplate that for a second**?

4. 날 이해시켜 주는 게 어때? ▶

5. 메시지를 받는 게 어때? ▶

6. 조금 쉬는 게 어때? ▶

7. 갖고 있는 게 뭔지 우리에게 말하는 게 어때? ▶

8. 몸싸움의 흔적이 있는지 살펴보는 게 어때? ▶

9. 저녁 먹기 전에 손을 씻는 게 어때? ▶

10. LA에서 일어난 모든 절도 사건을 검색해 보는 게 어때? ▶

✦ 정답은 소책자 55쪽에

1 hang back 뒤에 남다  **2.** take sb in ~을 집에서 지내게 하다  **3** contemplate 곰곰이 생각하다  **4** enlighten (설명하여) 이해시키다  **6** a little bit of 조금  **10** run a search on sb/sth ~에 대한 검색을 실행하다, burglary 절도

~하는 게 어때?

# Why not...?

 225.mp3

Why not...?도 Why don't you...?와 마찬가지로 제안할 때 사용해요. 참고로 상대방의 제안을 승낙할 때 '안 될 것도 없지?', '왜 안 되겠어?'
의 의미로 Why not?이라고 응답할 수도 있습니다.

| | | | |
|---|---|---|---|
| A | Do you think she could be pregnant? | A | 그녀가 임신할 수도 있다고 생각해? |
| B | It's possible. **Why not** run some tests? | B | 가능하지. 검사를 좀 해 **보는 게 어때?** |
| A | All right. I guess it's possible to be pregnant at age 50. | A | 좋아. 나이 쉰에도 임신할 수 있는 거구나. |
| B | Rare but yes, possible. If she is, she'll have a difficult pregnancy. | B | 드물기는 하지만, 가능성은 있지. 만약 임신이라면 힘들 거야. |

〈Grey's Anatomy〉 중에서

---

1. 여기저기 수소문해 보는 게 어때? ▶ **Why not ask around?**

2. 그가 그것을 처리하게 두는 게 어때? ▶ **Why not let him handle it?**

3. 일정을 비워 두는 게 어때? ▶ **Why not clear your calendar?**

4. 밖에서 기다리는 게 어때? ▶ _____

5. 아래층으로 내려가는 게 어때? ▶ _____

6. 그녀를 그만 괴롭히는 게 어때? ▶ _____

7. 소파에서 자는 게 어때? ▶ _____

8. 그 사람들이 알게 두는 게 어때? ▶ _____

9. 필요한 만큼 시간을 갖는 게 어때? ▶ _____

10. 지문을 채취할 수 있는지 그것들을 검사해 보는 게 어때? ▶ _____

✧ 정답은 소책자 55쪽에

1 ask around 여기저기 수소문하다  3 clear the calendar 일정을 비우다  5 go downstairs 아래층으로 내려가다
7 couch (2~3인용) 소파  10 fingerprint 지문

# if / had better

이번 unit에서는 이루어질 수 없는 일을 가정할 때 쓰이는 if와 '~하는 게 좋겠다'라는 뜻으로 조언을 할 때 사용하는 had better에 대해 알아볼게요.

**226** I wouldn't...if I were you.
내가 너라면 ~ 않을 거야.

**227** You'd better....
~하는 게 좋을 거야.

**228** We'd better....
~하는 게 좋겠어.

내가 너라면 ~ 않을 거야.

# I wouldn't...if I were you.

226.mp3

어떤 일에 대해 상대방의 입장이 되어 '내가 너라면 ~하지 않을 거야.'라고 가정하여 말할 때 이 패턴을 사용합니다. '내가 너라면 ~할 거야.'라는 의미로 I would...if I were you.의 패턴으로도 사용할 수 있어요.

| | |
|---|---|
| A Dwight has taken over the conference room. | A 드와이트가 회의실을 차지했어요. |
| B I told him he could use it as a temporary office. | B 내가 그 친구에게 임시 사무실로 거길 써도 좋다고 말했거든. |
| A **I wouldn't** give him free rein **if I were you.** | A **제가 당신이라면 그가 멋대로 하게 두진 않을 거예요.** |
| B Dwight? Nah, he knows it's temporary. | B 드와이트를 말하는 거야? 아니야, 그 친구는 그게 임시적이라는 걸 알고 있어. |

〈The Office〉 중에서

*temporary 임시의 | give sb free rein ~가 멋대로 하게 두다

1. 내가 너라면 그것에 입찰하지 **않을 거야.** ▶ I wouldn't **bid on that** if I were you.

2. 내가 너라면 그에게 복수하지 **않을 거야.** ▶ I wouldn't **seek revenge on him** if I were you.

3. 내가 너라면 방관하지 **않을 거야.** ▶ I wouldn't **stand on the sidelines** if I were you.

4. 내가 너라면 그것을 먹지 **않을 거야.** ▶

5. 내가 너라면 그것을 인정하지 **않을 거야.** ▶

6. 내가 너라면 그들의 말을 듣지 **않을 거야.** ▶

7. 내가 너라면 내 자신을 노출시키지 **않을 거야.** ▶

8. 내가 너라면 신발을 벗지 **않을 거야.** ▶

9. 내가 너라면 그들의 마약을 가로채지 **않을 거야.** ▶

10. 내가 너라면 이베이에 올라온 그 물품을 구입하지 **않을 거야.** ▶

✦정답은 소책자 55쪽에

잠깐만요!

1 bid on sth ~에 입찰하다 2 seek revenge on sb ~에 복수하다 3 stand on the sidelines 방관하다
7 expose 노출시키다 9 intercept 가로채다

## 227

~하는 게 좋을 거야.

# You'd better....

이 패턴은 상대방에게 조언할 때 쓰는데요. 의사가 환자에게 지켜야 할 것을 알려준다든지, 부모가 자녀에게 숙제나 해야 할 일을 조언하는 경우라든지, 강제성을 조금 띄고 있는 조언을 할 때 주로 쓰여요.

| | |
|---|---|
| A How do you like being on the run, Mahone? | A 머혼, 도망 다녀 보니 어때? |
| B Doesn't bother me. They'll never catch me. | B 별로 신경은 안 쓰여. 그들은 절대로 날 잡지 못할 테니까. |
| A **You'd better** be sure. You'd get the chair if you were caught. | A 확실히 그러는 게 좋을 거야. 잡히면 전기의자 신세일 테니. |
| B That ain't gonna happen. | B 그런 일은 없을 거야. |

〈Prison Break〉 중에서                    *get the chair 전기의자에 앉다

1. 숨을 참는 게 좋을 거야.
   ▶ **You'd better** hold your breath.

2. 내 몸에서 손 떼는 게 좋을 거야.
   ▶ **You'd better** get your hands off of me.

3. 허락을 구하는 것보다 차라리 용서를 구하는 게 좋을 거야.
   ▶ **You'd better** ask for forgiveness rather than permission.

4. 그것에 관여하지 않는 게 좋을 거야.
   ▶ _____

5. 그 전화의 위치를 추적하는 게 좋을 거야.
   ▶ _____

6. 그 서류 작업에 서명하는 게 좋을 거야.
   ▶ _____

7. 그 일을 철저하게 하는 게 좋을 거야.
   ▶ _____

8. 마지막 메시지를 번역하는 게 좋을 거야.
   ▶ _____

9. 항바이러스 프로그램 돌리는 걸 끝내는 게 좋을 거야.
   ▶ _____

10. 할 수 있는 한 계속 그를 편안하게 해 주는 게 좋을 거야.
    ▶ _____

✧ 정답은 소책자 56쪽에

잠깐만요!
1 hold one's breath 숨을 참다   4 stay out of sth ~에 관여하지 않다   7 do a thorough job of sth ~을 철저하게 하다
8 translate 번역하다   9 anti-virus 항바이러스의

~하는 게 좋겠어.

228.mp3

# 228 We'd better....

We'd better....는 We had better....의 줄임말인데요. 이 표현 역시 부드러운 제안의 표현이 아니라 '~해야만 해.'라는 의미가 담겨 있는 강한 어조의 표현이에요.

A Warrick wanted to know when we located the car.
B **We'd better** give him a call.
A He wants to inspect it himself.
B No problem. I'm happy to let him do it.

A 워릭이 우리가 그 차의 위치를 언제 알아냈는지 알고 싶어 했어.
B 그에게 전화를 해 주**는 게 좋겠어.**
A 그는 직접 차를 검사해 보고 싶어 해.
B 문제는 안 돼. 그가 그렇게 해 주면 나야 좋지.

〈CSI: Las Vegas〉 중에서

*inspect 검사하다

1. 서두르**는 게 좋겠어.** ▶ We'd better **get a wiggle on.**

2. 우리 생각은 잠시 접어두**는 게 좋겠어.** ▶ We'd better **hold our thoughts.**

3. 저 아이에겐 강하게 나가**는 게 좋겠어.** ▶ We'd better **be tough on that kid.**

4. 그를 따라가**는 게 좋겠어.** ▶ ____________________

5. 냉정을 유지**하는 게 좋겠어.** ▶ ____________________

6. 빨리 하나를 고르**는 게 좋겠어.** ▶ ____________________

7. 총을 내려놓**는 게 좋겠어.** ▶ ____________________

8. 되도록 빨리 암호를 해독**하는 게 좋겠어.** ▶ ____________________

9. 입을 다물고 있**는 게 좋겠어.** ▶ ____________________

10. 그 사건에서는 떨어져 있**는 게 좋겠어.** ▶ ____________________

✧ 정답은 소책자 56쪽에

잠깐만요!

**1** get a wiggle on 서두르다 **2** hold one's thoughts ~의 생각은 잠시 접어두다 **4** go after sb ~을 쫓아가다
**5** keep one's cool ~의 냉정을 유지하다 **7** put sth down ~을 내려놓다 **8** crack the code 암호를 해독하다
**10** stay away from sb/sth ~에(게)서 떨어져 있다

# Unit 30

음성 강의 및 예문 듣기

# 그 외 초고수 핵심패턴들

이번 unit에서는 앞에서 배운 패턴들 외에 미드를 볼 때 꼭 알아두면 좋을 패턴들을 모아 봤어요. 잘 배우고 익혀서 미드의 고수가 돼 보세요.

~을 고려하면

# Given (that)...

🎧 229.mp3

Given...은 '~을 고려하면'이라는 뜻의 Considering...과 같은 의미로 사용되는데요. 경우에 따라서는 '~이 주어진다면'의 의미로도 쓰여요.

| | |
|---|---|
| A Hard to fault the witnesses, **given** how bloody these murders have been.<br>B What bothers me is this guy doesn't care who he's killing.<br>A Do we have a sketch?<br>B We all agree that it's a white male between 25 and 40. | A 이번 살인 사건들이 피로 얼룩진 것을 **고려하면** 목격자들을 탓하기는 힘들어.<br>B 제가 신경 쓰이는 건 이자가 누굴 죽이는지 신경도 안 쓴다는 거예요.<br>A 우리한테 스케치는 있나?<br>B 저희는 모두 범인이 25~40세의 백인 남성이라는 데 동의했어요. |

〈Criminal Minds〉 중에서

\*fault 탓하다

1. 그의 작업의 질을 **고려하면**
   그것의 가격은 합리적이야.
   ▶ **Given** the quality of his work, its price is reasonable.

2. 네가 거쳐 온 일을 **고려하면**
   그것은 네게 쉬운 작업일 거야.
   ▶ **Given** what you've been through, it'll be an easy job for you.

3. 그가 전과자라는 것을 **고려하면**
   그가 직업을 얻는 것은 쉽지 않을 거야.
   ▶ **Given that** he is an ex-convict, it won't be easy for him to get a job.

4. 시간의 제약을 **고려하면**
   그것은 불가능할지도 몰라.
   ▶

5. 사망 시각을 **고려하면**
   그녀는 그곳에 없었을 수도 있어.
   ▶

6. 그의 정신 상태를 **고려하면**
   그는 또 다시 자살을 시도할지도 몰라.
   ▶

7. 너와 그 사람 사이에 있었던 일을 **고려하면**
   우리에게 문제가 생긴 거야.
   ▶

8. 그녀의 건강이 문제가 되는 것을 **고려하면**
   그녀의 아기가 무사하지 않을지도 몰라.
   ▶

9. 그가 내게 화내는 이유를 **고려하면**
   난 그의 태도를 이해할 수 있어.
   ▶

10. 그의 폭력적인 성향을 **고려하면**
    그는 내가 거스르고 싶은 사람이 아니야.
    ▶

✧ 정답은 소책자 56쪽에

잠깐만요!

1 quality 질, reasonable (가격이) 적당한  3 ex-convict 전과자  4 limit 제약  6 attempt 시도하다
8 in question 문제가 되는  10 propensity 성향, violance 폭력, cross 거스르다

~니까

# Now that...

🎧 230.mp3

Now that...은 Because...처럼 이유를 말할 때 쓰는 표현인데요. '(이제) ~니까'의 의미로 because와는 조금 다르게 사용됩니다.

| | |
|---|---|
| A Hey, my folks want us to go to Virginia Beach for Christmas. | A 여보. 친정 식구들이 우리가 버지니아 해변으로 와서 크리스마스를 보내기를 원해. |
| B What? That's out of the blue. | B 뭐라고? 난데없이 그게 무슨 말이래? |
| A Yeah, but we should just stay here, right? | A 그렇긴 해. 우리는 여기서 지내야 하는 거잖아. 그렇지? |
| B Definitely, yeah. On the other hand you know, **now that** I'm thinking about it, we could have a better time there. | B 당연히 그렇지. 생각해 **보니까** 한편으로는 우리가 그곳에서 더 즐거운 시간을 보낼 수도 있겠어. |

〈Man with a Plan〉 중에서　　　　　　　　　　　* out of the blue 예고도 없이, 난데없이 | on the other hand 다른 한편으로

1. 그녀가 자백했**으니까** 우리는 사건을 종결할 수 있어.
▶ Now that **she's confessed, we can close the case.**

2. 그는 보살핌을 잘 받고 있**으니까** 그에 대해서는 걱정하지 마.
▶ Now that **he's in good hands, don't worry about him.**

3. 그녀는 회복 중이**니까** 곧 그녀를 만나게 될 거야.
▶ Now that **she's in recovery, you're gonna see her real soon.**

4. 그것에 대해 생각해 보**니까** 그건 우리에게도 좋을 거야.
▶ _____

5. 그의 신원이 확인됐**으니까** 우리는 그를 체포하면 돼.
▶ _____

6. 그들이 그를 잡았**으니까** 우리는 밤잠을 잘 수 있어.
▶ _____

7. 재판이 끝났**으니까** 넌 네 삶을 찾아 잘 살면 돼.
▶ _____

8. 총알을 찾았**으니까** 우리는 어떤 총인지 확인할 수 있어.
▶ _____

9. 수술이 끝났**으니까** 우리는 그녀가 회복하기를 기다려야 해.
▶ _____

10. 우리가 새로운 사람을 채용했**으니까** 난 더 이상 신입이 아니겠네.
▶ _____

✧ 정답은 소책자 56쪽에

3 in recovery 회복 중인　6 sleep nights 밤잠을 자다　7 get on with one's life ~의 삶을 찾아 잘 살다
10 hire new hands 새로운 사람을 채용하다

~일 경우에 대비해서/~일 경우에는

# In case...

231.mp3

In case...는 '~인 경우에 대비해서'라는 뜻인데요. 뒤에는 주어와 동사가 나오죠. '만약에 대비해서'라는 뜻으로 단독으로 사용하는 경우에는 just in case라는 표현을 씁니다.

---

A You want some food? I carry extra **in case** I run into someone who needs it.
B Why?
A There are not a lot of us left. Have to help each other.
B You have a good heart.

A 음식 좀 드릴까요? 음식이 필요한 사람을 마주칠 **경우에 대비해서** 여분을 가지고 다니거든요.
B 왜 그러는데?
A 남은 사람이 많지 않잖아요. 서로 도와야죠.
B 넌 마음씨가 착하구나.

〈The Walking Dead〉 중에서　　　　　　　　　　　　　　　　　*have a good heart 마음씨가 착하다

---

1. 네가 잊어버릴 **경우에 대비해서** 너한테 주소를 문자로 보낼게.

   ▶ I'll text you the address in case you forget.

2. 우리 부모님이 물어보시는 **경우에는** 나는 너희 집에 있었던 거야.

   ▶ In case my parents ask, I was at your place.

3. 네 마음이 바뀔 **경우에 대비해서** 내 전화번호를 가지고 있어.

   ▶ Keep my number in case you change your mind.

4. 네가 궁금해하고 있을까 봐 **하는 말인데** 난 혼자 왔어.

   ▶ _____

5. 그게 불발로 끝날 **경우에는** B안으로 갈 거야.

   ▶ _____

6. 네가 길을 잃을 **경우에 대비해서 하는 말인데**, 이건 내 휴대 전화 번호야.

   ▶ _____

7. 우리가 서로 길이 엇갈릴 **경우에는** 역에서 만나자.

   ▶ _____

8. 내가 뇌진탕이 있을 **경우에 대비해서** 그들은 하룻밤은 내가 여기에 있기를 원해.

   ▶ _____

9. 내가 이것을 이겨내지 못할 **경우에 대비해서** 너한테 하고 싶은 말이 있어.

   ▶ _____

10. 청량음료가 필요할 **경우에 대비해서 하는 말인데**, 자판기는 구석에 있어.

    ▶ _____

✧ 정답은 소책자 57쪽에

---

잠깐만요!

3 change one's mind ~의 마음을 바꾸다　5 fall through 불발로 끝나다　8 concussion 뇌진탕
9 pull through sth ~을 이겨내다　10 vending machine 자판기, refresher 청량음료

~라는 것이 밝혀졌어.

# It turns out (that)....

232.mp3

유죄라고 생각했던 사람이 무죄였다거나, 원인 모를 병으로 고생하던 환자의 병명이 밝혀졌을 때와 같은 상황에서 사용하는 패턴입니다.

| | |
|---|---|
| **A** Agent Prentiss, I'm Captain Ferreri. We appreciate you coming in. | **A** 프렌티스 요원, 전 페레리 서장입니다. 와 주셔서 고맙습니다. |
| **B** Of course. This is Agent Rossi and Dr. Reid. | **B** 당연히 와야죠. 이쪽은 로시 요원과 리드 박사예요. |
| **A** Well, **it turns out** that friend of Cherry Rollins doesn't want to come in to talk. | **A** 음. 체리 롤린스의 친구는 이리 와서 대화하고 싶어 하지 않**는 것으로 밝혀졌어요.** |
| **B** Probably allergic to police stations. We'll go out and find her. | **B** 아마도 경찰서에 알레르기가 있나 보죠. 우리가 나가서 그녀를 찾아볼게요. |

〈Criminal Minds〉 중에서

＊police station 경찰서

1. 네 심장 박동 조율기에 결함이 있다는 것이 밝혀졌어.
▶ It turns out **your pacemaker is defective.**

2. 그가 폭력과 공포로 지배했다는 것이 밝혀졌어.
▶ It turns out **he ruled through violence and fear.**

3. 그가 대개 암호화된 대화를 통해 일한다는 것이 밝혀졌어.
▶ It turns out **he works mostly through encrypted chats.**

4. 그가 그것을 훔쳤다는 것이 밝혀졌어.
▶ _____

5. 내가 그렇게 절망적인 상태는 아니라는 것이 밝혀졌어.
▶ _____

6. 그녀에 대해서는 네가 옳았다는 것이 밝혀졌어.
▶ _____

7. 그녀가 복숭아에 알레르기가 있다는 것이 밝혀졌어.
▶ _____

8. 그가 아들을 구하려고 자백을 했다는 것이 밝혀졌어.
▶ _____

9. 우리의 모든 혐의가 풀렸다는 것이 밝혀졌어.
▶ _____

10. 그녀가 이런 일에는 틀린 적이 없다는 것이 밝혀졌어.
▶ _____

✧ 정답은 소책자 57쪽에

잠깐만요!

1 pacemaker 심장 박동 조율기, defective 결함 있는　2 rule through sth ~을 통해 지배하다　3 encrypted 암호화된, chat 대화, 담소　5 desperate 절망적인　7 peach 복숭아　9 be cleared of a charge 혐의가 풀리다

**233**

넌 (이제 막) ~하려는 참이야.

# You're (just) about to....

233.mp3

be about to는 '막 ~하려고 하다'라는 뜻입니다. 그래서 You're (just) about to....라고 하면 '넌 (이제 막) ~하려는 참이야.'라는 뜻으로 상대 방이 하려고 하는 일이 가져올 결과를 알려 주는 표현이 됩니다.

| | |
|---|---|
| A You can't fire me! I'm your best employee! | A 저를 해고할 수는 없어요. 가장 유능한 직원이잖아요. |
| B I can do whatever I want. | B 난 내가 원하는 것은 뭐든 할 수 있어. |
| A You'd better not fire me, or else…. | A 저를 해고하지 않는 게 좋을 거예요. 안 그러면…… |
| B **You're about to** say something you shouldn't. | B 자넨 지금 해서는 안 되는 말을 **하려는 참이군**. |

〈The Office〉 중에서
＊employee 직원

---

1. 넌 내 식욕을 망치려는 **참이야**.
   ▶ You're about to **ruin my appetite.**

2. 넌 좋지 않은 선택을 **하려는 참이야**.
   ▶ You're about to **make a bad choice.**

3. 넌 날 벼랑 끝으로 몰아붙이려고 **하는 참이야**.
   ▶ You're about to **push me over the edge.**

4. 넌 진실을 털어놓으려는 **참이야**.
   ▶ _____

5. 넌 모든 것을 망치려는 **참이야**.
   ▶ _____

6. 넌 큰 곤경에 처하려는 **참이야**.
   ▶ _____

7. 넌 내가 그것을 후회하게 만들려는 **참이야**.
   ▶ _____

8. 넌 폭발**하려는 참이야**, 안 그래?
   ▶ _____

9. 넌 중대한 실수를 **하려는 참이야**.
   ▶ _____

10. 넌 네 승진 기회를 망치려는 **참이야**.
    ▶ _____

✧ 정답은 소책자 57쪽에

잠깐만요!

1 ruin one's appetite ~의 식욕을 망치다   3 push sb over the edge ~을 벼랑 끝으로 몰아붙이다
4 reveal the truth 진실을 털어놓다   5 spoil 망치다   10 promotion 승진

# Review

아무리 완벽하게 학습했다고 해도
복습을 하지 않으면 잊어버리기 십상입니다.

패턴 10개를 학습할 때마다 대화문으로 복습해 보세요.
오디오를 듣고 따라하면 학습 효과가 2배가 됩니다.

| 예문 듣기 |

앞서 배운 10개 패턴을 활용하여 네이티브와 대화에 도전해 보세요. 빈칸을 채운 후 오디오 파일을 2번씩 따라하세요.

**1.**
A Where's Stabler?

B I haven't seen him since lunch.

A _____

B I wouldn't bother him right now.

〈Law & Order: SVU〉 중에서

A 스테이블러는 어디 있어?

B 점심 시간 이후로는 못 봤는데.

**A 반장한테 물어봐야겠군.**

B 나라면 지금은 반장을 귀찮게 하지 않을 거야.

＊bother 귀찮게 하다

**2.**
A Who is the Ukrainian?

B _____

A He took the chemical weapon.

B That's the price of doing business, Harold.

〈The Blacklist〉 중에서

A 그 우크라이나인은 누굽니까?

**B 내가 말해 줄 일은 없을 거요.**

A 그가 화학 무기를 가져갔소.

B 그건 거래의 대가요, 해롤드.

＊Ukrainian 우크라이나인 | chemical weapon 화학 무기

**3.**
A He thinks he's taking over the operation.

B _____

A Let's not go that far.

B All right, then _____

〈Lost〉 중에서

A 그는 자기가 그 작전을 맡을 거라고 생각해.

**B 맹세코 그 자식을 죽여 버리고 말겠어!**

A 그렇게까지는 하지 말자.

B 알았어, 그렇다면 **맹세코 똑같이 갚아 주겠어.**

＊take sth over ~을 맡다 | operation 작전

**4.**
A I'm gonna make a run for it.

B When?

A When Jack opens the door.

B _____

〈24〉 중에서

A 난 도주할 거야.

B 언제?

A 잭이 문을 열면.

**B 목숨을 위태롭게 만들게 될 거야.**

＊make a run for it 급히 도주하다 | risk one's life 목숨을 위태롭게 하다

**5.**
A The backup generators are still in repair from the boiler explosion.

B Still? That was months ago.

A I'm afraid we have to divert.

B _____

〈Code Black〉 중에서

A 보일러 폭발 사고 이후 예비 발전기가 아직 수리 중이에요.

B 아직도요? 그건 몇 개월 전 일이잖아요.

A 아무래도 환자 이송을 다른 병원으로 돌려야겠네요.

**B 그것 이상을 해야 할 것 같은데요.**

＊backup 예비의 | generator 발전기 | in repair 수리 중인 | explosion 폭발 | divert 우회시키다

**6.**

A Is this where Shawn disappeared?

B Yes, it's a complete mystery.

A We'll find him, Tom.

B _____

〈The 4400〉 중에서

A 이곳이 션이 사라진 장소예요?

B 네, 완전히 귀신이 곡할 노릇이죠.

A 그 애를 찾을 거예요, 톰.

B **아무래도 우리는 못 찾을 것 같아요.**

＊disappear 사라지다 | complete 완전한 | mystery 미스터리, 불가사의

**7.**

A Did Dr. House give her his prognosis?

B This morning. _____

A At this point it wouldn't help her.

B How is her family taking it?

〈House〉 중에서

A 하우스 선생님이 그녀에게 진단 결과를 말해 줬어?

B 오늘 아침에. **그녀는 화학 요법을 안 받을 거야.**

A 이제 와서 그러는 건 그녀에게 도움이 안 될 텐데.

B 가족은 어떻게 받아들이고 있어?

＊prognosis 진단 결과, 예후 | chemotherapy 화학 요법 | at this point 이 시점에

**8.**

A We don't have to do this.

B We can't back out now.

A Yes, we can. I'll talk to my father about us.

B _____

This is the only way.

〈Banshee〉 중에서

A 이 일을 꼭 할 필요는 없어.

B 이제 와서 물러설 수는 없어.

A 아니야, 물러서면 돼. 내가 아버지한테 우리 사이를 얘기할게.

B **그분은 절대 우리가 함께하도록 내버려 두지 않을 거야.** 이게 유일한 방법이야.

＊back out 물러서다, 빠지다

**9.**

A Dr. Barnett's patient is in a coma.

B Did he notify the family?

A He's trying to reach them.

B I hope he can. _____

〈ER〉 중에서

A 바넷 선생의 환자가 혼수상태야.

B 가족에게는 알렸대?

A 연락하려고 애쓰고 있어.

B 연락이 돼야 할 텐데. **오래가지는 못할 거야.**

＊coma 혼수상태 | notify 알리다 | reach 연락하다

**10.**

A How could an 18-year-old die from heart failure?

B It's unusual, but not impossible.

A Do you think she was on drugs?

B We'll find out soon. _____

〈CSI: Miami〉 중에서

A 18살짜리가 심장 마비로 죽는 일이 가능한 거야?

B 이례적이기는 하지만 불가능하지는 않아.

A 마약을 복용했다고 생각하는 거야?

B 곧 알게 되겠지. **부검이 있을 거야.**

＊heart failure 심장 마비 | unusual 이례적인 | impossible 불가능한 | autopsy 부검

**정답**

**1. A** I'm gonna ask the captain. **2. B** I'm not gonna tell you. **3. B** I swear I'm gonna kill that guy! **B** I swear I'm gonna get even. **4. B** You're gonna risk your life. **5. B** We're gonna have to do more than that. **6. B** I'm afraid we're going to fail. **7. B** She's not gonna have chemotherapy. **8. B** He's never gonna let us be together. **9. B** It's gonna be over soon. **10. B** There's gonna be an autopsy.

🎧 020_1.mp3

앞서 배운 10개 패턴을 활용하여 네이티브와 대화에 도전해 보세요. 빈칸을 채운 후 오디오 파일을 2번씩 따라하세요.

**1.**
A I know he did it. All I need is his confession.
B _____
A The good-cop/bad-cop routine.
B Do you think that'll work on this guy?

〈Law & Order: SVU〉 중에서

A 그가 그 일을 저질렀다는 걸 알아. 내게 필요한 건 그의 자백이야.
B **그래서 어떻게 그걸 받아낼 건데?**
A 맨날 하는 좋은 경찰/나쁜 경찰 역할 수법이지 뭐.
B 그게 이 녀석한테 효과가 있을 것 같아?

*confession 자백 | routine 맨날 하는 통상적인 일

**2.**
A My head is killing me.
B It should be. You came home drunk as a skunk.
A Too many tequila shots.
B _____

〈Seinfeld〉 중에서

A 머리가 깨질 지경이야.
B 그야 그렇겠지. 술이 떡이 돼서 집에 왔잖아.
A 데킬라를 너무 많이 마셨어.
B **어젯밤에 당신이 어디 있었는지 얘기해 볼까?**

*drunk as a skunk 만취한, 술이 떡이 된 | shot 술 한 잔

**3.**
A Did Ryan come home last night?
B No, not the night before, either.
A _____
B Me too. I hope he isn't back on the streets.

〈The O.C.〉 중에서

A 어젯밤에 라이언이 집에 왔어?
B 아니, 그저께 밤에도 안 들어왔어.
A **이 일에 안 좋은 느낌이 들기 시작하는걸.**
B 나도 그래. 그가 다시 거리 생활로 돌아가지 않으면 좋겠는데.

**4.**
A I want to have a baby, Ross.
B You're kidding! Where is this coming from?
A _____
B Can we at least get married first?

〈Friends〉 중에서

A 로스, 나 아기 갖고 싶어.
B 농담이지? 대체 어디서 이런 말이 나오는 거야?
A **내가 더 젊어지는 것은 아니잖아.**
B 적어도 먼저 결혼은 해야 하지 않겠어?

*kid 놀리다 | at least 적어도

**5.**
A We think your tumor is malignant.
B That can't be. It's only a little thing.
A Yeah, well…things like that can turn into big problems.
B _____

〈ER〉 중에서

A 환자분 종양은 악성이라고 생각됩니다.
B 그럴 리가요. 조그만 거에 불과하잖아요.
A 그렇긴 한데요, 그런 게 큰 골칫거리가 될 수도 있어요.
B **가서 다른 의견도 들어볼래요.**

*tumor 종양 | malignant 악성의 | turn into sth ~이 되다, ~으로 변하다

**6.**

A  I need you to travel to Beijing this week.

B  _____

A  It's an incredible business opportunity.

B  All right, but you owe me one.

〈Boston Legal〉 중에서

A  자네가 이번 주에 베이징에 가 줬으면 하네.

**B  전 유럽에 갔다가 방금 전에 돌아왔어요.**

A  흔히 없는 아주 좋은 비즈니스 기회야.

B  알겠어요. 하지만 제게 한 번 신세 진 거예요.

*incredible 믿을 수 없을 정도로 아주 좋은 | owe 빚지다, 신세 지다

**7.**

A  Derek and Meredith are getting back together.

B  I thought she said she'd never go back to him.

A  It's true. I heard it from Izzie.

B  Maybe, but _____

〈Grey's Anatomy〉 중에서

A  데릭이랑 메러디스가 다시 합칠 거래.

B  메러디스가 다시는 그에게 돌아가지 않겠다고 말했던 것 같은데.

A  맞아, 난 그 얘기를 이지한테 들었어.

B  사실일지도 모르지만, **난 내 눈으로 직접 보고 싶어.**

*get back together 다시 합치다

**8.**

A  I can't fit into my evening gown.

B  The one you're wearing to the reunion next month?

A  Yes, that one. _____

B  So what, you're buying a new dress instead?

〈Will and Grace〉 중에서

A  이브닝드레스가 안 맞아.

B  다음 달에 있는 동창회에 입고 갈 거?

A  응. 그거. **다이어트를 하고 싶지는 않은데.**

B  그럼 어쩌려고, 대신 새 드레스를 사게?

*fit into sth ~에 꼭 맞다 | reunion 동창회 | go on a diet 다이어트를 하다 | instead 대신에

**9.**

A  I know now that I'm lost without you, Derek.

B  Are you saying you want to try again?

A  Yes, if you do.

B  _____

〈Grey's Anatomy〉 중에서

A  당신 없이는 아무 것도 못한다는 걸 이제 알겠어, 데릭.

B  다시 합쳐 보고 싶다는 말이야?

A  응, 당신이 원한다면.

**B  난 애당초 당신과 헤어지는 일은 절대 하고 싶지 않았어.**

*break up 헤어지다, 결별하다 | in the first place 애당초

**10.**

A  Sorry, Chief. I don't want to intrude.

B  _____

   The unveiling is on Sunday.

A  I can come back.

B  You don't need to.

〈Bosch〉 중에서

A  죄송합니다, 부청장님. 방해하고 싶지는 않습니다.

**B  그냥 이걸 보고 싶었을 뿐이야.** 제막식은 일요일이라네.

A  다시 와도 괜찮은데요.

B  그럴 필요 없네.

*intrude 방해하다 | unveiling 제막식

정답  **1. B** So, how're you gonna get it?  **2. B** Are we gonna talk about where you were last night?  **3. A** I'm getting a bad feeling about this.  **4. A** I'm not getting any younger.  **5. B** I'll go get a second opinion.  **6. B** I just got back from Europe. **7. B** I wanna see it for myself.  **8. A** I don't wanna go on a diet.  **9. B** I never wanted to break up in the first place.  **10. B** I just wanted to watch this.

앞서 배운 10개 패턴을 활용하여 네이티브와 대화에 도전해 보세요. 빈칸을 채운 후 오디오 파일을 2번씩 따라하세요.

**1.**
A  Ray, _____

B  Go ahead.

A  Do these pants make my butt look fat?

B  I wouldn't say "fat," exactly.

〈Everybody Loves Raymond〉 중에서

A  레이, **당신 의견을 물어보고 싶었는데 말이야.**

B  말해 봐.

A  이 바지를 입으면 내 엉덩이가 뚱뚱해 보여?

B  '뚱뚱하다'고 꼬집어 말하진 못하겠어.

*butt 엉덩이 | fat 뚱뚱한 | exactly 정확히

**2.**
A  I told you not to park in the handicapped zone.

B  I know, that's why I came to see you.

A  Do you need money to pay the ticket?

B  No, _____

〈Seinfeld〉 중에서

A  장애인 주차 구역에 주차하지 말랬잖아.

B  나도 알아. 그래서 널 보러 온 거야.

A  벌금 낼 돈이 필요한 거야?

B  아니, **네 말을 듣지 않은 것에 대해 사과하고 싶었거든.**

*park 주차하다 | handicapped 장애인의 | zone 구역 | refuse 거절하다

**3.**
A  The fire's closing in. We have to get out.

B  How? It seems impossible.

A  _____

B  We're not going to run out of here!

〈Rescue Me〉 중에서

A  불길이 가까이 다가오고 있어요. 우린 빠져나가야
해요.

B  어떻게요? 불가능해 보여요.

A  **꽉 붙잡으세요.**

B  우린 여기서 못 빠져나갈 거예요!

*close in 가까이 다가오다 | hold on tight 꽉 붙잡다

**4.**
A  I told you to brief the staff.

B  I did. I told everyone we were closing the branch.

A  _____

B  Oops.

〈The Office〉 중에서

A  직원들에게 간략하게 설명하라고 했잖아.

B  그랬어요. 모두에게 그 지점을 폐쇄할 거라고 했는데요.

A  **자네가 그 정보를 공유하지 않기를 바랐어.**

B  어이쿠, 이런.

*brief 간략하게 설명하다 | staff 직원 | branch 지점, 지사 | share 나누다, 공유하다

**5.**
A  We shouldn't have slept together.

B  Well we did, so now what?

A  I think we'd better go our separate ways.

B  What! _____

〈Seinfeld〉 중에서

A  우린 같이 자지 말았어야 했어.

B  하지만 같이 자 버렸잖아, 그래서 어쩌자고?

A  우린 서로 제 갈 길을 가야 할 것 같아.

B  뭐! **나더러 아무 일도 없었던 척하라고?**

*go one's separate ways 각자의 길을 가다 | pretend ~인 척하다

**6.** 　A　Why is Bailey angry with you?

　　　B　_____

　　　A　And you actually said no.

　　　B　I can't. I'm covering for Izzie.

　　〈Grey's Anatomy〉 중에서

　　　A　베일리가 왜 너한테 화가 난 거야?

　　　B　**내가 근무를 대신 서 주기를 원했거든.**

　　　A　그런데 안 된다고 한 거구나.

　　　B　할 수가 없어. 이지 일을 대신 해 주고 있거든.

　　*cover one's shift ~의 근무를 대신 서다 | actually 실제로는

**7.** 　A　April miscarried this morning.

　　　B　Oh no! _____

　　　A　She's heartbroken.

　　　B　Do you think they'll try again?

　　〈House〉 중에서

　　　A　에이프릴이 오늘 아침에 유산했어.

　　　B　아니, 저런! **그녀는 정말 아기를 갖고 싶어 했잖아.**

　　　A　상심이 큰가 봐.

　　　B　그 사람들, 다시 시도할 것 같아?

　　*miscarry 유산하다 | heartbroken 상심한

**8.** 　A　It's payback time.

　　　B　_____ Let's go.

　　　A　No. There are too many guards.

　　　B　Outside then. In the yard.

　　〈Prison Break〉 중에서

　　　A　되갚아 줄 때가 됐군.

　　　B　**나랑 해 보자는 거야?** 가자고.

　　　A　안 돼. 간수들이 너무 많아.

　　　B　그럼 밖으로 가자. 마당으로.

　　*payback 되갚기 | guard 간수 | outside 밖으로

**9.** 　A　Hey, Natalie. I was hoping I could catch you before my shift started.

　　　B　Well, you caught me.

　　　A　So, _____

　　　　　Maybe grab some dinner?

　　　B　Not today. Can I take a rain check?

　　〈Chicago Med〉 중에서

　　　A　안녕, 나탈리. 내 근무가 시작되기 전에 만날 수 있기를 바라고 있었어.

　　　B　그럼 잘 만났네.

　　　A　저기, **나중에 뭐라도 할래?** 저녁이라도 먹을까?

　　　B　오늘은 말고, 다음번에 해도 돼?

　　*catch 우연히 만나다 | grab 잠깐 ~하다 | take a rain check 다음 기회를 갖다

**10.** 　A　After we're married, _____

　　　B　With my family, of course.

　　　A　How about every other year?

　　　B　I don't think my mother will like that.

　　〈Seinfeld〉 중에서

　　　A　결혼하고 나면 **추수감사절을 어디에서 보낼래?**

　　　B　당연히 우리 가족들과 함께지.

　　　A　2년마다 한 번씩 그러면 어떨까?

　　　B　그러면 엄마가 좋아하시지 않을 거야.

　　*every other year 2년마다 한 번

**정답**
**1. A** I wanted to ask you for your opinion. **2. B** I wanted to apologize for refusing to listen. **3. A** I want you to hold on tight. **4. A** I didn't want you to share that information. **5. B** You want me to pretend nothing happened? **6. B** She wanted me to cover her shift. **7. B** She wanted so much to have a baby. **8. B** You want a piece of me? **9. A** you wanna do something later? **10. A** where do you wanna spend Thanksgiving?

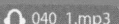

앞서 배운 10개 패턴을 활용하여 네이티브와 대화에 도전해 보세요. 빈칸을 채운 후 오디오 파일을 2번씩 따라하세요.

**1.**
A  I can't quit the force. It's who I am.

B  But I can't live with the fear of what might happen to you.

A  I'm sorry, I can't change.

B  _____

〈Law & Order: SVU〉 중에서

A  경찰을 그만둘 수는 없어. 그게 내 인생인걸.

B  하지만 난 당신한테 무슨 일이 일어날까 봐 두려워하면서 살 수는 없어.

A  미안해, 난 다른 사람이 될 수는 없어.

**B  그런 위험을 감수하고 싶은 이유가 뭐야?**

＊the force 경찰 조직 | take a risk 위험을 감수하다

**2.**
A  Who came up with that rule? Everybody cannot be a winner.

B  _____

A  I want you not to blame yourself.

B  This conversation's not helping!

〈NCIS〉 중에서

A  누가 그런 규칙을 생각해 낸 거니? 모두가 승자가 될 수는 없어.

**B  나한테 원하는 게 뭐예요?**

A  난 네가 자책하지 않으면 좋겠어.

B  이런 대화는 도움이 안 돼!

＊come up with sth ~을 생각해 내다 | blame oneself 자책하다

**3.**
A  Do you have to go to the awards ceremony?

B  I should. I'm supposed to introduce Cuddy.

A  It's just that my pain is getting worse.

B  _____

〈House〉 중에서

A  시상식에 꼭 가야 하는 거야?

B  가야 해요. 내가 커디를 소개하기로 되어 있거든요.

A  통증이 점점 더 심해지고 있어서 그래.

**B  당신이 원한다면 대신 내가 집에 있을 수도 있어요.**

＊awards ceremony 시상식 | be supposed to do ~하기로 되어 있다

**4.**
A  I've decided I'm leaving County General to go into private practice.

B  But you can't leave, we're like family.

A  I think I've outlived my usefulness here.

B  _____

〈ER〉 중에서

A  카운티 종합병원을 그만두고 개업하기로 결정했어.

B  하지만 넌 그만두면 안 돼. 우린 가족 같은 사이잖아.

A  난 여기서는 더 이상 쓸모없는 것 같아.

**B  네가 떠나고 싶어 한다면 난 이해 못할 거야.**

＊go into private practice 개업하다 | outlive ~보다 오래 살다 | usefulness 유용함

**5.**
A  I know who did it. I know who killed the district attorney.

B  Who was it?

A  It was Maria, his secretary.

B  _____

〈Boston Legal〉 중에서

A  누가 그랬는지 알아요. 누가 지방 검사를 죽였는지 안다고요.

B  누구야?

A  그의 비서인 마리아예요.

**B  내가 네 말을 믿어 주기를 원한다면 그것을 증명할 수 있는 게 좋을 거야.**

＊district attorney 지방 검사 | secretary 비서

**6.**

A  I thought I saw Grissom and Catherine at the Hilton.

B  You mean like on a date?

A  Maybe. _____

B  Let's keep this between us for now.

〈CSI: Las Vegas〉 중에서

A  힐튼 호텔에서 그리섬과 캐서린을 본 것 같아.

B  데이트하고 있는 것 같았다는 말이야?

A  **어쩌면. 내가 제일 하고 싶지 않은 게 소문을 퍼뜨리는 거야.**

B  지금은 우리만 알고 있는 걸로 해 두자.

＊gossip 소문

**7.**

A  _____

B  What hole?

A  Seriously? The hole in the wall.

B  Whoa, where did that come from?

〈Man with a Plan〉 중에서

A  **누가 벽에 구멍을 냈는지 알아야겠다.**

B  무슨 구멍이요?

A  정말 그럴래? 벽에 난 구멍 말이야.

B  우와, 저게 어디에서 생긴 거래요?

**8.**

A  Hey Nick, I need you to analyze this hair sample.

B  Okay, _____

A  What are you working on?

B  The triple homicide.

〈CSI: Las Vegas〉 중에서

A  이봐 닉, 이 머리카락 샘플 분석 좀 해 줘.

B  알았어요. **다만 이것부터 먼저 끝내야 해요.**

A  무슨 작업 중인데?

B  3중 살인 사건이요.

＊analyze 분석하다 | triple homicide 3중 살인

**9.**

A  You passed out in the bathroom, remember?

B  Yeah. But I'm fine now.

A  Have you had this problem before?

B  Never. _____

〈Chicago Med〉 중에서

A  화장실에서 기절하셨어요. 기억나세요?

B  네. 하지만 지금은 괜찮아요.

A  전에도 이런 적이 있었나요?

B  한 번도 없었어요. **전 여기 있을 필요가 없어요.**

＊pass out 기절하다 | remember 기억하다

**10.**

A  You need anything?

B  No. I'm OK. Hey Luke, thank you for what you did today.

A  _____

We're a team. If you need anything, just let me know.

B  Thanks.

〈Criminal Minds〉 중에서

A  뭐 필요한 거 있어?

B  아니. 난 괜찮아. 이봐 루크. 오늘 네가 해 준 일에 대해서는 고마워.

A  **나한테 고마워할 필요 없어.** 우린 팀이잖아. 필요한 게 있으면 그냥 알려 주기만 해.

B  고마워.

앞서 배운 10개 패턴을 활용하여 네이티브와 대화에 도전해 보세요. 빈칸을 채운 후 오디오 파일을 2번씩 따라하세요.

**1.**

A  Are Ed and Nina back from autopsy yet?

B  Not yet. Have you told them about the cutbacks?

A  No. _____

B  It's not gonna be pretty.

〈Law & Order〉 중에서

A  에드와 니나는 이제 부검에서 돌아왔나?

B  아직요. 그들에게 인원 감축에 대해 말씀하셨어요?

A  **아니. 우리는 아직 얘기를 해 봐야 해.**

B  썩 좋을 것 같지는 않아요.

＊cutback 인원 감축, 비용 삭감

**2.**

A  I can't leave town without saying good-bye to Dad.

B  But you said your good-byes last week, and we've gotta go.

A  I know. _____

B  All right, but make it quick.

〈Law & Order〉 중에서

A  아빠한테 작별 인사도 하지 않고 이 도시를 떠날 수는 없어.

B  하지만 지난주에 작별 인사는 했잖아. 이제 우린 가야 해.

A  **알아. 내게 필요한 건 아빠를 한 번 더 보는 게 다야.**

B  알았어, 하지만 빨리 해.

＊quick 빠른

**3.**

A  How long have you been here, Donaghy?

B  Since 5:30.

A  You've gotta be kidding!

B  _____

〈30 Rock〉 중에서

A  여기 얼마나 있었던 거야, 더나기?

B  5시 30분부터.

A  농담이겠지!

B  **난 일찍 출근하는 걸 좋아해.**

**4.**

A  _____

B  So you want me back, huh?

A  I didn't say that exactly.

B  Say it. Come on. If you don't say it, I'm not coming back.

〈Code Black〉 중에서

A  **당신한테 당신이 맡았던 업무를 다시 제안하고 싶어요.**

B  그러니까 내가 돌아오길 원한다는 거죠, 그런가요?

A  그렇게는 말 안 했어요.

B  말해 봐요. 어서요. 말 안 하면 난 돌아오지 않을 테니까요.

**5.**

A  Is that gun real?

B  You bet. _____

A  Are you a cop?

B  Sure.

〈Beyond〉 중에서

A  그 총 진짜예요?

B  당연하지. **들어 볼래?**

A  경찰이세요?

B  그래.

**6.**
A  I don't understand why Pam is upset with us.

B  She wasn't invited to have drinks with us.

A  It wasn't any big deal, just a couple drinks.

B  Maybe, but _____

〈The Office〉중에서

A  난 팸이 우리한테 화내는 이유가 이해 안 돼.

B  우리 술자리에 초대받지 못했잖아.

A  그게 무슨 대수라고, 그냥 술 몇 잔 마신 것뿐인데.

B  그럴지도 모르지만, **네가 따돌림을 당한다면 어떻겠니?**

＊no big deal 대수롭지 않은 일 | leave sb out ~을 따돌리다

**7.**
A  Malik, I think I might know what happened to Nathan.

B  What is it?

A  It's a long shot, but it's a chance. _____

B  Do we need a search party?

〈Pure Genius〉중에서

A  말릭, 네이선에게 무슨 일이 생겼는지 알게 될지도 모르겠어.

B  뭔데요?

A  승산이 별로 없기는 하지만 가능성은 있어. **가서 스콧을 찾아보자.**

B  우리한테 수색대가 필요한 거예요?

＊a long shot 승산이 없는 것 | chance 가능성

**8.**
A  Are you sure about this?

B  Never been more sure of anything in my life.

A  Well, if that be the case, _____

B  Phew, finally.

〈Chicago Fire〉중에서

A  이 일에 대해서 확신이 있습니까?

B  살면서 이보다 더 확신한 것은 없었어요.

A  음, 그런 경우라면 **두 분의 결혼을 진행합시다.**

B  휴, 마침내 하는군요.

**9.**
A  Your buddy Mickey is involved in the crime.

B  If what you're saying is true, I guess Mickey deserves whatever he gets.

A  I'm glad you feel that way.

B  _____

〈Blue Bloods〉중에서

A  자네 친구 미키가 범죄에 연루됐어.

B  그 말이 사실이라면 미키는 그에 응당한 벌을 받아야겠지요.

A  그렇게 생각한다니 다행이군.

B  **진행 상황을 알려 주세요.**

＊he/she deserves whatever he/she gets 그(녀)는 (나쁜 행동)에 응당한 벌을 받아 마땅하다

**10.**
A  We found semen at the scene of the crime.

B  _____

A  Only Melinda. She would have seen it on autopsy, anyway.

B  Okay. Don't let the press get a hold of it.

〈Law & Order: SVU〉중에서

A  범죄 현장에서 정액을 찾았어요.

B  **다른 사람한테도 이 일을 알려 줬어?**

A  멜린다한테만요. 어차피 부검하면서 그걸 봤을 테니까요.

B  알았어. 언론에서 그 정보를 입수하지 못하게 해.

＊semen 정액 | get a hold of sth ~을 입수하다

---

정답  **1. A** We still need to talk. **2. A** All I need is to see him one more time. **3. B** I like to get to work early. **4. A** I'd like to offer you your job back. **5. B** Would you like to hold it? **6. B** how would you like to be left out? **7. A** Let's go find Scott. **8. A** let's get you two married. **9. B** Let me know how it goes. **10. B** Did you let anyone else know about this?

앞서 배운 10개 패턴을 활용하여 네이티브와 대화에 도전해 보세요. 빈칸을 채운 후 오디오 파일을 2번씩 따라하세요.

**1.**
A Do you think Dwight's up for promotion?

B _____

A I guess all that kissing up paid off.

B You know Michael, he's a sucker for kissing up.

〈The Office〉 중에서

A 드와이트가 승진 대상에 있다고 생각하는 거야?

**B 의혹이 스물스물 생기기는 해.**

A 그렇게 아부하더니 성공했나 보네.

B 알잖아, 마이클이 아부에는 사족을 못 쓰는 거.

＊promotion 승진 | sneaking suspicion 남 몰래 가지고 있는 의혹 | kiss up 아부하다 | pay off 성공하다 | sucker 사족을 못 쓰는 사람

**2.**
A It's great your sister could make it, Martin.

B Liza does have a way of showing up unexpectedly.

A I sense hostility. Do you have issues with her?

B _____

〈Men in Trees〉 중에서

A 네 여동생이 올 수 있어서 다행이야, 마틴.

B 라이자는 불쑥 나타나는 버릇이 있어.

A 못마땅해 한다는 것이 감지되는데. 동생이랑 무슨 문제 있어?

**B 문제는 없어.**

＊have a way of -ing ～하는 버릇이 있다 | unexpectedly 불쑥 | sense 감지하다 | hostility 못마땅함

**3.**
A Were you able to talk to the casino manager?

B Sure. _____

A What's their position on the case?

B They're prepared to go to court.

〈Boston Legal〉 중에서

A 카지노 지배인이랑 얘기할 수 있었어?

**B 그럼요. 문제는 전혀 없었어요.**

A 사건에 대한 그 사람들 입장은 뭐래?

B 소송할 준비가 돼 있던데요.

＊go to court 소송하다

**4.**
A So Martin, _____

B Uh, no.

A I thought you're married.

B Not anymore.

〈Lethal Weapon〉 중에서

A 그럼 마틴, **자녀가 있어요?**

B 어, 아뇨.

A 결혼한 줄 알았는데요.

B 지금은 아니에요.

**5.**
A Dwight wants me to trade desks with him.

B _____

A Only that my drawer sticks.

B Now's your chance, Jim. I'd do it.

〈The Office〉 중에서

A 드와이트가 내가 자기랑 책상을 바꾸기를 원해.

**B 넌 바꿔야 할 이유가 있어?**

A 서랍이 안 열린다는 것뿐이야.

B 지금이 기회야, 짐. 나라면 바꾸겠다.

＊trade 바꾸다 | drawer 서랍 | stick 꼼짝하지 않다

**6.**

A  Frank, I need you to fix the sink.

B  Not now, Dolores. I'm taking a nap.

A  But I can't wash the dishes!

B  _____

〈Everybody Loves Raymond〉 중에서

A  프랭크, 개수대 좀 고쳐 줘요.

B  지금 말고, 돌로레스. 난 낮잠 잘 거야.

A  하지만 내가 설거지를 할 수가 없잖아요!

B  **난 좀 조용히 쉬어야 해.**

＊take a nap 낮잠 자다 | have peace and quiet 조용히 쉬다

**7.**

A  I shouldn't have given him my gun.

B  You didn't know he was working for Tony.

A  He cleaned us out. If only I hadn't….

B  _____

〈Sopranos〉 중에서

A  그 녀석한테 내 총을 주지 말았어야 했어.

B  넌 그가 토니 밑에서 일한다는 걸 몰랐잖아.

A  그 녀석이 우리를 깨끗이 털어 갔어. 내가 그렇게 하지만 않았어도…….

B  **네 실수에서 배우는 게 있겠지.**

＊clean sb out ~을 깨끗이 털어 가다

**8.**

A  Mr. Burns, follow me, and put on your listening ears.

B  Okay, _____

   —like I'm a kindergartener.

A  Now.

B  Yes, ma'am.

〈Man with a Plan〉 중에서

A  번즈 씨, 절 따라 오세요. 그리고 귀 열고 잘 들을 준비를 하세요.

B  네. 그런데 제가 유치원생인 것 마냥 **말씀하실 필요는 없어요.**

A  지금 바로 오세요.

B  네, 선생님.

＊put sth on ~을 착용하다 | kindergartener 유치원생

**9.**

A  There's a box of pens missing from the supply cabinet.

B  So?

A  They're unaccounted for. _____

B  What makes you so sure they were stolen?

〈The Office〉 중에서

A  비품 캐비닛에서 펜 한 상자가 없어졌어.

B  그래서?

A  소재가 불분명해. **누가 훔치고 있는지 알아내야 해.**

B  뭐 때문에 펜이 도난당했다고 그렇게 확신하는 건데?

＊supply cabinet 비품 캐비닛 | unaccounted for 소재가 불분명한, 행방불명의

**10.**

A  I've invited Joe and Sarah over tomorrow night.

B  I'm exhausted. Can we call and cancel?

A  _____

B  After a couple drinks, I'll be in bed.

〈Brothers and Sisters〉 중에서

A  내일 저녁에 조와 사라를 우리 집에 초대했어.

B  난 녹초가 됐어. 전화해서 취소할 수 있어?

A  **당신은 술 두어 잔을 내오기만 하면 돼.**

B  술 두어 잔 내간 다음엔 난 잘 거야.

＊exhausted 녹초가 된 | serve (음식 등을) 내가다, 내오다

---

**정답**

**1. B** I have a sneaking suspicion. **2. B** I don't have issues. **3. B** I had no trouble. **4. A** do you have any kids? **5. B** Do you have any reason to trade? **6. B** I gotta have some peace and quiet. **7. B** You gotta learn from your mistakes. **8. B** you don't have to talk to me **9. A** I have to decide who's been stealing. **10. A** All you have to do is serve a couple drinks.

앞서 배운 10개 패턴을 활용하여 네이티브와 대화에 도전해 보세요. 빈칸을 채운 후 오디오 파일을 2번씩 따라하세요.

**1.**
A That's the fifth break-in this week.

B I'm nervous about leaving for vacation.

A So am I, but what can we do?

B _____

〈CSI: Las Vegas〉 중에서

A 이번 주 들어서 도둑이 든 게 다섯 번째야.

B 휴가를 떠나기가 불안해.

A 나도 그렇긴 하지만, 어쩌면 좋을까?

**B 누굴 시켜 우리 집을 보게 할 거야.**

＊break-in 침입

**2.**
A Are you feeling all right?

B _____

A Is it possible that you're pregnant?

B I never thought about that, but yes!

〈ER〉 중에서

A 괜찮은 거야?

**B 요즘 점점 피로해지고 있어.**

A 혹시 임신한 거 아니야?

B 그런 생각은 못해 봤지만 그럴지도 몰라!

＊pregnant 임신한

**3.**
A Can someone go through this document? Amanda?

B _____

A All right, I want a report on my desk first thing tomorrow.

B You got it.

〈Law & Order: SVU〉 중에서

A 누가 이 서류 좀 검토해 주겠어? 아만다?

**B 그걸 읽어 볼 시간은 충분히 있어요.**

A 좋아, 내일 아침 일찍 내 책상에 보고서를 올려 줘.

B 알겠어요.

＊go sth through ~을 검토하다

**4.**
A _____

B What for?

A False testimony.

B This must be about the Wacker trial.

〈CSI: Miami〉 중에서

**A 우리 반장이 조사를 받고 있다는 얘기를 들었다니까.**

B 뭐 때문에?

A 위증 때문이래.

B 이건 분명히 웨커 재판에 관한 일일 거야.

＊false 거짓의 | testimony 증언

**5.**
A Were you at the Foster boy's funeral?

B Yes, so sad what happened to him.

A Did you hear the father's eulogy?

B _____

〈Law & Order〉 중에서

A 포스터 씨 아들의 장례식에 갔었어?

B 그래. 그 아이에게 일어난 일은 너무 안타까워.

A 아버지가 한 추도사는 들었어?

**B 그렇게 감동적인 연설은 처음 들었어.**

＊funeral 장례식 | eulogy 추도사 | moving 감동적인

**6.**

A   Is something wrong, Justin?

B   No, why?

A   _____

B   Well, I wasn't going to tell you, but I re-enlisted.

〈Brothers and Sisters〉 중에서

A   저스틴, 뭐가 잘못된 거야?

B   아니, 왜?

A   **계속 거리를 좀 두는 것 같아서.**

B   그게, 너한테 말 안 하려고 했는데, 나 재입대했어.

＊distant (사람에게) 거리를 두는 | re-enlist 재입대하다

---

**7.**

A   Everything's ready for Marin's birthday party.

B   _____

A   So far.

B   I hear her sister is coming.

〈Men in Trees〉 중에서

A   마린의 생일 파티 준비는 다 됐어.

B   **비밀로 할 수 있었어?**

A   지금까지는.

B   마린의 여동생도 온다더라.

---

**8.**

A   I'm glad you could make it to our wedding.

B   Delighted to be here.

A   _____

B   Actually, I've had too much champagne.

〈Friends〉 중에서

A   우리 결혼식에 와 줄 수 있게 돼서 기뻐.

B   여기 오게 되어 내가 기쁘지.

A   **샴페인 좀 마셨어?**

B   실은 너무 많이 마셨어.

＊delighted 기쁜 | champagne 샴페인

---

**9.**

A   It's time I told you the truth.

B   _____, Nora?

A   I've known all along about William's indiscretions.

B   And you've never told anyone?

〈Brothers and Sisters〉 중에서

A   너한테 사실을 말할 때가 됐어.

B   노라, **그간 나한테 계속 뭘 숨기고 있었던 거야?**

A   난 윌리엄의 분별없는 행동에 대해 내내 알고 있었어.

B   그런데 아무한테도 말을 안 했던 거야?

＊all along 줄곧, 내내 | indiscretion 분별없는 행동

---

**10.**

A   This place has been getting a little stale.

B   _____

A   I agree. Can you believe that hair? That wardrobe?

B   Actually, I've been distracted by her eyebrows and braces.

〈Ugly Betty〉 중에서

A   이곳은 좀 생기가 없어지는 것 같아.

B   **베티를 고용한 후로 더 재미있어졌잖아.**

A   동의해. 그 머리하고 옷은 대체 뭐라니?

B   사실 난 베티의 눈썹이랑 치아 교정기에 정신이 팔려 있어.

＊stale 생기가 없는 | wardrobe 옷, 옷장 | distracted 정신이 팔린 | brace 교정기, 보조기

---

정답

**1. B** I'm gonna have someone watch our house.  **2. B** I've been getting tired lately.  **3. B** I've got enough time to read it.  **4. A** I say I've heard our chief is being investigated.  **5. B** I've never heard a more moving speech.  **6. A** You've been a little distant.  **7. B** Have you been able to keep it a secret?  **8. A** Have you had some champagne?  **9. B** What have you been keeping from me  **10. B** It's been more fun since they hired Betty.

앞서 배운 10개 패턴을 활용하여 네이티브와 대화에 도전해 보세요. 빈칸을 채운 후 오디오 파일을 2번씩 따라하세요.

---

**1.**

A I haven't heard from Sara yet.

B _____

A She left about four hours ago.

B Give her time.

〈CSI: Las Vegas〉 중에서

A 사라한테서 아직 소식이 없어.

**B 그녀가 이 도시를 떠난 지 얼마나 됐지?**

A 대략 4시간 전에 떠났어.

B 그녀에게 시간을 좀 줘.

---

**2.**

A Agent Kelton, I heard the senator's wife was dead.

B _____

A How do you know?

B She was cited this morning.

〈Vanished〉 중에서

A 켈톤 수사관, 상원의원의 아내가 죽었다고 하던데.

**B 잘못 들으셨던 게 분명하네요.**

A 자네가 어떻게 아나?

B 부인이 오늘 아침에 법원에 소환됐으니까요.

＊senator 상원 의원 | cite 법원에 소환하다

---

**3.**

A I didn't realize how much it meant to her.

B There's no reason you would have known.

A But _____

B Why don't you go to her?

〈Friends〉 중에서

A 그게 그녀에게 얼마나 의미 있는 건지 알아차리지 못했어.

B 네가 알았을 이유가 없지.

**A 하지만 내가 더 공감을 했을 수도 있었는데.**

B 그녀한테 가 보는 게 어때?

＊realize 알아차리다 | mean to sb ~에게 의미가 있다 | sympathetic 공감하는

---

**4.**

A Jesse, you should've spoken to Dr. Guthrie sooner.

B I know. _____

A Well, he deserved the benefit of your doubt.

B Thank you for saying so.

〈Code Black〉 중에서

A 제시, 당신이 거스리 선생에게 좀 더 빨리 얘기했어야 했어요.

**B 알아요. 내가 그를 한 발 물러서게 했어야 했어요.**

A 아무튼 그는 당신의 의심으로 인한 도움을 받아 마땅했어요.

B 그렇게 말해 줘서 고마워요.

＊benefit 도움; 친절

---

**5.**

A I found your birth control pills, Gabrielle.

B But those aren't mine!

A _____

B I do want a baby Carlos, just not now.

〈Desperate Housewives〉 중에서

A 가브리엘, 당신 피임약을 찾았어.

B 하지만 그건 내 게 아니야!

**A 지킬 수도 없는 약속은 하지 말았어야지.**

B 난 정말 아기가 갖고 싶어 카를로스, 단지 그게 지금이 아닐 뿐이야.

＊birth control pill 피임약

**6.**
A   I'll take you to the hospital myself.

B   How? _____

A   I'll learn on the way.

B   I think I'll take my chances with the ambulance.

〈Seinfeld〉 중에서

A   내가 직접 병원에 데려다 줄게.

B   어떻게? **넌 운전할 줄도 모르잖아.**

A   가면서 배울 거야.

B   난 구급차에 내 운을 맡겨야 될 것 같아.

＊on the way 가는/오는 길에 | take one's chance with sb/sth ～에 …의 운을 맡기다

**7.**
A   Did you have lunch with Jim again today?

B   Yeah, why?

A   _____

B   I can only imagine.

〈The Office〉 중에서

A   오늘도 또 짐이랑 점심 먹었어?

B   응. 왜?

A   **모두 뭐라는 줄 알아?**

B   상상만 할 뿐이지.

**8.**
A   Do you want to invite Susan?

B   No, I don't. _____

A   I didn't know you disliked her so much.

B   Because she's always stealing my men.

〈Desperate Housewives〉 중에서

A   수잔을 초대하고 싶어?

B   아니. **왜 내가 수잔이라면 못 참겠는지 알아?**

A   네가 수잔을 그렇게 싫어하는 줄은 몰랐어.

B   왜냐하면 늘 내 남자를 가로채거든.

**9.**
A   You say you arrived before lunch, but you also say you arrived at 3:00?

B   _____

A   Which is it? It can't be both.

B   I don't know!

〈Law & Order: SVU〉 중에서

A   그러니까 점심 전에 도착했다고 하더니 3시에도 도착했다고 하는 거야?

B   **제가 정확하게 기억하고 있는지 모르겠어요.**

A   언제야? 두 개 다일 리는 없잖아.

B   모르겠어요!

＊correctly 정확하게

**10.**
A   Devyn, can you get me out?

B   I can't. They think you're a witch. They say you cast a demon love spell on me.

A   _____

B   I think you did. I feel really weird.

〈Aftermath〉 중에서

A   데븐, 날 꺼내 주겠니?

B   못 해요. 사람들은 당신이 마녀라고 생각해요. 나한테 악마의 사랑의 주술 같은 걸 걸었대요.

A   **난 악마의 사랑의 주술을 어떻게 거는지 몰라.**

B   난 당신이 주술을 걸었다고 생각해요. 기분이 아주 이상하거든요.

＊get sb out ～을 꺼내 주다 | witch 마녀 | cast a spell on sb ～에게 주술을 걸다

---

정답 **1. B** How long has it been since she left town? **2. B** You must've heard wrong. **3. A** I could've been more sympathetic. **4. B** I should've made him step back. **5. A** You shouldn't have made a promise you couldn't keep. **6. B** You don't even know how to drive. **7. A** You know what everyone is saying? **8. B** You know why I can't stand her? **9. B** I don't know if I remember it correctly. **10. A** I don't know how to cast demon love spells.

앞서 배운 10개 패턴을 활용하여 네이티브와 대화에 도전해 보세요. 빈칸을 채운 후 오디오 파일을 2번씩 따라하세요.

**1.**

A Can we count on our star witness?

B _____

A Why? What's the problem?

B He's an alcoholic.

〈Boston Legal〉 중에서

A 우리의 중요 증인을 믿을 수 있겠어?

B **난 그가 신뢰성을 얼마나 가지고 있는지 모르겠어.**

A 왜? 문제가 뭔데?

B 알코올 중독자거든.

＊star witness 주요 증인 | credibility 신뢰성 | alcoholic 알코올 중독자

**2.**

A I'm looking for Fat Au.

B There's no one here by that name.

A I'm an old friend of his. He's gonna be very upset if he hears you turned me away.

B _____

〈Banshee〉 중에서

A 팻 아우를 찾고 있어요.

B 그런 이름을 가진 사람은 여기 없소.

A 난 그의 오랜 친구예요. 당신이 나를 쫓아버렸다는 소릴 들으면 그가 매우 화를 낼 텐데요.

B **난 당신이 무슨 말을 하는 건지 모르겠소.**

＊turn sb away ~을 쫓아버리다

**3.**

A Hey, did William ever mention a Jessie?

B Not to me. _____

C Dad, Grandpa's gay or at least bi.

A What're you saying?

〈This Is Us〉 중에서

A 여보, 윌리엄이 제시란 이름을 언급한 적이 있었어?

B 나한테는 안 했어. **난 저분이 누군지 모르겠어.**

C 아빠, 할아버지는 동성애자예요. 아니면 양성애자거나요.

A 무슨 소리니?

＊gay (남성) 동성애자 | bi 양성애자 (= bisexual)

**4.**

A Are you going out tonight, Samantha?

B Not tonight, as usual, I couldn't get a date.

A You couldn't get a date?

B _____

〈Sex and the City〉 중에서

A 사만다, 오늘 밤에 데이트 갈 거니?

B 오늘 밤은 안 가. 언제나처럼 데이트 상대를 못 구했거든.

A 네가 데이트 상대를 못 구했다고?

B **나한테는 왜 쓸 만한 남자가 없는지 모르겠어.**

＊date 데이트 상대 | available 이용할 수 있는

**5.**

A Can you work late tonight, Pam?

B Jim and I have a date but not until 7:00.

A _____

B Don't be so sure about that.

〈The Office〉 중에서

A 팸, 오늘 야근할 수 있어?

B 짐이랑 데이트가 있지만, 7시까지는 괜찮아요.

A **자네가 나한테 절대 안 된다고 하지 않으리라는 것은 알고 있지.**

B 그걸 너무 확신하지는 마세요.

306

**6.**

A  Baylor, _____

B  Hospital.

A  Okay. He's able to speak and protect his airway.

C  Breath sounds are good. Lungs are clear.

〈Chicago Med〉 중에서

A  베일러, **여기가 어딘지 알겠어요?**

B  병원이요.

A  좋아요. 그는 말도 할 수 있고 기도도 보호 가능해.

C  호흡 소리도 괜찮아. 폐도 깨끗하고.

*protect 보호하다 | airway 기도 | lung 폐

**7.**

A  Elliott, I saw your ex-wife at Cape Cod this weekend.

B  _____

A  I'm afraid so.

B  It's really over.

〈Law & Order: SVU〉 중에서

A  엘리엇, 이번 주말에 케이프 코드에서 당신의 전처를 봤어요.

B  **혹시 그녀한테 동행이 있었는지도 알아?**

A  그랬던 것 같아요.

B  이제 진짜로 끝났군.

**8.**

A  How could he change his testimony? He destroyed the case.

B  _____

A  Do you think he was threatened?

B  No, I think he's protecting someone.

〈Law & Order: SVU〉 중에서

A  어떻게 그 사람이 증언을 번복할 수 있지? 그가 사건을 망쳐 버렸잖아.

B  **난 왜 그 사람이 거짓말을 하고 있었는지 알아.**

A  그가 협박을 받았다고 생각해?

B  아니. 누구를 보호하고 있는 것 같아.

*threaten 협박하다

**9.**

A  Rachel, I love you and always have.

B  Oh, Ross. _____

A  Do you think it'll work?

B  I'm willing to try.

〈Friends〉 중에서

A  레이첼, 난 지금도 널 사랑하고 전에도 항상 그랬어.

B  아, 로스. **네가 날 사랑한다는 건 내내 알고 있었어.**

A  그게 잘될 거라고 생각해?

B  내가 기꺼이 노력해 볼게.

**10.**

A  You said you'd come to my art show, Roy.

B  I know I did, but my high school buddy was in town.

A  _____

B  I'll make it up to you.

〈The Office〉 중에서

A  로이, 내 미술 전시회에 오겠다고 했잖아.

B  그렇게 말한 거 알지만, 고등학교 때 친구가 우리 도시에 왔거든.

A  **내가 아는 건 네가 약속을 안 지킨다는 것뿐이야.**

B  그것에 대해서는 네게 보상할게.

*buddy 친구 | live up to one's promises 약속을 지키다

---

정답

**1. B** I don't know how much credibility he has.  **2. B** I don't know what you're talking about.  **3. B** I don't know who that is.  **4. B** I don't know why there aren't any good men available.  **5. A** I know you won't ever tell me no.  **6. A** do you know where you are?  **7. B** Do you happen to know if she was with anyone?  **8. B** I know why he was lying.  **9. B** I've known all along that you love me.  **10. A** All I know is that you don't live up to your promises.

앞서 배운 10개 패턴을 활용하여 네이티브와 대화에 도전해 보세요. 빈칸을 채운 후 오디오 파일을 2번씩 따라하세요.

**1.**
A  Was the captain hard on you?

B  _____

A  Did you receive an official reprimand?

B  No, but only because I rescued the girl.

〈Law & Order: SVU〉 중에서

A  반장님한테 갈궈진 거야?

B  **본인이 얼마나 기분이 안 좋은지 확실하게 알려 주시더군.**

A  공식적인 문책을 받은 거야?

B  아니, 하지만 내가 그 여자애를 구했기 때문에 안 받은 것뿐이야.

＊in no uncertain terms 확실히 | rescue 구하다

**2.**
A  Look, I came here voluntarily, so don't treat me like a criminal.

B  Where should we start?

A  I just want to know the truth.

B  _____

〈The Blacklist〉 중에서

A  이봐요. 난 자발적으로 여기 왔어요. 그러니 범죄자 취급하지 말아요.

B  어디서부터 시작할까요?

A  난 그저 진실을 알고 싶을 뿐이에요.

B  **그 살인 사건에 대해서 말해 보세요.**

＊voluntarily 자발적으로 | treat 대하다 | criminal 범죄자

**3.**
A  Oh no, here comes the principal!

B  I think he knows I wrote the graffiti.

A  He must have overheard me talking about it in his office.

B  _____

〈Friday Night Lights〉 중에서

A  아 이런, 교장 선생님이 오셔!

B  내가 벽에 낙서를 한 줄 아시나 봐.

A  내가 그 얘기를 하는 걸 교장실에서 몰래 들으신 게 분명해.

B  **도대체 내가 왜 널 믿었던 걸까?**

＊principal 교장 | graffiti 그라피티, 공공장소에 하는 낙서

**4.**
A  Jordan, I need you to investigate a rape.

B  _____

A  There has, and it has the same M.O. as the others.

B  We've got to get this guy.

〈Crossing Jordan〉 중에서

A  조던, 강간 사건을 하나 더 조사해 줘야겠어.

B  **설마 또 폭행 사건이 있었다는 건 아니죠?**

A  또 일어났어. 그리고 다른 사건과 수법이 같아.

B  이 인간을 꼭 잡아야겠어요.

＊rape 강간 | assault 폭행 | M.O. 수법, 방식 (= modus operandi)

**5.**
A  Carrie, something's missing; the spark is gone.

B  _____

A  Not bored, just neutral. I want more adventure.

B  What exactly do you mean by "adventure"?

〈Sex and the City〉 중에서

A  캐리, 뭔가 빠졌어. 불꽃이 사라졌다고.

B  **그러니까 우리 성생활이 지루하다는 거야?**

A  지루한 건 아니고 그냥 그래. 난 좀 더 모험적인 것을 원해.

B  '모험적'이라는 것이 정확히 무슨 뜻이야?

＊bored 지루한 | neutral 중립의, 중간의 | adventure 모험

**6.**
A I have to confess. I was at the theater when the police showed up.

B Did you see who pulled the alarm?

A Actually yes, I did.

B _____

⟨Boston Legal⟩ 중에서

A 고백해야겠네요. 경찰이 나타났을 때 전 극장에 있었어요.

B 누가 경보 장치를 작동시켰는지 봤니?

A 사실은, 네 봤어요.

**B 왜 그들에게 네가 거기 있었다고 말 안 했어?**

*pull 잡아당기다

---

**7.**
A I swallowed my sewing needle.

B Oh dear, how can I help?

A _____

B Certainly, but I think you need Emergency.

⟨House⟩ 중에서

A 제가 바늘을 삼켰어요.

B 아니, 저런. 어떻게 도와드리면 될까요?

**A 내과가 어디에 있는지 말씀해 주시겠어요?**

B 물론이죠. 그런데 제 생각엔 응급실로 가 보셔야 할 것 같아요.

*swallow 삼키다 | sewing needle 바늘 | Internal Medicine 내과 | Emergency 응급실

---

**8.**
A I want to thank you for helping me with Kyle.

B Sure. Any time.

A _____

B Are you communicating better with him these days?

⟨Kyle XY⟩ 중에서

A 내가 카일과 잘 지내도록 도와줘서 고맙다는 말을 하고 싶어.

B 그래. 필요하면 언제든 말해.

**A 네 조언이 말도 못하게 많이 도움이 됐다니까.**

B 요즘에는 카일과 의사소통이 잘 되고 있는 거야?

*communicate with sb ~와 의사소통하다

---

**9.**
A Chandler told me he didn't call his ex-girlfriend.

B You didn't believe him, did you?

A Why shouldn't I?

B _____ ,

and he's lying.

⟨Friends⟩ 중에서

A 챈들러가 나한테 자기는 전 여자 친구한테 전화하지 않았다고 하더라.

B 너 그 말을 믿은 건 아니지?

A 왜 믿으면 안 돼?

**B 챈들러가 거짓말을 할 때면 난 항상 알 수 있는데, 걔는 지금 거짓말하고 있어.**

---

**10.**
A Did you see the fear on her face?

B Yes, I think she might refuse to testify.

A _____

B Let's give it some time.

⟨Law & Order: SVU⟩ 중에서

A 그녀의 얼굴에 나타난 두려움을 봤어?

B 응, 내 생각엔 그녀가 증언을 거부할 것 같아.

**A 보니까 거래가 물 건너갔다는 걸 알겠더라.**

B 좀 시간을 두고 보자.

*fear 두려움 | testify 증언하다 | off 취소된

---

정답 **1. B** He let me know in no uncertain terms how unhappy he is. **2. B** Tell me about the murder. **3. B** Tell me again why I trusted you? **4. B** Don't tell me there's been another assault. **5. B** You're telling me you're bored with our sex life? **6. B** Why didn't you tell them you were there? **7. A** Could you tell me where Internal Medicine is? **8. A** I can't tell you how much your advice has helped me. **9. B** Because I can always tell when he's lying **10. A** I could tell by looking that the deal's off.

앞서 배운 10개 패턴을 활용하여 네이티브와 대화에 도전해 보세요. 빈칸을 채운 후 오디오 파일을 2번씩 따라하세요.

**1.**
A Chase, Foreman, find Cameron and meet in my office.

B What's up, House?

A _____

B The guy with the unexplained seizures?

〈House〉 중에서

A 체이스, 포맨, 카메론을 찾아서 내 사무실에서 보지.

B 하우스, 무슨 일인가요?

A **셰크 씨 사례를 검토할 팀을 구성하라는 얘기를 들었거든.**

B 설명할 수 없는 발작을 일으킨 사람 말이군요?

*organize 조직하다 | review 검토하다 | unexplained 설명할 수 없는 | seizure 발작

**2.**
A You've got to deal with your addiction, House.

B _____, Wilson.

A I can't leave it alone. It's affecting your patient care.

B Then I'll take a leave of absence.

〈House〉 중에서

A 하우스, 당신은 중독을 치료해야 해요.

B 윌슨, **내가 말했잖아, 그냥 내버려 두라고.**

A 그냥 내버려 둘 수가 없어요. 환자 치료에 영향을 미치고 있잖아요.

B 그럼 내가 휴직을 해야겠군.

*addiction 중독 | affect ~에 영향을 미치다 | care 돌봄 | take a leave of absence 휴직하다

**3.**
A Detective Stabler took my statement about the attack.

B I hope they can give you some protection.

A _____

B That's it?

〈Law & Order: SVU〉 중에서

A 스테이블러 형사가 폭행 건에 대해 진술을 받았어.

B 경찰이 널 보호해 줄 수 있으면 좋을 텐데.

A **그 형사가 나한테 집 자물쇠를 바꾸라고 하더라.**

B 그게 다야?

*take one's statement about sb/sth ~에 대해 진술을 받다 | lock 자물쇠

**4.**
A Our prime witness skipped town.

B Are you surprised?

A A little. He seemed like he really wanted to help.

B _____

〈Boston Legal〉 중에서

A 우리 주요 증인이 도시를 몰래 빠져나갔어.

B 놀랐어?

A 조금. 그 사람은 정말로 도와주고 싶어 하는 것 같았거든.

B **너한테 그 사람의 정신병에 대해 얘기해 줬어야 했는데.**

*skip 몰래 빠져나가다 | mental illness 정신병

**5.**
A Dr. Brennan, _____

B The remains must be badly decomposed.

A Not much left, just ashes and a couple teeth.

B I'll get started.

〈Bones〉 중에서

A 브래넌 박사, **이번 건은 당신이 처리하게 할 생각이에요.**

B 유해가 심하게 부패된 게 틀림없겠군요.

A 남은 게 별로 없어요. 재랑 이 두어 개뿐이에요.

B 시작할게요.

*remains 유해 | decomposed 부패된 | ash 재

**6.** A _____

  B  I'm not ready for this job.

  A  I understand you have reservations.

  B  Reservations? You're asking me to spy on a notorious spy killer.

⟨The Blacklist⟩ 중에서

A  우리, 이 문제로 넘어가야 할 것 같군.

B  전 이 일에 준비가 안 됐어요.

A  자네가 의구심을 가지고 있다는 것은 이해하네.

B  의구심이라고요? 저더러 악명 높은 스파이 살해범을 염탐하라고 하시는 거잖아요.

＊move on sth ~로 넘어가다 | reservation 의구심 | notorious 악명 높은

---

**7.** A  Who reported the Henson case back then?

  B  Their mom did, but she died a few years ago. Their older brother Deeley was with them that night.

  C  I asked him about the case. He said nothing.

  A  _____

⟨Criminal Minds⟩ 중에서

A  그 당시에 누가 핸슨 사건을 신고했지?

B  엄마가 했는데, 몇 년 전에 사망했어요. 큰오빠인 딜리가 그날 밤 그들과 함께 있었고요.

C  제가 그 사람한테 그 사건에 대해 물어봤어요. 아무 말도 안 하더라고요.

A  한 번 더 시도해 볼 때가 된 것 같아.

---

**8.** A  With me sick and you working so much, we need help.

  B  I agree. The kids need structure.

  A  I know, we could have Mom come and stay with us for a while.

  B  _____

⟨Desperate Housewives⟩ 중에서

A  난 아프고 당신은 일이 너무 많으니, 우리한텐 도와줄 사람이 필요해요.

B  동감이야. 애들한텐 체계 있는 생활이 필요하지.

A  그러니까요. 엄마한테 와 달라고 해서 당분간 우리랑 함께 있어 달라고 할 수도 있어요.

B  장모님께서 끼어들지 않으셔도 지금은 충분히 힘든 것 같아.

---

**9.** A  Did you tell Grace that her party was a flop?

  B  _____

  A  You'd think she could tell on her own.

  B  Not Grace, she thinks it was a huge success.

⟨Will and Grace⟩ 중에서

A  그레이스한테 파티가 실패작이었다고 말해 줬어?

B  아마 그건 현명하지 않을 것 같아.

A  그녀가 혼자서는 알아낼 수 없을 거라고 생각하는구나.

B  그레이스는 몰라. 엄청난 성공작이라고 생각하는 걸.

＊flop (영화, 파티 등) 실패작 | unwise 현명하지 않은 | success 성공

---

**10.** A  Does Barba have a chance in court?

  B  _____

  A  Is it really that complicated?

  B  He was at the scene, he had blood on his hands, and he's unstable.

⟨Law & Order: SVU⟩ 중에서

A  법정에서 바르바한테 이길 승산이 있어?

B  난 이 소송의 변론을 못할 것 같아.

A  정말 그렇게 복잡한 거야?

B  그는 현장에서 손에 피를 묻히고 있었던 데다 불안정해.

＊argue a case 변론을 하다 | complicated 복잡한 | blood 피 | unstable 불안정한

---

정답  **1. A** I was told to organize a team to review Mr. Shirk's case.  **2. B** I told you to leave it alone  **3. A** He told me to change the locks on my door.  **4. B** I should've told you about his mental illness.  **5. A** I think I'm going to let you handle this one.  **6. A** I think we should move on this.  **7. A** I think it's time to give it another try.  **8. B** I think this is hard enough without bringing your mother into it.  **9. B** I think that's probably unwise.  **10. B** I don't think I can argue this case.

앞서 배운 10개 패턴을 활용하여 네이티브와 대화에 도전해 보세요. 빈칸을 채운 후 오디오 파일을 2번씩 따라하세요.

**1.**
A How long do we have to stay in hiding?

B Till the cops back off the area.

A I'm feeling a little claustrophobic.

B _____

〈Prison Break〉 중에서

A 얼마나 숨어 있어야 하는 거야?

B 경찰이 이 지역에서 물러날 때까지.

A 폐쇄공포증이 좀 생기는 것 같아.

**B 우리가 금방 어디로 가게 될 것 같지는 않아.**

＊stay in hiding 숨어 있다 | back off 물러나다 | claustrophobic 폐쇄 공포증을 느끼는

**2.**
A I could easily do Michael's job.

B You're crazy, Dwight.

A It doesn't look that complicated to me.

B _____

〈The Office〉 중에서

A 마이클의 일 따윈 쉽게 할 수 있어.

B 넌 미친 거야, 드와이트.

A 나한텐 그렇게 복잡해 보이지 않아.

**B 언젠가 네가 그 일을 할 수 있을 거라고는 생각되지 않아.**

**3.**
A Any sign of the missing swimmers?

B No, and their friends are waiting for information.

A _____

B Let's wait for the Coast Guard report.

〈CSI: Miami〉 중에서

A 수영하다 실종된 사람들의 흔적은?

B 없어요. 그들의 친구들이 소식을 기다리고 있어요.

**A 많이 기대해서는 안 될 것 같은데.**

B 해안 경비대의 보고를 기다려 보죠.

＊sign 흔적 | hold out much hope 많이 기대하다 | the Coast Guard 해안 경비대

**4.**
A Hey, can I sit here?

B What now? Can't kick me out of here too.

A _____

Let me make it up to you.

B So, you wanna apologize to me?

〈Chicago Med〉 중에서

A 저기요, 여기 앉아도 되겠어요?

B 이번엔 또 뭔가요. 여기서도 날 쫓아낼 수는 없을 텐데요.

**A 우리의 시작이 매끄럽지는 못했다는 생각을 하고 있었어요.** 제가 그걸 보상하게 해 주세요.

B 그러니까 제게 사과하고 싶다는 건가요?

＊kick sb out of sth ～을 …에서 내쫓다 | get off to sth ～로 시작하다 | rough 매끄럽지 못한

**5.**
A What brings you to therapy?

B _____

A Tell me about it.

B I feel like such a failure at life.

〈ER〉 중에서

A 무슨 일로 상담 치료를 받을 생각을 하셨나요?

**B 줄곧 자살에 대해서 생각하고 있었거든요.**

A 그 얘기를 해 보세요.

B 제가 완전한 인생 패배자 같은 생각이 들어요.

**6.** A  How could you be so cruel?

B  _____

A  Well, you knew I wanted that position.

B  Yes, but Chase is more qualified.

〈House〉 중에서

A  저한테 어떻게 그리 매정하실 수가 있어요?

**B  내가 일부러 자네 맘을 상하게 했다고 생각해?**

A  음, 제가 그 자리를 원한다는 건 알고 계셨잖아요.

B  알고는 있었지만, 체이스가 더 적임자였어.

＊cruel 매정한, 잔인한 | qualified 자격 있는

**7.** A  I found a cigarette butt near the entrance.

B  It looks like the brand our suspect smokes.

A  _____

B  Definitely.

〈CSI: Las Vegas〉 중에서

A  입구 근처에서 담배꽁초를 찾았어.

B  우리 용의자가 피우는 상표 같은데.

**A  그래서 내가 그걸 증거물로 챙겨야 한다고 생각하는 거야?**

B  물론이지.

＊cigarette butt 담배꽁초 | entrance 출입구 | suspect 용의자 | bag 가방에 넣다

**8.** A  I think the killers saw me.

B  How do you know?

A  I made eye contact with one of them.

B  _____

〈24〉 중에서

A  살인범들이 나를 본 것 같아.

B  어떻게 알아?

A  그들 중 한 명이랑 눈이 마주쳤거든.

**B  네가 이 도시에서 빠져나가는 게 최선이라고 생각하지 않아?**

**9.** A  Did you tell Gabi I was seeing Carlos?

B  No, I swear.

A  I told her I wouldn't. _____

B  Well, that would be true.

〈Desperate Housewives〉 중에서

A  개비한테 내가 카를로스와 데이트하고 있다고 얘기했어?

B  안 했어, 맹세해.

A  내가 개비한테 안 할 거라고 했거든. **그녀는 아마 내가 약속을 어겼다고 생각할 거야.**

B  음. 그 말이 맞을 거야.

**10.** A  I want to beat the hell out of him for what he did.

B  _____

A  I beg to differ. Pedophiles are scum.

B  I agree, but think of the consequences.

〈Law & Order: SVU〉 중에서

A  그자가 한 짓에 대해 사정없이 패 주고 싶어.

**B  마음대로 해, 하지만 그런다고 네게 만족감을 주진 않을 것 같아.**

A  내 생각은 달라. 소아 성애자는 인간쓰레기야.

B  동의해, 하지만 결과를 생각해 봐.

＊beat the hell out of sb ～을 사정없이 패다 | pedophile 소아 성애자 | scum 인간쓰레기

정답 1. **B** I don't think we're gonna be going anywhere anytime soon. 2. **B** I don't think you will make it one day. 3. **A** I don't think they should hold out much hope. 4. **A** I was thinking we got off to a rough start. 5. **B** I've been thinking about killing myself. 6. **B** You think I meant to hurt you? 7. **A** So, do you think I should bag it as evidence? 8. **B** Don't you think it would be best if you got out of town? 9. **A** She probably thinks I broke my promise. 10. **B** Be my guest, but I don't think it'll give you any satisfaction.

앞서 배운 10개 패턴을 활용하여 네이티브와 대화에 도전해 보세요. 빈칸을 채운 후 오디오 파일을 2번씩 따라하세요.

**1.**
A There's a gas station.
B It looks intact. Good for us.
A _____
B Son, we gotta fill up whenever we get the chance.

〈Aftermath〉 중에서

A 주유소가 있어요.
B 멀쩡해 보이는구나. 우리한텐 잘된 일이지.
A **우리한테 기름이 50갤런 있다고 생각했는데요.**
B 아들아, 기회가 있을 때마다 우린 기름을 가득 채워 둬야 해.

＊intact 멀쩡한 | gallon 갤런 (약 3.8리터)

**2.**
A Hey H, isn't that one of your suspects on the news?
B It sure is.
A _____
B We don't have enough evidence yet.

〈CSI: Miami〉 중에서

A 이봐 H. 뉴스에 나온 저자가 자네 용의자들 중 한 명 아니야?
B 맞아.
A **자네가 저자를 체포할 거라고 말했던 것 같은데.**
B 아직 증거가 충분하지가 않아.

**3.**
A You went against my orders?
B _____
A The easiest solution isn't always the best one.
B I understand, but we did get his confession.

〈Law & Order〉 중에서

A 내 명령을 거역한 건가?
B **말씀하신 대로 하는 게 더 힘들 거라고 생각했던 것뿐이에요.**
A 가장 쉬운 해결책이 항상 가장 좋은 것은 아니야.
B 압니다만, 우리가 실제로 그의 자백을 받아냈죠.

＊go against one's order 명령을 거역하다

**4.**
A Did you see that? Jack looked right at us.
B _____
A Is he upset about something?
B I think he wanted to escort you tonight.

〈Will and Grace〉 중에서

A 봤어? 잭이 우리를 똑바로 쳐다봤어.
B **잭이 이리로 오는 걸 피했던 것 같아.**
A 잭이 뭐 때문에 화가 난 거야?
B 그가 오늘 밤에 널 에스코트하고 싶었던 것 같아.

＊look right at sb/sth ~을 똑바로 쳐다보다 | escort 에스코트하다

**5.**
A Samantha saw the lawyer again last night.
B Really? _____
A Nothing surprises me anymore.
B Not about Samantha.

〈Sex and the City〉 중에서

A 사만다가 어젯밤에 그 변호사랑 또 데이트했어.
B **정말이야? 그녀는 그가 데이트할 상대로는 보이지 않던데.**
A 난 이제 더 놀랄 것도 없어.
B 사만다에 대한 것은 그렇지.

**6.**

A　Her temperature spiked again.

B　That's the third time in 24 hours.

A　I know. _____

B　We must have missed an infection.

〈24〉 중에서

A　그녀의 체온이 또 치솟었어.

B　24시간 동안 세 번째잖아.

A　알아. **이것 때문에 정말 깜짝 놀랐어.**

B　우리가 감염 사실을 놓쳤던 게 분명해.

*spike 치솟다 | alarmed 깜짝 놀란

**7.**

A　Tell me, what you're in for?

B　_____

　　What are you in for?

A　That could take a while.

B　It's OK. I'm free for the next two years.

〈Suits〉 중에서

A　말해 보게, 자넨 여기 왜 들어왔나?

B　**지금은 그 얘기를 하고 싶지 않아요.** 당신은 왜 들어왔는데요?

A　그 얘기 하려면 시간이 한참 걸릴 거야.

B　괜찮아요. 앞으로 2년간은 한가하니까요.

**8.**

A　We can repair the artery, but it's risky.

B　Could he die?

A　It's possible. _____

B　I don't think we have any choice.

〈Grey's Anatomy〉 중에서

A　동맥을 치료할 수는 있지만 위험해.

B　그가 죽을 수도 있는 건가요?

A　그럴 수도 있지. **계속 진행하는 것은 어떨까?**

B　선택의 여지가 없을 것 같아요.

*artery 동맥 | risky 위험한 | continue on sth ~을 계속 진행하다

**9.**

A　What are you staring at, Monk?

B　This keyhole. It's been tampered with.

A　Where? _____

B　Look at these marks.

〈Monk〉 중에서

A　몽크, 뭘 그렇게 보고 있어요?

B　이 열쇠 구멍. 누가 손을 댔어.

A　어디요? **이상한 건 안 보이는데요.**

B　이 자국들을 봐.

*stare at sb/sth ~을 보다 | keyhole 열쇠 구멍 | tamper with sth ~에 손대다 | mark 자국

**10.**

A　The terrorists have taken over the military base.

B　Anyone on the ground who can take control?

A　We're looking into it. _____

B　We'd better get it under control, and quickly.

〈24〉 중에서

A　테러리스트들이 군부대를 장악했어.

B　지상에서 지휘할 수 있는 사람은?

A　알아보고 있어. **그런 혼란 상태는 처음 봐.**

B　상황을 우리 지휘 하에 두어야 해, 그것도 빨리.

*take sth over ~을 장악하다 | military base 군부대 | take control 지휘하다 | chaos 혼란 |
get sb/sth under control ~을 지휘 하에 두다

정답

**1. A** I thought we had 50 gallons. **2. A** I thought you said you were gonna arrest him. **3. B** I just thought it'd be harder your way. **4. B** Seems that he avoided coming over here. **5. B** She didn't seem like someone he would date. **6. A** I feel really alarmed by this. **7. B** I don't feel like talking about it right now. **8. A** How do you feel about continuing on? **9. A** I don't see anything weird. **10. A** I've never seen such chaos.

앞서 배운 10개 패턴을 활용하여 네이티브와 대화에 도전해 보세요. 빈칸을 채운 후 오디오 파일을 2번씩 따라하세요.

**1.**
A Hey, stop. _____

B Nah, never.

A Can you actually look at the damn phone?

B We ain't never seen her before. Can I go now?

〈Chicago PD〉 중에서

A 야, 멈춰. **이 여자애 본 적 있어?**

B 아뇨, 한 번도 못 봤는데요.

A 이 망할 전화기 좀 제대로 쳐다볼래?

B 우리는 그 여자애를 전에 한 번도 본 적 없어요.
이제 가도 되나요?

*actually 실제로 | damn 망할, 젠장

**2.**
A The D.A. set his report down.

B Anything new it in?

A The suspect claims to have an alibi.

B _____

〈Law & Order〉 중에서

A 지방 검사가 보고서를 내려 보냈어.

B 새로운 거도 있었어?

A 용의자가 알리바이가 있다고 주장하고 있어.

B **그자가 사실을 말하고 있는 건지 알아볼게.**

*claim 주장하다 | alibi 알리바이

**3.**
A Kramer took the ferry to Staten Island.

B Wasn't he supposed to meet us here for the 4:30 run?

A That's what I thought.

B _____

〈Seinfeld〉 중에서

A 크래머가 스태튼 아일랜드로 가는 페리를 탔어.

B 우리랑 여기서 만나서 4시 30분에 운행하는 페리를
타기로 하지 않았어?

A 나도 그렇게 생각했어.

B **저 사람들이 우리한테 배가 몇 시에 떠났는지 말해
줄 수 있나 알아봐.**

*ferry 페리, 연락선 | run 운항

**4.**
A I only see one set of footprints, Monk.

B It looks that way, but _____

A Another set of prints.

B Someone tried to clean up after the crime.

〈Monk〉 중에서

A 몽크, 발자국이 한 사람 것밖에 안 보여요.

B 그렇게 보이기는 하지만, **저 러그 밑에 뭐가 있는지
알아보자고.**

A 다른 사람의 발자국이군요.

B 범행 후에 누가 흔적을 없애려고 한 거야.

*footprint 발자국 | rug 러그, 깔개

**5.**
A What's that?

B An induction script. Just read it.

A "Take a deep breath and _____ "

B Well, you have to soften your voice. Try it again.

〈Teen Wolf〉 중에서

A 그게 뭐야?

B 최면 유도 대본. 그냥 그걸 읽으면 돼.

A "심호흡을 하고 나서 **촛불을 바라봐.**"

B 음, 목소리를 좀 부드럽게 해야 돼. 다시 해 봐.

*induction (최면, 분만 등의) 유도 | soften 부드럽게 하다

**6.**
A We'll get your sentence reduced if you give us a name.
B _____, right?
A That's right. We can drop that to 5.
B Not good enough.

〈24〉 중에서

A 우리한테 이름을 하나 대면 자네 형량을 감해 주겠네.
B **10년형일까 생각하고 있는데, 맞나요?**
A 맞아. 그걸 5년으로 줄여 줄 수 있어.
B 그걸로는 충분하지 않아요.

**7.**
A You're lurking by the liquor cabinet, Edie.
B _____
A It's a brunch, Edie, not a bachelor party.
B That's what this brunch needs—bachelors.

〈Desperate Housewives〉 중에서

A 이디. 너 주류 캐비닛 옆에서 서성이고 있네.
B **최고급 브랜디를 찾고 있어.**
A 이건 브런치야. 이디. 총각 파티가 아니라.
B 그게 이 브런치에 필요한 거야. 총각들 말이야.

*lurk 서성이다 | liquor 술, 주류 | bachelor 총각

**8.**
A _____
B How sweet. I mean, I am always telling them to stick together.
A Okay. If they're sticking together, we got to split them up, right?
B You're right. You have any good idea?

〈Man with a Plan〉 중에서

A **그들이 동맹을 결성했다니 놀랍군.**
B 참 귀엽다니까. 그러니까 내 말은 내가 그 애들에게 항상 하는 말이 단결하라는 거였다는 거야.
A 알았어. 애들이 단결하고 있다면 우리가 애들 사이를 갈라놓으면 되는 거잖아. 그렇지?
B 맞아. 좋은 생각 있어?

*form an alliance 동맹을 결성하다 | stick together 단결하다 | split sb up ~ 사이를 갈라놓다

**9.**
A Is the rumor true? Georgia Ray is here?
B Oh, right. I gotta go say hi to her.
A _____
　What is she like?
B Couldn't be more normal.

〈Pure Genius〉 중에서

A 소문이 사실이에요? 조지아 레이가 여기 있는 거예요?
B 아, 맞아요. 가서 그녀한테 인사해야겠어요.
A **당신이 그녀를 안다니 놀랍네요. 어떻게 생겼어요?**
B 비할 데 없이 평범하게요.

**10.**
A He's our only witness to the rape. He has to testify.
B _____
A But he's been clean for two months.
B I guess he may be all we have.

〈Boston Legal〉 중에서

A 그는 강간 사건의 유일한 우리 측 증인이야. 그가 증언을 해야 해.
B **헤로인 중독자의 말을 믿으려는 사람은 아무도 없을 거야.**
A 하지만 그는 두 달 동안 깨끗하게 지냈어.
B 우리 측 증인은 그 사람뿐인가 보군.

*addicted to sth ~에 중독된 | heroin 헤로인

정답
**1.** A Have you seen this girl? **2.** B I'll see if he's telling the truth. **3.** B See if they can tell us what time the boat left. **4.** B let's see what's under that rug. **5.** A look at the candle. **6.** B I'm looking at 10 years in prison **7.** B I'm looking for the best brandy. **8.** A I can't believe they formed an alliance. **9.** A I can't believe you know her. **10.** B Nobody would believe someone who's addicted to heroin.

앞서 배운 10개 패턴을 활용하여 네이티브와 대화에 도전해 보세요. 빈칸을 채운 후 오디오 파일을 2번씩 따라하세요.

1. A Hello Elaine, thanks for coming over.
   B Sure, no problem.
   A _____
      I just had the carpet washed.
   B Oh, I'm sorry.
   〈Seinfeld〉 중에서

   A 안녕, 일레인. 들러 줘서 고마워.
   B 뭘, 당연히 와야지.
   A **신발 좀 벗어줄래?** 카펫을 방금 세탁했거든.
   B 아, 미안해.

2. A You okay?
   B It's just a little tender.
   A _____
      Tell me your pain scale, one to ten?
   B Twelve.
   〈Chicago Med〉 중에서

   A 괜찮아요?
   B 만지면 좀 아파요.
   A **제가 좀 봐도 될까요?** 통증 지수를 말해 보세요.
      1에서 10까지 중 얼마예요?
   B 12예요.

   *tender 만지면 아픈 | pain scale 통증 지수

3. A I can't marry you, Gabi.
   B I don't think I can marry you, either.
   A _____
   B I think we should call it off together.
   〈Desperate Housewives〉 중에서

   A 개비, 난 너랑 결혼 못해.
   B 나도 너랑 결혼 못할 것 같아.
   A **그럼 내가 취소해도 괜찮은 거지?**
   B 우리가 같이 취소해야 할 것 같은데.

4. A Dad, _____
      I'm going to Cabo.
   B You sure are.
   A I know what's worrying you, but I'm sure we'll be fine.
   B Honey, I want you to go.
   〈Modern Family〉 중에서

   A 아빠, **전 아빠가 뭐라고 하시든 상관없어요.** 전 카보
      에 갈 거예요.
   B 확고하구나.
   A 무슨 걱정을 하고 계신지는 알지만, 우린 분명 괜찮
      을 거예요.
   B 얘야, 난 네가 가기를 원한단다.

5. A _____ ,
      I mean we don't ever talk about anything.
   B Okay. Something else we don't talk about. We'll just
      add it to the list.
   A We have a list?
   B Yeah. A very long list.
   〈Lethal Weapon〉 중에서

   A **이전 일은 미안해요.** 그러니까 내 말은 우리가 무슨
      일이든 다 얘기하는 사이는 아니라는 거예요.
   B 알았어요. 우리가 얘기 안 한 다른 것들도 있겠죠.
      그냥 목록에 추가해 놓죠.
   A 우리한테 목록이 있어요?
   B 네. 아주 긴 목록이죠.

**6.** **A** _____, Berto.

    **B** I have something to tell you.

    **A** What is it?

    **B** I wasn't really sick today. I was just faking it.

〈Criminal Minds〉 중에서

**A** 베르토, **이런 일이 벌어지고 있어서 유감이구나.**

**B** 말할 게 있어요.

**A** 뭔데?

**B** 전 오늘 정말로 아팠던 게 아니었어요. 그런 척하고 있었을 뿐이에요.

＊fake ~인 척하다

---

**7.** **A** _____

    **B** Thank you, David.

    **A** I think you need some air.

    **B** I'm okay. Do you know where Jack is?

〈Criminal Minds〉 중에서

**A** **삼가 조의를 표하네.**

**B** 고마워요, 데이비드.

**A** 자네 바람 좀 쐬어야겠어.

**B** 전 괜찮아요. 잭이 어디 있는지 아세요?

---

**8.** **A** Meredith, are you seeing someone else?

    **B** _____

    **A** When did it start?

    **B** Right after we broke up.

〈Grey's Anatomy〉 중에서

**A** 메러디스, 너 누구랑 만나고 있어?

**B** **미안해. 거짓말하면서 사는 건 더 이상 안 되겠어.**

**A** 언제 시작한 거야?

**B** 우리가 헤어진 직후에.

---

**9.** **A** We need more searchers around the lake.

    **B** I don't think that will help now, Mrs. Carroll.

    **A** What do you mean?

    **B** _____

〈Law & Order: SVU〉 중에서

**A** 호수 주변을 수색할 인원이 더 필요해요.

**B** 캐롤 부인, 지금은 그게 도움이 되지 않을 것 같군요.

**A** 무슨 말이에요?

**B** **정말 죄송하지만, 우리는 수색을 중단해야 합니다.**

＊searcher 수색하는 사람

---

**10.** **A** Elliott, you can't assault the suspects.

    **B** _____

    **A** Sorry isn't going to cut it much longer.

    **B** I know, I know.

〈Law & Order: SVU〉 중에서

**A** 엘리엇, 용의자를 폭행하면 안 돼.

**B** **도를 넘었다면 죄송합니다.**

**A** 더 이상 미안하다는 말로 만사가 해결되지는 않을 거야.

**B** 알아요, 저도 안다고요.

＊go too far 도를 넘다 | not cut it 좋지 못한

---

정답 **1. A** Would you mind taking off your shoes? **2. A** Mind if I take a look? **3. A** So, you wouldn't mind if I called it off? **4. A** I don't care what you say. **5. A** I'm sorry about earlier **6. A** I'm sorry that this is happening **7. A** I'm so sorry for your loss. **8. B** I'm sorry. I shouldn't be living a lie anymore. **9. B** I'm very sorry, but we have to call off the search. **10. B** Sorry if I went too far.

앞서 배운 10개 패턴을 활용하여 네이티브와 대화에 도전해 보세요. 빈칸을 채운 후 오디오 파일을 2번씩 따라하세요.

**1.** A _____

B My pleasure.

A Yeah. Good to see you.

B You too.

〈Hawaii Five-O〉 중에서

A 만나러 나와 줘서 고마워.

B 나도 만나서 좋아.

A 그래. 다시 만나니 좋네.

B 나도 마찬가지야.

**2.** A _____, Doctor.

B You earned it, Doctor. How would you like to deliver our findings to Gibbs?

A Really?

B I can do it, if you don't want to.

〈NCIS〉 중에서

A 박사님, **오늘 제가 이 일을 하게 해 주셔서 감사하게 생각하고 있어요.**

B 자넨 그런 대우를 받을 만했잖아, 박사. 우리가 발견한 것을 깁스에게 전해 주면 어떻겠나?

A 정말이세요?

B 자네가 원하지 않는다면 내가 해도 되고.

\* earn (자격, 자질이 되어) 얻다 | deliver 전달하다 | finding 조사 결과

**3.** A Nice try, Cameron, but wrong diagnosis.

B _____

A We're running out of time. You have any leads?

B Let's look at his blood results again.

〈House〉 중에서

A 잘했어 카메론, 그런데 진단을 잘못했더군.

B **제게 기회를 한 번 더 주실 수 있다면 정말 감사할 거예요.**

A 시간이 없어. 무슨 단서가 있나?

B 혈액 검사 결과를 다시 보죠.

\* run out of sth ~이 없다

**4.** A Is there something wrong with the application?

B No. _____

A We're as stable as anyone these days.

B I'm sure. Well, I'll do what I can.

〈Chicago Fire〉 중에서

A 신청서에 문제라도 있나요?

B 아니에요. **법원에 당신들이 부부가 되어 더 안정적이라고 말할 수 있으면 좋을 텐데요.**

A 저희는 요즘 누구보다도 안정적이에요.

B 저도 확신해요. 음, 제가 할 수 있는 일을 해 볼게요.

\* application 신청서 | court 법원 | stable 안정적인

**5.** A _____

B On the contrary. It's a real thrill.

A I'm sorry about Paul. I quite liked him.

B Of course you did. He was weak and stupid.

〈Banshee〉 중에서

A **실망하지 않기를 바랍니다.**

B 정반대요. 진짜 전율이 느껴진다오.

A 폴 일은 유감입니다. 그를 아주 좋아했거든요.

B 물론 그러셨겠지. 그는 약하고 어리석었으니까.

\* on the contrary 반대로 | thrill 전율 | stupid 어리석은

**6.**
A I can do that, Dr. Bailey.

B No, you can't. You need to see it done a few more times.

A Certainly. _____

B No, I wouldn't say that, but this is a dangerous procedure.

〈Grey's Anatomy〉 중에서

A 베일리 선생님, 그건 제가 할 수 있어요.

B 안 돼. 자넨 몇 번 더 그 수술이 행해지는 걸 지켜봐야 해.

A 알겠습니다. **제가 선생님을 방해하고 있는 게 아니기를 바랍니다.**

B 아니야, 그렇다고 할 수는 없겠지만 이게 위험한 수술이라서 그래.

＊get in one's way ~을 방해하다 | procedure 수술

**7.**
A Angie is worried about you.

B She worries too much. I'm fine.

A If you let me test you, she'll stop bugging you. _____

B You make a good point.

〈Pure Genius〉 중에서

A 앤지가 걱정을 하고 있어요.

B 그 앤 걱정이 너무 많아요. 난 괜찮아요.

A 제가 검사를 하게 해 주시면 어머님을 그만 괴롭힐 거예요. **따님이 엄청 집요한 건 분명 알고 계실 테니까요.**

B 좋은 지적을 하시네요.

＊bug 괴롭히다 | persistent 집요한 | make a good point 좋은 지적을 하다

**8.**
A You say you were with your mother that night.

B That's right. We watched TV.

A But your mother was out of town. _____

B I mean…I was at my mother's watching TV by myself.

〈Boston Legal〉 중에서

A 그날 밤에 어머니랑 함께 계셨다는 말이군요.

B 맞아요, 우린 TV를 봤어요.

A 하지만 당신 어머니는 이 도시를 떠나 계셨는데요. **당신 알리바이가 확실합니까?**

B 그러니까 제 말은 제가 어머니 집에서 혼자 TV를 보고 있었다는 거예요.

**9.**
A You don't play with me, okay?

B I'm not.

A _____

B I'm sure I want to do this right now.

〈Bates Motel〉 중에서

A 날 가지고 놀지 말아요, 알았죠?

B 안 그럴 거예요.

A **이걸 하고 싶은 게 확실해요?**

B 지금 당장 이 일을 하고 싶은 게 확실해요.

**10.**
A The place is guarded by four attack dogs.

B _____

A I was thinking you could go in first.

B Not likely.

〈Monk〉 중에서

A 맹견 네 마리가 이 집을 지키고 있어.

B **개들을 놀래지 않도록 하는 거 명심해.**

A 난 네가 먼저 들어가면 되겠다고 생각하고 있었는데.

B 어림도 없지.

＊attack dog 맹견, 전투견

정답 **1. A** Thanks for coming out to meet me. **2. A** I appreciate you letting me do this job today **3. B** I'd really appreciate it if you could give me another chance. **4. B** I wish I could tell the court you were more stable as a couple. **5. A** I hope you're not disappointed. **6. A** I hope I'm not getting in your way. **7. A** I'm sure you know, your daughter is very persistent. **8. A** Are you sure about your alibi? **9. A** Are you sure you want to do this? **10. B** Make sure you don't alarm them.

앞서 배운 10개 패턴을 활용하여 네이티브와 대화에 도전해 보세요. 빈칸을 채운 후 오디오 파일을 2번씩 따라하세요.

**1.**

A  Deeks, what's that smell?

B  _____

C  This is probably why it's banned in some countries.

A  Get it away from me.

〈NCIS Los Angeles〉 중에서

A  딕스, 그게 무슨 냄새야?

B  **상한 우유 같군.**

C  이래서 일부 나라에서는 이게 금지된 건가 봐.

A  나한테서 그것 좀 치워.

*sour (맛이) 신, 시큼한 | ban 금지하다 | get sth away from sb ~에게서 …을 치우다

**2.**

A  _____

B  There's only one guy. He's talking to himself.

A  He must be a ghost. You said he was all skinny and pale.

B  He wasn't a ghost.

〈Criminal Minds〉 중에서

A  **그들이 휘파람을 불고 있는 소리 같아.**

B  남자 한 명만 있어. 혼잣말을 하고 있는 거야.

A  그는 유령인 게 분명해. 그가 완전 비쩍 마르고 창백 했다면서?

B  유령은 아니었어.

*whisper 휘파람 불다 | talk to oneself 혼잣말하다 | skinny 비쩍 마른 | pale 창백한

**3.**

A  Help yourself to my milk, Kramer.

B  Thanks, I will.

A  What's with the sour face?

B  _____

〈Seinfeld〉 중에서

A  크래머, 내 우유 실컷 마셔.

B  고마워, 그렇게.

A  뭐 때문에 그렇게 떫은 얼굴이야?

B  **우유가 상한 맛이 나.**

*help yourself to sth ~을 실컷 먹다 | spoil (음식이) 상하다

**4.**

A  You just left her there to die?

B  Yeah, basically.

A  _____

B  Hey, she was slowing me down.

〈Law & Order〉 중에서

A  그녀를 그냥 거기 내버려 둬서 죽게 한 거야?

B  본질적으로는 그렇지.

A  **내가 보기에 넌 인정머리가 없는 게 분명해.**

B  이봐, 그 여자가 나까지 더디게 만들고 있었단 말이야.

*basically 본질적으로 | have no heart 인정이 없다 | slow sb/sth down ~을 더디게 하다

**5.**

A  Why do you suppose Michael moved my desk?

B  I don't know. _____

A  Punishment? For what?

B  For telling the others about the merger.

〈The Office〉 중에서

A  마이클이 왜 내 책상을 옮겼다고 생각해?

B  나야 모르지. **어쩌면 그건 일종의 징계일 뿐일 거야.**

A  징계? 뭐 때문에?

B  다른 사람들에게 합병 건을 말한 것 때문이지.

*suppose 생각하다, 추측하다 | punishment 처벌, 징계 | merger 합병

**6.**

A   Can you tell me what date it is?

B   Yeah, it's June '42. I can't tell you the exact date because
_____

A   The 21st?

B   That could be it. That could be right.

〈Code Black〉 중에서

A   오늘이 며칠인지 말씀해 주시겠어요?

B   네. 1942년 6월이죠. **날짜 파악하는 게 어려워서** 정확한 날짜는 말씀드릴 수가 없어요.

A   21일인가요?

B   그럴 수도 있어요. 그게 맞을 거예요.

＊keep track 계속 파악하다

**7.**

A   I guess the promotion is for a job in Liverpool.

B   Liverpool, yeah. I wouldn't want to live there.

A   Me neither. _____

B   So, are you staying here, then?

〈The Office〉 중에서

A   승진하면 리버풀에서 근무하게 될 것 같아.

B   리버풀이라고? 저런. 난 그곳에서는 살고 싶지 않을 거야.

A   나도 그래. **이제 승진을 거절하는 게 훨씬 더 쉬워졌어.**

B   그럼 너 여기 그대로 있을 거야?

**8.**

A   But I don't want him to die. He's my father.

B   _____

A   What do you mean?

B   He's been hanging on for you, but he's in a lot of pain.

〈Grey's Anatomy〉 중에서

A   하지만 전 그분이 돌아가시는 걸 원하지 않아요. 그분은 제 아버지시라고요.

B   **어쩌면 그건 네가 원하는 것과는 관계없을지도 몰라.**

A   무슨 뜻이에요?

B   그분은 널 위해서 계속 버티셨지만 고통이 아주 심하셔.

＊hang on 계속 버티다

**9.**

A   I need to talk to you, Pam.

B   Yeah?

A   _____
    Is there a problem?

B   It's personal.

〈The Office〉 중에서

A   팸, 얘기 좀 하지.

B   네?

A   **자네가 일에 집중 못하는 것처럼 보이는 태도에 관한 얘기야.** 문제가 있나?

B   개인적인 거예요.

**10.**

A   Cuddy will know we went ahead with the tests.

B   What'll we do? I can't afford a reprimand.

A   _____ She likes me.

B   Are you sure about that, House?

〈House〉 중에서

A   우리가 검사를 진행했다는 걸 커디가 알게 될 거야.

B   어쩌죠? 전 문책은 감당 못할 텐데요.

A   **내가 뒤집어쓰는 게 더 나아.** 날 좋아하거든.

B   하우스, 그거 확실해요?

＊take the fall (안 좋은 일의 결과, 남의 허물 등을) 뒤집어쓰다

정답

**1. B** It's like sour milk. **2. A** It sounds like they're whispering. **3. B** It tastes like it's spoiled. **4. A** It's clear to me you have no heart. **5. B** Maybe it's just some sort of punishment. **6. B** it's hard to keep track. **7. A** It's so much easier to turn it down now. **8. B** Maybe it's not about what you want. **9. A** It's about how you can't seem to concentrate. **10. A** It's better for me to take the fall.

앞서 배운 10개 패턴을 활용하여 네이티브와 대화에 도전해 보세요. 빈칸을 채운 후 오디오 파일을 2번씩 따라하세요.

**1.**
A  We're putting you in jail tonight for your own protection.

B  Jail? But I didn't do nothing wrong.

A  _____

They're looking for you.

B  All right, just for tonight, then.

〈Boston Legal〉 중에서

A  오늘 밤에 보호 차원에서 자네를 유치장에 집어넣을 거야.

B  유치장이요? 난 아무 잘못도 안 했어요.

A  **그게 거리에서 지내는 것보단 낫잖아.** 그들이 자넬 찾고 있어.

B  알았어요, 그럼 오늘 밤만이에요.

**2.**
A  No way, I'm not doing the Mary Jane.

B  Yes, you are.

A  I'm not huffing and puffing.

B  Louis, _____

〈Suits〉 중에서

A  절대 안 돼. 난 대마초 안 피울 거야.

B  아니, 넌 피울 거야.

A  나 허세 부리고 있는 거 아냐.

B  **루이스, 네가 우리한테서 빠져 나가려면 그게 유일한 방법이야.**

＊Mary Jane 대마초 | huffing and puffing 허세 부리는

**3.**
A  Did you ask Susan to join us for lunch?

B  No, _____

A  She is going a bit overboard with this.

B  I think she's driving Mike crazy right along with the rest of us.

〈Desperate Housewives〉 중에서

A  수잔한테 우리랑 점심 같이 하자고 말했어?

B  아니, **수잔의 결혼 계획에 대해서는 들어 봤잖아.**

A  걔가 이 일에 좀 지나치게 흥분하고 있긴 하지.

B  걔는 우리는 물론이고 마이크까지 돌아버리게 만들고 있는 것 같아.

＊go overboard 지나치게 흥분하다 | drive sb crazy ~을 미치게 하다 | along with ~와 마찬가지로

**4.**
A  How are you fixed for cash?

B  I don't know. I got rent covered.

A  _____

B  Dad, no. I'll figure it out.

〈NCIS〉 중에서

A  현금은 얼마나 있니?

B  모르겠어요. 집세 낼 돈은 있어요.

A  **여기 현금 입출금기가 있구나.**

B  아빠, 아니에요. 제가 해결할게요.

＊fix 준비하다, 마련하다 | rent 집세 | ATM 현금 자동 입출금기 (= automated teller machine)

**5.**
A  How long has he been holding them hostage?

B  Looks like a day and a half.

A  Has anyone heard from any of the hostages?

B  Not for about 8 hours. _____

〈24〉 중에서

A  그자가 그들을 얼마나 인질로 잡고 있는 거지?

B  하루하고 한나절인 것 같아.

A  인질들 중 누구하고라도 얘기해 본 사람이 있어?

B  8시간 정도는 없었어. **모두 사망했을 가능성이 커.**

＊hold sb hostage ~을 인질로 잡다

**6.**

A Your wife is all right, Mr. Johansson.

B You've heard from her then?

A Yes, her abductor called an hour ago.

B _____

〈Law & Order: SVU〉 중에서

A 요한슨 씨, 아내분은 잘 계세요.

B 그럼 그녀한테서 소식을 들으신 겁니까?

A 네, 납치범이 한 시간 전에 전화를 걸어 왔어요.

B **제가 아내에게 메시지를 전할 수 있는 방법이 있나요?**

＊abductor 납치범

**7.**

A Samantha, are you crying?

B No, of course not.

A Because, it's okay to get sentimental at weddings.

B I'm not sentimental. _____

〈Sex and the City〉 중에서

A 사만다, 너 우니?

B 아니야, 당연히 아니지.

A 왜냐하면 결혼식에서는 감상적이 되는 것도 괜찮으니까.

B 난 감상에 빠진 게 아니야. **눈에 뭐가 들어갔어.**

＊sentimental 감상적인

**8.**

A Look, Joe. This is a goat.

B Ahh, I'm scared!

A No, no, no, _____ Joe, relax.

B Doesn't it bite?

〈Modern Family〉 중에서

A 조, 봐봐. 이게 염소야.

B 아, 무서워요!

A 아니야, 괜찮아. **무서울 건 아무것도 없어.** 조, 진정해.

B 안 물어요?

**9.**

A _____

B No, there must be!

A Look, it's too hard.

B Jack, you can't give up.

〈Emerald City〉 중에서

A **통과할 방법이 없어!**

B 아니야, 분명 있을 거야!

A 봐, 너무 힘들어.

B 잭, 포기하면 안 돼.

**10.**

A Can you run a DNA profile on this suspect?

B Sure, I can have the results back in three days.

A Three days? We have to move on this now.

B _____

It's not as accurate, though.

〈CSI: Las Vegas〉 중에서

A 이 용의자의 DNA 정보 분석을 할 수 있어?

B 물론이죠. 사흘 후에 결과를 다시 받을 수 있어요.

A 사흘? 우린 지금 이 사건을 진행시켜야 해.

B **DNA 결과를 더 빨리 얻는 방법이 있긴 해요.** 하지만 그리 정확한 것은 아니에요.

＊accurate 정확한

정답 **1. A** It's better than living on the streets. **2. B** it's the only way for you to escape from us. **3. B** it's not worth hearing about her wedding plans. **4. A** There are ATMs here. **5. B** There's a good chance they're all dead. **6. B** There's a way I can give a message to her? **7. B** There's something in my eye. **8. A** there's nothing to be scared of. **9. A** There's no way through! **10. B** There's a quicker way to get DNA results.

앞서 배운 10개 패턴을 활용하여 네이티브와 대화에 도전해 보세요. 빈칸을 채운 후 오디오 파일을 2번씩 따라하세요.

**1.**
A Looks like our suspect has been visiting kiddie porn sites.

B Maybe. _____

A Who's that?

B The suspect's teenage son.

〈Law & Order: SVU〉 중에서

A 용의자가 아동 포르노 사이트를 계속 방문하고 있었던 것 같아.

B 어쩌면. **이 컴퓨터를 사용하는 사람이 또 있어.**

A 그게 누군데?

B 용의자의 십대 아들.

＊kiddie 어린아이 | porn 포르노 (= pornography) | teenage 십대의

**2.**
A We've gotta get out of here. The fire's closing in!

B I can't leave without my Gucci bag!

A _____ Let's go!

B I can't survive without it!

〈Rescue Me〉 중에서

A 여기서 나가야 해요. 불길이 점점 다가오고 있어요!

B 내 구찌 가방 없인 못 나가요

A **내가 두고 갈 수 없는 게 한 가지 있어요.** 갑시다!

B 그거 없으면 전 못 살아요!

＊survive 살아남다, 생존하다

**3.**
A We appreciate your generous donation to the hospital, Mr. Bogler.

B _____

A Oh, what's that?

B I want to be named Chairman of the Board.

〈House〉 중에서

A 보글러 씨, 병원에 거액을 기부해 주셔서 고맙습니다.

B **제가 병원에 백만 달러를 기부하려고 하는 데에는 이유가 있습니다.**

A 아, 그게 뭔가요?

B 제가 이사장 직함을 얻고 싶습니다.

＊generous donation 거액의 기부 | Chairman of the Board 이사장

**4.**
A _____

B No. My dad's on his way. Gallstones are a fat person's problem, aren't they?

A They are often tied to obesity. Diabetes as well. But if you change your lifestyle, these things are manageable.

B You mean like diet and exercise?

〈Chicago Med〉 중에서

A 내가 전화해 줄 사람이 있니?

B 아니요. 아버지가 오고 계세요. 담석은 뚱뚱한 사람의 문제인 거 맞죠?

A 종종 비만과 관련이 있긴 하지만 당뇨병도 관련 있어. 하지만 네가 생활 방식을 바꾼다면 이런 것들은 관리가 가능해.

B 식이 요법과 운동 같은 거 말인가요?

＊gallstone 담석 | be tied to sth ~와 관련 있다 | obesity 비만 | diabetes 당뇨병

**5.**
A So, are George and Kramer coming with us, or not?

B If they're here by 5:00, they're coming.

A And if they're not?

B Then we go without them. _____

〈Seinfeld〉 중에서

A 그래서 조지랑 크래머가 우리랑 같이 가는 거야, 아닌 거야?

B 5시까지 여기 오면 같이 가는 거야.

A 안 오면?

B 두고 가는 거지. **그렇게 우리가 뭘 버렸던 거야.**

**6.** A  Are you and Jeremy close?

B  _____

A  His real name is Lee Stevens. He's a con man wanted for murder.

B  Oh. I should've known that. This was too good to be true.

⟨NCIS Los Angeles⟩ 중에서

A  당신이랑 제레미가 친밀한 사이인가요?

B  **그래서 여기 온 거예요?**

A  그의 본명은 리 스티븐스예요. 살인죄로 수배 중인 전과자죠.

B  아, 그럴 줄 알았어야 했는데. 사실이다 싶기엔 너무 잘 풀린다 했어요.

＊con 전과자 | wanted for sth ~ 죄로 수배 중인

**7.** A  She came unglued when we told her we found her son's body.

B  _____

A  I'm sorry, but we felt she had a right to know now.

B  She's going to need a lot of counseling.

⟨Law & Order⟩ 중에서

A  우리가 아들의 시체를 찾았다고 말해 주자 그녀는 제정신을 잃었어.

B  **바로 그래서 내가 거기 있고 싶었던 거야.**

A  미안해, 하지만 우리는 그녀도 이제 알 권리가 있다고 생각했어.

B  그녀는 상담을 많이 받아야 할 거야.

＊unglued 이성을 잃은, 미친 | counseling 상담, 카운슬링

**8.** A  As my boss' ex-wife, I can't represent you.

B  But you have to. You're the best criminal lawyer out there….

A  I'm sorry, but _____

B  It figures. You lawyers all stick together.

⟨Boston Legal⟩ 중에서

A  제 상사의 전 부인이시니 저는 당신을 변호할 수 없어요.

B  하지만 당신이 해야 해요. 당신이 업계에서 최고로 유능한 형사 변호사이고…….

A  **죄송하지만 제 충성심이 있어야 할 곳은 그곳이에요.**

B  그럴 줄 알았어요. 당신네 변호사들은 모두 똘똘 뭉치잖아요.

＊represent 변호하다 | criminal lawyer 형사 변호사 | loyalty 충성심

**9.** A  I'm about to tell you something I've never told anyone.

B  That's not necessary.

A  The issue you're up against with kids in today's world is that it's not a fair fight.

B  Yeah. _____

⟨Man with a Plan⟩ 중에서

A  내가 아무한테도 말해 준 적이 없는 것을 말해 드리려는 참이에요.

B  그러지 않으셔도 돼요.

A  요즘 세상에서 당신이 아이들과 맞닥뜨리는 문제는 그게 공정한 싸움이 아니라는 거예요.

B  네. **그게 제가 어젯밤에 앤디에게 말하려던 거였어요.**

**10.** A  I have something to confess to you, Charlotte.

B  Yes?

A  _____

B  That's okay, _____

⟨Sex and the City⟩ 중에서

A  샬롯. 당신한테 고백할 게 있어.

B  그래?

A  **내가 진짜로 독신인 건 아니야.**

B  괜찮아. 내가 진짜로 당신한테 관심 있는 건 아니니까.

---

정답

**1. B** There's someone else who uses this computer. **2. A** There's one thing I cannot leave behind. **3. B** There's a reason I'm giving the hospital a million dollars. **4. A** Is there anyone I can call for you? **5. B** That's how we left things. **6. B** That's why you're here? **7. B** That's exactly the reason I wanted to be there. **8. A** that's where my loyalties lie. **9. B** That's what I was telling Andi last night. **10. A** I'm not really single. **B** I'm not really interested in you.

🎧 200_1.mp3

앞서 배운 10개 패턴을 활용하여 네이티브와 대화에 도전해 보세요. 빈칸을 채운 후 오디오 파일을 2번씩 따라하세요.

**1.**
A You need anything?
B No. I'm okay.
A I know I'm the new guy but _____
B Thank you for being so sweet.
〈Criminal Minds〉 중에서

A 필요한 거 있어요?
B 아니요. 난 괜찮아요.
A 내가 신참이라는 건 알고 있어요. 하지만 **내가 필요하다면 난 여기 있어요.**
B 친절하게 대해 줘서 고마워요.

**2.**
A I told Cuddy we wouldn't do the MRI.
B But we are, anyway?
A _____
  I have a hunch.
B I hope our hunch is right, or Cuddy will explode.
〈House〉 중에서

A 커디한테 우리가 MRI를 안 찍을 거라고 했어.
B 하지만 어쨌든 우리는 할 거잖아요?
A **부탁하는데, 그냥 이 일에 동의해 줘.** 감이 온단 말이야.
B 우리 감이 맞길 바라요, 안 그러면 커디가 불같이 화를 낼 테니까요.
*go along with sb/sth ~에(게) 동의하다 | hunch 예감

**3.**
A What's the matter, Pam? You look exhausted.
B _____
A Is Michael making you crazy?
B When is he not?
〈The Office〉 중에서

A 무슨 일이야, 팸? 너 녹초가 된 것 같아.
B **난 그저 하루를 무사히 마치려는 것뿐이야.**
A 마이클이 돌게 하는 거구나?
B 그가 언제 안 그런 적 있니?
*get through the day 하루를 무사히 마치다

**4.**
A They picked up our guy at the pawn shop.
B Did they take him downtown?
A Yeah, he's in custody.
B All right, _____
〈Law & Order〉 중에서

A 그들이 우리가 찾고 있던 사람을 전당포에서 잡았어.
B 그자를 시내로 데리고 간 거야?
A 응, 구금하고 있어.
B 알았어. **내가 유치장으로 출발할게.**
*pawn shop 전당포 | lockup 유치장

**5.**
A Things are heating up, Jack. Are you up for this?
B Of course. Why wouldn't I be?
A _____
B Why, because I have a personal stake in it?
〈24〉 중에서

A 잭, 상황이 안 좋아지고 있어. 이걸 할 마음은 있는 거야?
B 물론이지. 내가 안 할 이유라도 있어?
A **네가 부담감을 다스릴 수 있을까 생각하고 있었거든.**
B 왜, 내가 그 일에 개인적인 이해관계가 있어서?
*up for sth ~을 기꺼이 하려고 하는 | have a personal stake in sth ~에 개인적인 이해관계가 있다

**6.**

A You crazy? Where's your coat?

B Don't need it. I love the crisp winter air.

A _____

B Oh, you mean my pilomotor reflex?

〈Chicago Med〉 중에서

A 미쳤어? 외투는 어디 있어?

B 필요 없어. 상쾌한 겨울 공기가 아주 맘에 들어.

A **소름 끼친 거 다 보여.**

B 아, 내 털운동 반사 말이야?

*crisp 상쾌한 | goose bumps (추위로 인한) 소름 | pilomotor reflex 털운동 반사

**7.**

A Can you lower your voice?

B Why should I?

A I just want you to forgive me.

B I don't forgive you. _____

You've put me in this horrible place.

〈Bates Motel〉 중에서

A 목소리 좀 낮춰 주겠니?

B 제가 왜 그래야 해요?

A 난 그저 네가 날 용서해 주기를 원할 뿐이야.

B 용서 안 해요. **용서할 수 없어요.** 저를 이 지긋지긋한 곳에 집어넣으셨잖아요.

*horrible 지긋지긋한

**8.**

A We need Cuddy to sign off these medical orders.

B _____

A Don't do it, House. It's grounds for dismissal.

B Cuddy won't dismiss me when I save this patient.

〈House〉 중에서

A 커디한테 이 진료 지시 사항에 대해 서명을 받아야 해요.

B **난 답변할 때까지 못 기다려.**

A 하우스, 그러지 마요. 해고 사유가 돼요.

B 내가 이 환자를 살려 내면 커디가 날 해고하지는 않을 거야.

*grounds for sth ~의 이유 | dismissal 해고 | dismiss 해고하다

**9.**

A This case must have been difficult for you.

B They're so much like my wife and children.

A I understand.

B _____

〈ER〉 중에서

A 이 사례는 자네에게 분명 힘이 들었겠군.

B 그 사람들은 제 아내와 아이들이랑 아주 많이 닮았어요.

A 이해하네.

B **전 그냥 기억을 떠올리지 않을 수가 없네요.**

*be so much like sb ~와 아주 많이 닮다

**10.**

A You drinking whiskey?

B Yes, I am.

A _____

B Help yourself.

〈Lethal Weapon〉 중에서

A 위스키 드시는 거예요?

B 응.

A **제가 좀 마셔도 돼요?**

B 마음껏 마시게.

---

정답 **1. A** I'm here if you need me. **2. A** I'm just asking you to go along with this. **3. B** I'm just trying to get through the day. **4. B** I'm headed over to the lockup. **5. A** I was wondering if you could handle the pressure. **6. A** I can see your goose bumps. **7. B** I can't forgive you. **8. B** I can't wait for an answer. **9. B** I just can't help remembering. **10. A** Can I have some?

앞서 배운 10개 패턴을 활용하여 네이티브와 대화에 도전해 보세요. 빈칸을 채운 후 오디오 파일을 2번씩 따라하세요.

**1.**
A  This guy was here?
B  Yeah, he stayed with us.
A  _____
B  Hold on. I'll check.

〈Cardinal〉 중에서

A  이 남자가 여기 있었나요?
B  네, 우리와 함께 지냈어요.
A  **그게 언제였는지 말씀해 주시겠어요?**
B  잠깐만요. 확인해 볼게요.

**2.**
A  Her parents think she works at the mall.
B  You have to tell them she's a prostitute.
A  I know, but _____
B  There's really no easy way.

〈Law & Order: SVU〉 중에서

A  그녀의 부모는 그녀가 쇼핑몰에서 일한다고 생각해.
B  그 사람들한테 그녀가 몸을 팔고 있다는 걸 말해 줘야 해.
A  알아. 그런데 **내가 그들에게 어떻게 그걸 전할 수 있겠어?**
B  정말 쉬운 법이 없다니까.

*prostitute 창녀

**3.**
A  We may have a new lead.
B  Great.
A  _____
B  She's back at the hotel.

〈Prison Break〉 중에서

A  우리가 새로운 단서를 확보했는지도 몰라.
B  잘 됐군.
A  **랑 요원은 어디에서 찾을 수 있어?**
B  호텔로 돌아갔어.

**4.**
A  Hey, kid. Run into the liquor store for me.
B  Are you kidding? _____
A  Yeah, but I can't go in there.
B  Why not?

〈Prison Break〉 중에서

A  어이, 꼬마. 나 대신 주류 판매점에 좀 달려갔다 와.
B  **농담하세요? 전 그만한 나이가 안 됐어요.**
A  그렇긴 하지만 난 안에 못 들어가거든.
B  왜 못 들어가요?

*liquor store 주류 판매점

**5.**
A  Hand over the money.
B  Not a chance, Mahone.
A  You know I can take it from you if I want.
B  _____

〈Prison Break〉 중에서

A  그 돈 이리 내.
B  어림도 없어, 머혼.
A  내가 맘만 먹으면 그걸 빼앗을 수 있다는 건 알잖아.
B  **난 절대로 그 돈을 내놓지 않을 거야.**

*hand sb/sth over ~을 넘겨주다

**6.**
A  We need you to tell us where you were last night.

B  Why? _____

A  Let us be the judge of that.

B  We were home watching television.

〈Law & Order〉 중에서

A  어젯밤에 어디 계셨는지 저희한테 말씀해 주셔야겠습니다.

B  **왜요? 우린 알리바이가 없어요.**

A  그건 저희가 판단하죠.

B  집에서 텔레비전 보고 있었어요.

*be the judge of sth ~에 대해 판단하다

---

**7.**
A  We did it, Michael.

B  _____

A  I'd do the same for you, you know.

B  I couldn't leave you in there.

〈Prison Break〉 중에서

A  마이클, 우리가 해냈어.

B  **내가 말하고 싶은 건 형이 없었다면 할 수 없었을 거라는 것뿐이야.**

A  널 위해서라면 나도 똑같이 했을 거야, 알잖아.

B  난 형을 저 안에 내버려 둘 수가 없었어.

---

**8.**
A  What would you say if I told you I'm escaping this prison?

B  _____

A  Nothing's escape-proof. I have a plan.

B  This ought to be good.

〈Prison Break〉 중에서

A  내가 이 감옥에서 탈옥할 거라고 말한다면 뭐라고 할 거예요?

B  **탈옥은 불가능하다고 말해야겠죠.**

A  탈옥이 불가능한 곳은 없어요. 나한테 계획이 있어요.

B  아주 괜찮아야 할 거예요.

*escape-proof 탈옥이 불가능한

---

**9.**
A  _____

B  Well, there is one thing that's different.

A  Umm, what is it?

B  I ain't ever killed a cop. There's a difference.

〈Lethal Weapon〉 중에서

A  **우린 그리 다르지 않은 것 같아.**

B  글쎄, 다른 점이 하나 있긴 하지.

A  음, 그게 뭔데?

B  난 경찰을 죽인 적이 없다는 거. 다른 점이 있잖아.

---

**10.**
A  Did you see the size of the rock on her finger?

B  Yeah, it was okay.

A  What do you mean, "okay"? That ring is incredible!

B  _____

〈Desperate Housewives〉 중에서

A  그녀 손가락에 낀 다이아몬드 크기 봤어?

B  응, 괜찮더라.

A  '괜찮다'니? 그 반지는 엄청 좋은 거야!

B  **그 다이아몬드에 흠집이 없었다고는 말 못하겠어.**

*rock 다이아몬드 | flawless 흠 없는

---

정답

**1.** A Can you tell me when that was? **2.** A how can I break it to them? **3.** A Where can I find Agent Lang? **4.** B I ain't even old enough. **5.** B I ain't never handing over the money. **6.** B We ain't got an alibi. **7.** B I'd just like to say I couldn't have done it without you. **8.** B I would have to say it's escape-proof. **9.** A I'd say that we're not that different. **10.** B I wouldn't say the diamond was flawless.

331

앞서 배운 10개 패턴을 활용하여 네이티브와 대화에 도전해 보세요. 빈칸을 채운 후 오디오 파일을 2번씩 따라하세요.

**1.**
A See this mark on the back of her neck?
B The little dent? What does it tell us?
A _____
B Do you think she was murdered?
〈Law & Order: SVU〉 중에서

A 그녀의 목 뒤에 난 이 자국 보여?
B 약간 움푹 파인 거? 그게 뭘 의미하는데?
A **피해자가 사고로 죽은 게 아니라고 말해 주는 거야.**
B 그녀가 살해됐다고 생각해?
＊mark 자국 | dent 움푹 파인 곳

**2.**
A Are you sure there's a boat waiting for us?
B Yes, I'm sure. We're going to Panama.
A _____
B Let's not. It'll be there.
〈Prison Break〉 중에서

A 우리를 기다리고 있는 배가 있는 게 확실해?
B 응, 확실해. 우리는 파나마로 갈 거야.
A **우리가 거기 도착했는데, 배가 없다고 가정해 보자.**
B 그러지 말자. 배는 거기 있을 거야.

**3.**
A I saw a great deal on a rickshaw.
B You're still not thinking of starting a rickshaw business, are you?
A Sure. _____
B I would say no, because I think you're crazy.
〈Seinfeld〉 중에서

A 인력거에 대해서 아주 좋은 거래 건을 봤어.
B 아직도 인력거 사업 시작하는 걸 생각하고 있는 거야, 그런 거야?
A 물론이지. **나한테 돈 좀 빌려주는 게 어때?**
B 안 된다고 할 거야. 내 생각에 넌 제정신이 아니야.
＊rickshaw 인력거

**4.**
A I told him we can't involve Sara in this.
B Sara is our only hope.
A _____
B Sara wants to help us.
〈Prison Break〉 중에서

A 우리는 사라를 여기 끌어들일 수 없다고 그에게 말했어.
B 사라는 우리의 유일한 희망이야.
A **난 그게 과한 부탁일지도 모른다고 말한 것뿐이야.**
B 사라가 우리를 돕고 싶어 해.

**5.**
A I saw him leave as we arrived at the park.
B _____
A Oh yes, by "we" I meant me and my dog.
B I see.
〈Boston Legal〉 중에서

A 우리가 공원에 도착했을 때 난 그가 떠나는 걸 봤어요.
B **혼자였다고 하셨잖아요.**
A 아, 맞아요. 제가 '우리'라고 한 건 저랑 제 개를 말하는 거예요.
B 알겠습니다.

**6.**

A Did you talk to Sara?

B No. _____

A Do you think that's a good idea?

B We need her.

〈Prison Break〉 중에서

A 사라랑 얘기한 거야?

B 아니. **그녀는 우리랑 배에서 만나기로 되어 있어.**

A 그게 좋은 생각이라고 생각하는 거야?

B 우리한텐 그녀가 필요해.

**7.**

A We've gone six feet and haven't found anything.

B All the clues point to this site.

A _____

B Let's keep digging. He has to be buried here.

〈CSI: Las Vegas〉 중에서

A 우리가 6피트나 파려려 갔는데 아무것도 발견한 게 없어요.

B 모든 단서가 이 장소를 가리키고 있어.

A **제가 계속 파야 되는 거예요?**

B 계속 파자고. 그는 분명 여기 묻혀 있어.

**8.**

A We can't arrest him just yet.

B Why not? _____

A We won't lose him. We're watching him 24/7.

B I hope you're right.

〈Law & Order: SVU〉 중에서

A 우리는 아직 그자를 체포할 수 없어.

B 왜 못하는데? **우리가 그자를 놓치면 어쩌려고?**

A 그자를 놓치진 않을 거야. 우리가 한시도 빠짐없이 감시하고 있잖아.

B 네 말이 맞기를 바라.

＊24/7 항상. 1주일에 24시간 내내

**9.**

A I can't marry you, George.

B Can't marry me? _____

A We're not right for each other.

B That's just great.

〈Seinfeld〉 중에서

A 조지, 난 당신이랑 결혼할 수 없어.

B 나랑 결혼을 못한다고? **도대체 무슨 말을 하는 거야?**

A 우린 서로 맞는 짝이 아니야.

B 기가 막히는군.

**10.**

A His throat swelled up and he suffocated.

B Looks like an allergic reaction.

A Actually, I was thinking it might be poison.

B _____

〈CSI: Las Vegas〉 중에서

A 그 남자는 목이 부어올라서 질식사한 거야.

B 알레르기 반응 같아 보이는데.

A 실은 난 독약일 거라고 생각하고 있었어.

B **뭐 때문에 독약이라고 생각하는 거야?**

＊swell up 부어오르다 | suffocate 질식사하다 | poison 독, 독약

---

정답 **1. A** It says that the victim didn't die from an accident. **2. A** Let's say that we get there and the boat is gone. **3. A** What do you say to loaning me a few bucks? **4. A** I was just saying it may be too much to ask. **5. B** You said you were alone. **6. B** She's supposed to meet us at the boat. **7. A** Am I suppose to keep digging? **8. B** Suppose we lose him. **9. B** What the hell are you saying? **10. B** What makes you think it was poison?

앞서 배운 13개 패턴을 활용하여 네이티브와 대화에 도전해 보세요. 빈칸을 채운 후 오디오 파일을 2번씩 따라하세요.

**1.** A Dorothy, you can't just control a tornado. You're not the Witch of the East.

    B Yeah, I know.

    A _____

    B Lucas, I'd rather die trying than never get a chance to go back.

〈Emerald City〉 중에서

A 도로시, 넌 토네이도를 통제할 수 없어. 넌 동쪽 마녀가 아니잖아.

B 그래, 나도 알아.

A **그게 널 죽게 하면 어쩌려고?**

B 루카스, 돌아갈 기회를 결코 못 얻으니 난 시도해 보다 죽을래.

＊witch 마녀

**2.** A _____

    B I'm a manhunter. I'm no good to you as a profiler.

    A I don't think so. You've done us a whole lot of good.

    B Rossi, I appreciate the offer. I do.

〈Criminal Minds〉 중에서

A **어째서 자네가 우리 팀에서 전일제로 일을 안 하는 거지?**

B 전 탈주범 수색원이에요. 프로파일러로서는 당신에게 쓸모가 없을 거예요.

A 난 그렇게 생각하지 않네. 자네는 우리에게 엄청나게 도움이 됐네.

B 로시, 제안은 감사해요. 정말로요.

＊manhunter 탈주범 수색원 | no good 쓸모없는 | do sb good ~에게 도움이 되다

**3.** A The cops just rolled into town.

    B I can't believe it. _____

    A High-tech surveillance equipment.

    B Do they know where we're hiding?

〈Prison Break〉 중에서

A 경찰이 막 이 지역으로 몰려왔어.

B 믿을 수가 없군. **도대체 어떻게 이렇게 빨리 여기 온 거지?**

A 첨단 감시 장비 때문이지.

B 우리가 숨어 있는 곳을 알고 있는 걸까?

＊roll into sth ~로 몰려오다 | high-tech 첨단 기술의 | surveillance 감시

**4.** A _____

    B I can't. Look at you.

    A Stop smiling.

    B I'm sorry.

〈This Is Us〉 중에서

A **그만 좀 웃는 게 어때?**

B 못 하겠어. 네 꼴 좀 봐.

A 그만 웃어.

B 미안해.

**5.** A Now that we have the money, _____

    B What do you want to do?

    A Let's stock up, go to the liquor store, have a nice meal.

    B All right, but we can't draw attention to ourselves.

〈Prison Break〉 중에서

A 이제 돈도 있으니 **한번 사는 것처럼 살아보는 게 어때?**

B 뭐가 하고 싶은데?

A 물건을 사서 쟁여 두고 주류 판매점에도 가고 맛있는 식사도 하는 거지.

B 알았어, 하지만 우리한테 사람들 주의를 끌면 안 돼.

＊stock up (물건을) 사서 쟁여 두다 | draw attention to sb/sth ~에(게) 주의를 끌다

**6.** A  I think Captain Brass has been drinking.

B  _____

A  He's acting strange lately.

B  Maybe he's having personal problems.

〈CSI: Las Vegas〉 중에서

A  브래스 반장이 요즘 술을 마시고 있는 것 같아.

B  **내가 너라면 성급한 결론은 내리지 않을 거야.**

A  최근에 이상하게 행동하고 있어.

B  어쩌면 개인적인 문제가 있는 게 아닐까?

*jump to a conclusion 성급하게 결론을 내리다

---

**7.** A  I'm giving you another chance, Stabler.

B  I appreciate that, Captain.

A  _____

Watch your temper.

B  You have my word.

〈Law & Order: SVU〉 중에서

A  스테이블러, 한 번 더 기회를 주겠네.

B  고맙습니다. 반장님.

A  **이번 일은 망치지 않는 게 좋을 거야.** 성질부리지 말게.

B  약속드릴게요.

*screw sth up ~을 망치다 | watch 조심하다 | temper 성질, 울화통

---

**8.** A  I think I hear someone coming.

B  _____

A  Did you find the file?

B  Not yet.

〈Monk〉 중에서

A  누가 오는 소리가 들려.

B  **서두르는 게 좋겠어.**

A  파일은 찾았어?

B  아직 못 찾았어.

---

**9.** A  I thought Sara was investigating this murder.

B  _____

A  What circumstance?

B  Like Sara's parents, the mother stabbed the father to death.

〈CSI: Las Vegas〉 중에서

A  사라가 이 살인 사건을 수사 중일 거라고 생각했는데.

B  **상황을 고려해서 그녀를 사건에서 제외시켰어요.**

A  무슨 상황인데?

B  사라의 부모님처럼 어머니가 아버지를 찔러 죽였거든요.

*stab sb to death ~을 찔러 죽이다

---

**10.** A  Looks like Gabi's on the market again.

B  That's a rude way to put it.

A  _____

B  Not if I get to her first!

〈Desperate Housewives〉 중에서

A  개비가 다시 매물로 나온 것 같군.

B  그렇게 표현하는 건 무례하지.

A  **그녀가 남편을 떠났으니까 내가 그녀에게 데이트 신청을 하려고.**

B  내가 먼저 그녀에게 가면 그렇게는 안 될 걸!

*on the market 시장에 나와 있는 | put 표현하다

**11.**
A  I want to show you something.

B  Okay. You guys stay here. Just in case.

C  _____

B  If there's any hope, you need to keep trying.

〈Teen Wolf〉 중에서

A  보여 줄 게 있어요.

B  알았어. 너희들은 여기 있어. 만약의 경우도 있으니까.

C  **스타일즈가 돌아올 경우에 대비해서 말이야?**

B  희망이 있다면 너희가 계속 시도해 봐야 해.


**12.**
A  We have to eliminate the Andersons as suspects.

B  Why? They seem like the obvious choice?

A  _____

B  Is it possible they staged their arrival?

〈Law & Order〉 중에서

A  앤더슨 부부를 용의자 선상에서 지워야 해.

B  왜? 그들이 분명한 선택지인 것 같지 않아?

A  **그들은 늦게 도착한 것으로 밝혀졌어.**

B  도착 시간을 연출했을 가능성이 있지는 않아?

＊eliminate 지우다 | stage 연출하다


**13.**
A  We need to exhume the body.

B  What in the world for?

A  Because I don't think he was murdered. The angle of the wound is wrong.

B  _____

〈Monk〉 중에서

A  시체를 파내야겠어요.

B  도대체 왜?

A  그가 살해된 거라는 생각이 안 들거든요. 상처의 각도가 달라요.

B  **이제 막 자네한테 설득 당하려던 참인데.**

＊exhume 파내다, 발굴하다 | in the world (의문문에서) 도대체 | angle 각도

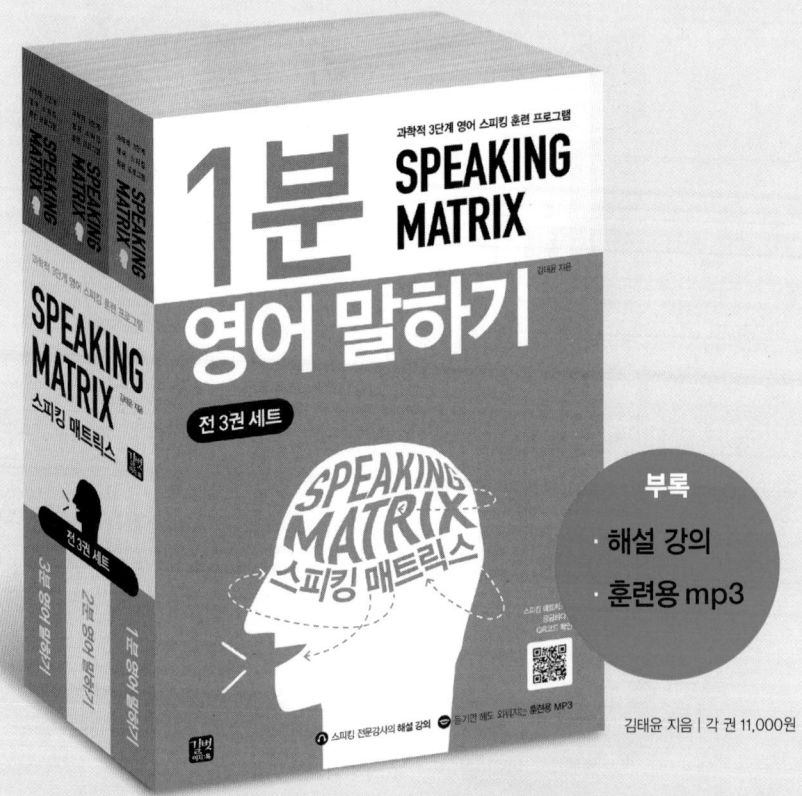

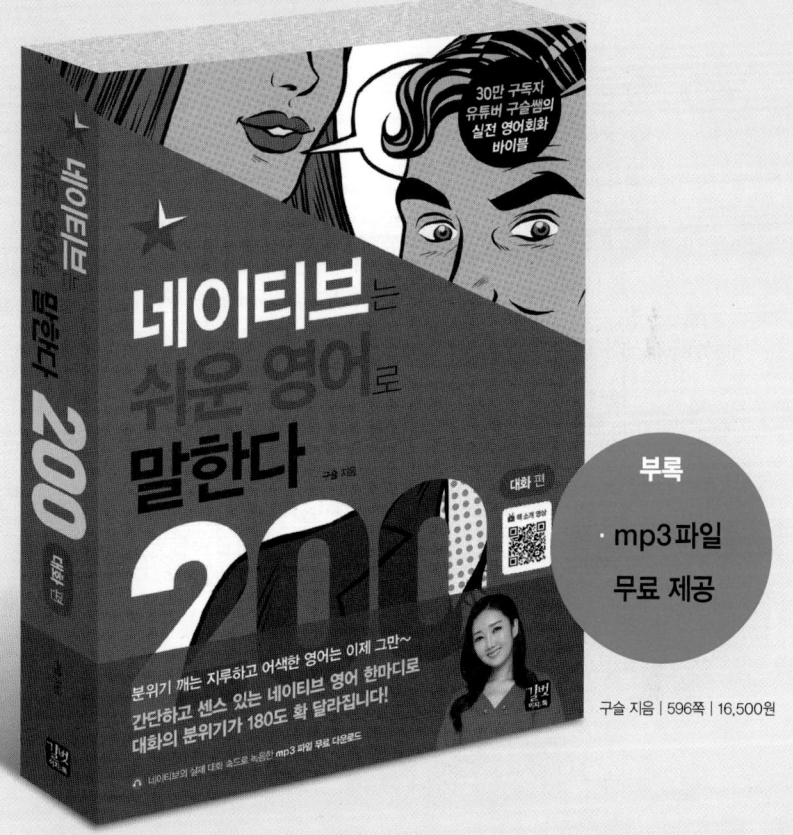

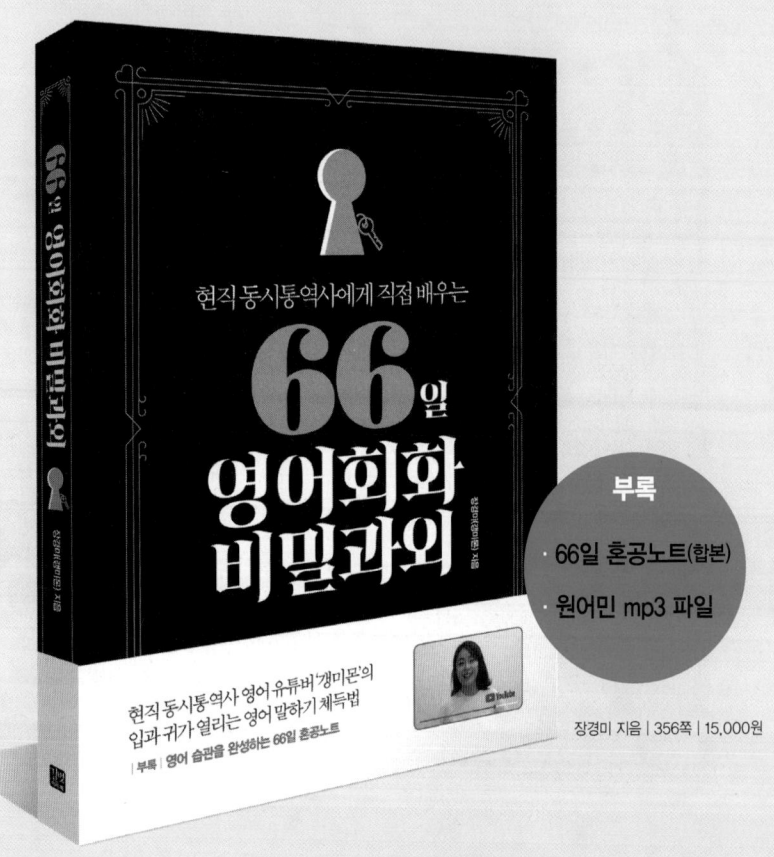

# 영어회화 핵심패턴 233
# 영어회화 핵심패턴 233 중고급편

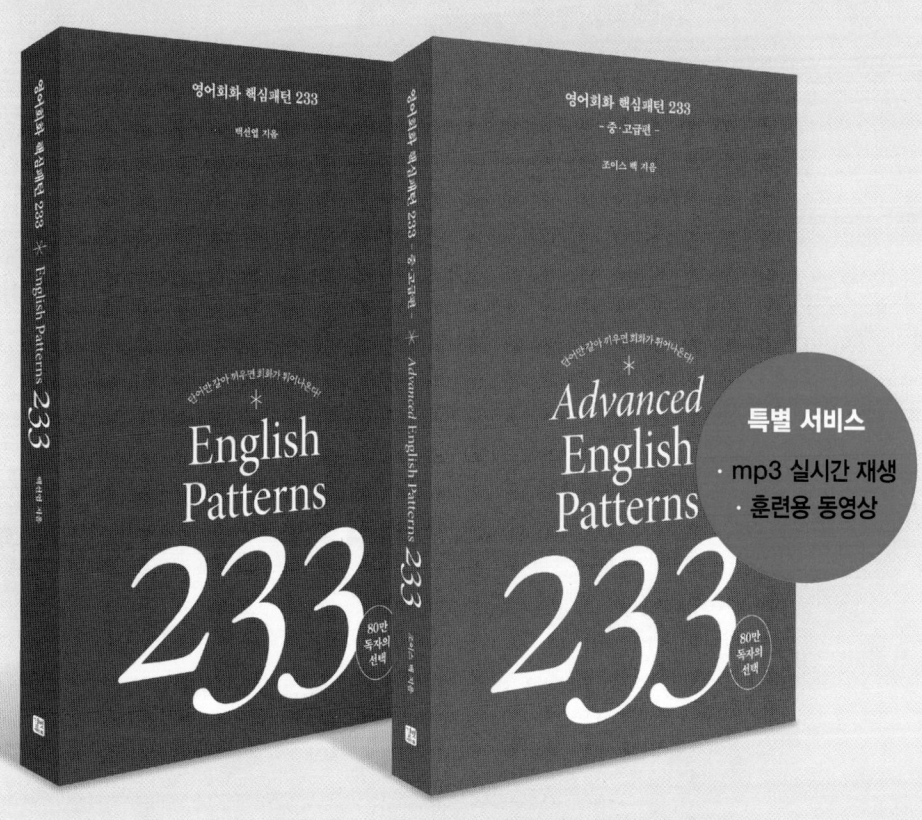

**특별 서비스**
- mp3 실시간 재생
- 훈련용 동영상

백선엽 지음 | 352쪽 | 18,000원

조이스백 지음 | 372쪽 | 18,000원

## 80만 독자가 선택한 20년 연속 베스트셀러

233개 패턴에 단어만 갈아 끼우면 회화가 튀어나온다!

| | 기본편 | | 중고급편 | |
|---|---|---|---|---|
| **난이도** | 첫 걸음 | 초 급 | 중 급 | 고 급 |

**기간** 1일 1패턴 233일

**대상** 패턴 학습으로 영어를 편하게 습득하고 싶은 분, 영어 학습을 습관화 하고 싶은 분

**목표** 툭 치면 원하는 영어 표현이 바로 나오는 상태